朝鮮民族戰綫

韓國學資料院

조선민족전선(朝鮮民族戰線)

조선민족전선(朝鮮民族戰線)

조선민족전선연맹은 민족주의계의 한국광복운동단체연합회의 결성에 대응하여, 1937년 11월 2일에 조선민족혁명당과 조선민족해방동맹, 조선혁명자연맹을 통합하여 결성한 한국의 사회주의계열 독립운동단체이다. 결성후에 조선청년전위동맹도 참여하였다. 이로써 중국본토에서의 독립운동단체는 한국독립당을 중심으로하는 민족주의진영과 조선민족전위동맹을 중심으로 사회주의진영의 양대진영으로 재편되었다.[1]

조선민족전선연맹은 중일 전쟁 당시 임시수도였던 무한에서 기관지 '조선민족전선'을 중국어로 발간하였는데, 김성숙, 박건웅이 필자로 참여하였고, 중국인들도 필자로 참여하였다. 최창익도 기고하여 동방피압박민족 항일연합전선을 공고히하여 일제를 타도해야 한다고 주장하였다.

朝鮮民族戰線社出版

朝鮮民族戰線

一九三八年四月廿五日出版　　本刊已呈請登記中

半月刊

編輯人：金奎光　柳子明
發行人：韓一來
通訊處：漢口郵局信箱第十九號
印刷所：新昌印書館　小荷家一巷
代售處：生活書店　交通路六三號
零售：每期四分
預定：半年四角　全年八角　（郵費在內）　每月十日二十五日出版

第二期

中國國民黨大會的歷史的意義

中國國民黨臨時代表大會，於三月二十九日開幕。關於黨務與政治，以及關於一切戰時所應解決之諸問題，俱有主要的決議。又復公布抗戰建國綱領，以期抗戰任務與建國目的同時達成。即其意義之重大，實爲前所罕有，而對其所成就之偉大，尤爲我人所贊許不已的！

此次日本帝國主義爲求貫徹其大陸政策，大舉其數十年來苦心準備的陸海空軍的總力量，積極侵略中國。這不僅對中國民族爲絕續與興廢所係，即對全東方被壓迫民族，尤其是對朝鮮民族及台灣民衆之運命，亦所同然。因此，像我們一樣久在日本帝國主義鐵蹄下掙扎過來的民族，無不以此次中國的抗戰當爲自己的事情，而熱誠祈禱其抗戰的勝利與建國的成功，並懇切要求相與緊密聯合，共同奮鬥。

適値此時，中國國民黨臨時代表大會，本着「捐棄成見，破除畛域，集中意志，統一行動」的精神，決議並公布「抗戰建國綱領」，而關於我們被日本帝國主義壓迫的民族，尤有重要的決定：「（三）本獨立自主之精神，聯合世界上同情於我之國家及民族，爲世界之和平與正義共同奮鬥。（五）聯合一切反對日本帝國主義侵略之勢力，制止日本侵略，樹立並保障東亞之永久和平」等便是。然以反對日本帝國主義侵略之勢力言：除中國民族自己當爲其主力軍外，朝鮮，台灣，及蘇聯爲其主要勢力。中國不但在抗戰期間，需要與此等民族切實聯合；即在將來抗戰勝利之後，亦須援助並保障朝鮮之獨立，台灣之自由，并且與蘇聯保持友好關係。這樣，中國之獨立才有保障，東亞之永久和平才有可能。

中國國民黨既有鑑於此，而在抗戰建國綱領中，決定這個政策，以此可期抗戰必勝，建國必成。這不僅爲中國之抗戰前途幸，而且爲朝鮮民族及台灣民衆之前途幸，亦即爲將來東亞之永久和平幸。

至於如何聯合一切反對日本帝國之勢力，中國最高當局應即有統盤籌劃，使之收獲預期的效果。但關於此點，我們也有幾點意見要貢獻：

第一、由中國國民黨主持，樹立一個反對日本帝國主義之民族的聯合機構，聯合一切反日民族，以期擴大國際的反日運動。

第二、朝鮮民族之反日革命，已有二十年不斷鬥爭的歷史，但其所缺少者，乃是武裝部隊，深望中國最高當局在抗戰期間，予以積極援助，使之組成一個獨立的部隊，參加抗日戰線，在實際過程中擴充其力量，以期樹立朝鮮獨立軍之基本勢力。

這兩點要求，當不失爲聯合反日勢力之最有效的方法！（子明）

本期目次

中國民族抗日戰爭中

告朝鮮國內革命同志書

編者按：本文係「朝鮮民族戰線聯盟」常務理事，「朝鮮民族革命黨」總書記金若山同志用朝鮮文發表的文稿，特譯成中文，在此發表。

親愛的全國革命同志們！

中華民族抗日戰爭，已經過九個多月了！在這東方被壓迫民族解放鬥爭空前緊張的時期中，我想，你們一定時時刻刻在關懷着這一戰爭是怎樣發展，以及在這戰爭旋渦中的我們能做些什麼工作。現在我對這些問題，要向大家作一個概括的報告。

大家知道，朝鮮與中國在過去數千年中有着脣齒相依，休戚相關的歷史關係。就是在朝鮮亡國以後，中韓兩民族，不論從那一方面看，更有着不可分離的密切關係。一般的說，中韓兩國有海陸數千里的接境，而在目前日本的海陸空軍便由朝鮮的半據，京城，仁川，羅南等地方，可以直接衝進中國。朝鮮的對外貿易，除日本外，以對華貿易爲第一位。在朝鮮的外國僑民中，除開日本的移住民不講，中國僑民便佔首位。此等華僑在朝鮮，備受日本帝國主義的壓迫和搾取，正如朝鮮民衆一般。又僑居中國東北的朝鮮人民，其數不下二百餘萬之多，他們也同中國人民一樣受着日本帝國主義的壓迫和搾取。這種關係，在政治上顯得更爲密切，就是說，日本帝國主義不僅僅是朝鮮民族的敵人，也就是中國民族的敵人，中國的革命運動便直接影響到朝鮮民族的解放鬥爭。正因爲如此，在目前中國抗戰的勝利，無疑地是促進朝鮮革命運動的成功。同樣地，朝鮮革命運動的發展，也可以促成中國抗戰的勝利。中韓兩民族的這種關係，即在今後，隨着社會的發展，必將愈益緊密起來。

「現在中國的抗戰，已經進到了第二期開始勝利的階段。在這二期抗戰中，由於戰略上的轉變，和抗戰力量的加強，在全線反攻中，予敵以嚴重的挫折。即在魯南台兒莊一役，把倭敵的精銳磯谷，板垣兩師團包圍殲滅，獲得空前的大勝利。於是倭敵打通津浦線的計劃，遂被粉碎了。這種勝利決不限於津浦線的一個戰局，最近在南北各戰線上，都有大小勝利的捷報。

我們要曉得，軍事上有這樣的驚人發展，主要的是由於政治方面的偉大進步。最近中國國民黨舉行臨時代表大會，決定組織民意機關，集中全國人才，以增強抗戰的政治力量。宣佈抗敵建國綱領，在外交，軍事，政治，經濟，民衆運動及教育等各方面，樹立進步的救國政策，以澄清一切前期的抗戰障礙。特別確立領袖制度，以實現全國軍民的統一的指導。只有這些政治上的偉大成就，才能保証軍事上的最後勝利。

在如上的軍事上的勝利和政治上的成就中，我們可以看出中國民族的偉大性。關於這一點，我們可以舉出幾個例子來。

第一，中國民族是有偉大的團結力量。大家曉得，中國的國共兩黨有十多年對立的歷史，但一到了國難嚴重的時候，便馬上一致團結，共同奮鬥。這就是表示中華民族的精神之偉大，也就是表示中國民族的最高領袖蔣介石先生之偉大。「抗戰高於一切」這一口號，便是中國抗戰中的最高戰略原則，「兄弟鬩于墻，而外禦其侮」，乃是中華民族國家道德的最高準繩。這種固有的政治道德和新的政治戰略統一起來，便能發生偉大的組織力量。

第二，中國民族有偉大的犧牲精神。上海四行倉庫中八百壯士的英勇殲敵，和全營將士在寶山縣的壯烈犧牲，及其他各戰場上中國軍人所留下的許多可歌可泣的血戰記錄，正是不遑枚舉。

第三，中國民族有偉大的動員力量。全國民衆，不論男女老少都在政府領導下，有錢的出錢，有力的出力，都要起來武裝殺敵，都要盡國民一份子之職務。

在這次戰爭中，日本軍閥的行爲是怎樣呢？我想，你們在敵人的消息封鎖下，也許不明瞭他們的慘無人道的行爲之眞相。他們在過去九個月中，除了用飛機大砲轟炸非武裝的都市，破壞文化機關，襲擊傷兵醫院，難民收容所等外，在所到之處，殺人放火，刼掠財寶，强姦婦女，極盡野蠻無恥之慘事。日本軍閥的這種行爲，激起了全中華民族的仇恨與雪恥之念，流其骨髓，而比之那中國歷史上最慘痛的「揚州十日」更爲慘痛。日本强盜雖自負以東亞之盟主，然他們祇能以啤酒，女人，千衣針，以及迷信虛僞的手段，欺騙純粹的工農靑年，使之從事侵略戰爭。中國的軍人則反之，他們不單爲自己民族的生存與自由而自覺地參加抗戰，而且爲世界和平與正義而擔其先鋒之任務。如果把這兩民族的精神與行動比較起來，就可以明瞭，一個是復興的氣象，另一個是沒落的氣象。

於是，「中國的抗日戰爭，不僅止于收復失地，而且要把日本帝國主義在大陸上的勢力剷除淨盡，並須保障朝鮮獨立之完成，以淸算半世紀以來所累積的舊賬。這乃是中國民族領袖蔣介石先生之意志，也就是全中華民族共同一致的決心。

現在，關於我們在中國關內的運動情形，簡單地說一說。自從一九二五年起，我們許多靑年同志，就學於中國革命策源地黃埔軍校，養成許多軍事幹部，直接參加中國的北伐革命。「九一八」事變以後，在蔣介石先生直接援助下，養成了多數朝鮮軍事幹部人才。並派遣多數戰士從事朝鮮革命運動。到了一九三二年朝鮮革命黨，韓國獨立黨，新韓獨立黨，朝鮮義烈團，大韓獨立黨等五個團體，聯合起來結成「對日戰線統一同盟」，隨後一九三五年，此等五團體在共同決議下，自行解散其原有團體，另行結成朝鮮民族革命黨。再到一九三七年，朝鮮民族解放運動者同盟，朝鮮革命者聯盟，朝鮮民族革命黨等三個團體，聯合起來，創立了「朝鮮民族戰線聯盟。」

從來在朝鮮革命陣線上，大小黨派之分，頗爲複雜，但五個團體自行解體而創立統一的「朝鮮民族革命黨」，自然是一個進步的現象。尤其到現在這些團體，在共同綱領下，結成民族戰線聯盟，不能不說是再進一步的成就了。現在我們的聯盟，在中國抗日戰爭中活潑地進行革命工作。這不能不認爲朝鮮革命內部的經驗，及世界反侵略勢力抬頭的影響所促成，而中國抗日革命的統一發展，更予以重大的影響和教訓。

其次，對於朝鮮國內的運動，再說若干意見。目下中國的抗戰正在粉碎着日本帝國主義的力量，同時促進我們的革命運動。全世界反侵略運動亦在積極援助中國的抗戰。蘇聯的和平奮鬥，亦能積極防止世界侵略主義的狂瀾。日寇既因侵略戰爭而消耗其國力，又因其內部的矛盾而發生了革命危機。在這種形勢下，我們的運動自然可以有利的進展。但我們決不可忽略，敵人鎭壓革命的技術非常發達，而已有充分地鎭壓革命的準備與配備。所以不管客觀情勢如何有利於我們，假使我們自己沒有以正確的努力爭取勝利，革命斷不能僥倖成功的。那末我們應該怎樣努力呢？

第一，是要大家一致團結。不問思想之分和階級之別，都要在反日獨立的旗子下團結起來，建立全民族的統一戰線，共同打倒日本强盜。假使我們沒有推翻日本的統治，任何主義和理想都無從實現。所以，我們全民族的鬥爭對象，乃是日本帝國主義。

第二，是要在大衆裏面擴大新幹部的組織基礎。上面說過，現在客觀情勢是非常有利於我們，而我們的革命鬥爭爲什麼還不能猛烈地進行呢？這因爲許多精幹有能的幹部被敵人被捕投獄而缺少建立新幹部的組織基礎的原故。如果大衆沒有了指導者，便不能展開其正確的鬥爭。我們應當趕快養成精明果敢的新幹部，在大衆裏面加强擴大組織和鬥爭。

第三，是要對妥協主義及改良主義者的鬥爭，一刻也不能放鬆。不問其一時代或某一國家的革命運動，都有這種妥協，改良等壞傾向。而這種傾向一顯露，往往給敵人利用，革命陣營內部爲之自生裂痕，容易被敵人攻破。如最近崔麟，崔南善，車賤貞等之投降，不僅是我們民族的恥辱，同時共蝕了大衆的革命的氣節。這因爲我們對於妥協主義者並沒有在大衆面前充分嚴密地加以監視，加以揭露，加以攻擊的原故。這就是我們的運動常常遭到失敗的重大因素。

第四，革命的決定的勝利是在於羣衆的武裝的總蹶起。「三一」，「六十」，「十一三」運動等非武裝鬥爭，儘管牠是如何地壯烈，但不能夠驅逐日本强盜。倘要驅逐日本强盜，非有最大的流血和壯烈的犧牲，便不能成功。但是這種以白刃和血肉開闢新的歷史的神聖決戰，必須有全國規模的一致行動，必須奮鬥到最後一刻，必須密切聯結國內外的革命力量。不過當我們要發動這樣的最高決勝的武裝鬥爭的時候，必須首先不斷地展開和擴大大小的大衆的日常反日鬥爭。這樣，必須使大衆在這種鬥爭經驗中認識到只有朝鮮民族的獨立才能保障自己生活的向上發展。同時在這種大衆的日常反日鬥爭中，更非明瞭的提起廣汎地包括大衆的生活要求的具體的綱領不可。假使沒有這種行動綱領，大衆的大小鬥爭便沒有一定的目標。又假使這種行動綱領和革命的基本綱領沒有緊密地聯繫起來，革命便很容易墮落於改良主義的泥沼。現在我們的革命基本綱領是：打倒日本帝國主義，撲滅親日派等反動勢力，建設獨立的民族國家，確立民主主義政權，沒收敵人的一切公私財產，改善民衆生活，聯合中國民族及世界反侵略勢力共同奮鬥等等。

同志們！起來！洗雪三十年間奴隸的恥辱，建設自由幸福的新國家的時期，已經到來了！大膽地犧牲地起來奮鬥吧！最後，向在獄同志們致敬。

如何建立全民族的反日統一戰線

奎光

戰綫的統一問題

自從中日戰爭爆發之後，在朝鮮民族解放戰線上，引起了一個非常重大而急待解決的問題，這就是全民族的反日戰線的統一問題。

當中日戰爭開始爆發的時候，一切的朝鮮革命者，不論是民族主義者，共產主義者或無政府主義者，都同樣地感覺到，這一戰爭對於朝鮮民族解放運動有着重大的決定的關係。就是說，中國勝利了，不單中國民族可以得到解放，而且朝鮮民族也有得到解放的希望；中國失敗了，不僅中國的民族國家將陷於滅亡的境地，而且朝鮮民族的解放前途將更是黑暗而渺茫的。因此全朝鮮革命運動者在這樣一種新的鬥爭環境和新的鬥爭時期中，都要積極發動全民族的反日革命鬥爭，以響應和支持中國的抗戰，以爭取朝鮮民族自身的解放。可是要實行全民族的反日總動員，首先最要緊的就是要確立朝鮮民族解放戰線自身的統一。假使我們的解放戰線不能統一，仍然保持像從來那樣宗派主義的或主義思想的分裂和對立的狀態，那末我們不單不能完滿地執行中日戰爭所給與我們的新環境和新時期的鬥爭任務，即使中國戰勝了日本，我們的解放運動也未必就能够得到順利的成功。這是顯而易見的事情。在這種情形下，一切朝鮮革命者都很熱烈地喊出了這樣一個口號；

「全朝鮮民族在「反日第一」主義下團結起來！」，

這一口號，可以完全代表現階段朝鮮革命大衆的共同要求是不待言的。而且這種民族的統一團結，在目前不單是必要，並且是可能的。可是到現在爲止，這還祗是口號而已，並沒有把牠完滿地，具體地實現出來！

本來的講，全民族的反日戰線的統一問題，在朝鮮決不是到現在才被提出來的問題。因爲朝鮮是日本的獨佔的殖民地，日本帝國主義就是全朝鮮民族的唯一共同的仇敵，所以在朝鮮，要建立全民族的反日統一戰線，乃是歷史所決定的朝鮮民族解放運動的主要政治任務。正因爲如此，從來在朝鮮，任何一種革命團體，都不能公然反對反日戰線的統一，即使偏見很深的宗派主義的團體或某種階級的政黨政派，也在表面上不能不主張全民族的統一團結。這樣，戰線的統一，在朝鮮已經成爲歷史的口號，而且在過去解放運動的各時期中，用種種不同的方式來進行過戰線的統一運動。

在朝鮮，戰線統一運動的主要對象，是民族主義運動和社會主義運動的統一問題。雖然在朝鮮，不論是國內或國外，存在着種種形式的分裂和對立的多數革命團體，而在表面上看，的確未免有些複雜之感！可是在內容上把牠檢考一下，就可以知道這許多團體都有着牠的社會的階級的背景。不是屬於民族主義運動，便是屬於社會主義運動。所以，在朝鮮所謂戰線的分裂對立，主要的是這兩種運動的分裂對立。現在我們所堅決主張和積極進行的全民族的反日統一戰線運動，也就是以建立這兩種運動的統一戰線作爲主要的目的。各種民族運動團體間之統一或各種社會運動團體間之統一，當然也是必要的，但這不能成爲全民族的統一，因而不是我們所目的的統一戰綫。

總而言之，在這中國民族的抗日戰爭正在猛烈地進行，而東亞各被壓迫民族的反日鬥爭空前緊張和高度白熱化的今日，朝鮮民族反日戰綫的統一問題，特別有着重大的意義，而非急速地，正確地解決這個問題不可。這個問題能否得到迅速的，正確的解決，無疑地要決定朝鮮民族解放前途的光明或黑暗。可是我們怎樣才能正確地解決這個問題呢？就是說，我們怎樣才能完滿地建立全民族的反日統一戰線呢？關於這個問題，我們要在下面加以詳細的討論，而得出一個正確的結論來。

二 認識的統一

在現在任何一個朝鮮革命者，不管他是信仰什麼主義或屬於什麼黨派，都不反對戰線的統一，不單消極地不反對，而且會積極的加以主張。可是這還只是『不反對』或『主張』而已，至於如何統一的具體方法的意見上，每個人都有不同的看法。各黨派也各有相異的見地。因此祇有口頭上標語上的統一，而沒有具體的實際的統一。

我們認爲，倘要建立民族戰線的實際的統一，必須首先建立民族戰線的認識的統一。假使我們沒有認識上理論上的統一，那就不能有實際上行動上的統一。

朝鮮的民族統一戰綫運動，不用說没處在發起促進的時期。自從一九三五年中國的統一戰線運動開始以來，在極少數旅華朝鮮革命者間，雖然有過關於這一運動的熱烈的討論，而且到現在已經用幾個主義不同的革命團體組織了「朝鮮民族戰線聯盟」，作為建立全民族統一戰線的基礎。但這還是初期的運動形態，而對於這一運動還沒有確立正確的統一的指導理論。可是到最近在中國發行的朝鮮文雜誌「民族革命」，「民族戰線」，「韓靑」等上面，發表了許多關於民族統一戰線問題的文章，而旣展開了關於這一問題的理論的探討。這自然是很好的現象。因為只有在這樣的理論的探討和鬥爭中，才能正確地認識戰線的統一問題，才能正確地樹立統一的指導理論。

現在我們為了確立民族戰線的統一的指導理論，首先使得每個朝鮮革命者，對於以下幾個最基本的問題，都要有一個正確的認識。

第一，我們要清楚認識，我們的民族戰線是和西歐的人民陣線有所區別的。因為人民陣線是在高度發展的資本主義國家內，人民大衆為着反對或防止法西斯蒂，爭取民主與和平而在一定的政治綱領下結合起來的一種政治鬥爭機構，而我們的民族戰線則不然，就是全體民族，不論是屬於什麼社會階級或政治黨派，都為辨打倒唯一共同的敵人日本帝國主義，爭取全民族的自由解放而在一定的政治綱領下團結起來的另一種政治鬥爭機構。

關於這兩種陣線的同異問題，在中國初期的民族統一戰線運動時代，也曾有過各種理論的探討，而到現在已經得到了統一的認識。可是在朝鮮，這一問題的討論，正在開始，而還沒有得出一定的結論。

第二，我們要清楚認識，我們的民族戰線和中國的民族戰線也不盡是相同的。雖然這兩個戰線在內容上本質上是相同的，但在表現形式上却有所相異。這因為朝鮮是日本的獨佔殖民地，早已沒有了國家機構．而民族戰線形態便不能不以各種革命的集團的結合形式表現出來，然而中國是半獨立國家，有廣大的人民和土地，在統一的政權下成為民族戰線的人的及物的基礎，而且其政權自身就成為民族戰線的中心機構。

第三，我們要清楚認識，民族戰線是代表全民族社會各階層的共同利害的統一的最高政治鬥爭機構，而不是一種政黨。換言之，民族戰線是一民族內各個不同的社會階級或集團根據其自身的立場和各自共同的要求來參加組成的。這個共同的要求便是全民族的要求，為濟滿足這個要求，而從各自不同的立場，在共同的政治綱領下，共同的行動起來。

第四，我們要清楚認識，民族戰線有牠的一定的政治目的，而不祇是政治手段或政策。有些人認為我們民族戰線的主要目的在於打倒日本帝國主義，而打倒了之後如何建設是民族戰線所不能負担的任務。為什麼？因為到那時候，或許建設社會主義國家或法西斯主義國家也說不定。但這種見解顯然是錯誤的。我們民族戰線的政治目的是在於建立眞正的民主共和國，而打倒日本帝國主義乃是為達到這一政治目的的政策或手段。打倒日本的統治是破壞的，而建立民主共和國是建設的。建設是目的，破壞是手段。無目的的手段是盲動的行為。我們一定要有基於全民族共同要求的建設綱領，同時要有一定的反日共同鬥爭綱領。最近中國國民黨臨時代表大會也發表了抗戰建國綱領，可見我們的見解決不是獨斷的。

第五，我們要清楚認識，我們民族戰線內部的矛盾是可以避免的。雖然在朝鮮民族中也有種種利害相反而相互對立的社會階級，但這種階級的對立是和民族的對立比較起來，極其次要的。朝鮮全國耕作地面積的六〇%，全國資本的九五%，全國交通及主要產業機關的差不多全部，都已經歸為日本人的公私所有，這就是說，在朝鮮，不僅政治的壓迫者係日本人，即大地主及大資本家也就是日本人。因此朝鮮工農大衆的主要鬥爭對象，不是朝鮮民族，而是日本人。在這種情形下，祇要使民族戰線採取最廣汎而徹底的民主制度，內部的相互對立和矛盾是可以避免，卽使不能避免，也不至於分裂的境地。

第六，我們要清楚認識，民族戰線的鬥爭對象，不僅限於外部，而在內部也可能發生種種的鬥爭對象的。當然我們的主要鬥爭對象是日本帝國主義，可是對於內部的種種左傾或右傾的反民族戰線的傾向，也要實行無情的鬥爭。特別對於民族叛徒，親日派及其走狗的鬥爭是一點也不能放鬆的。

第七，我們要清楚認識，我們的民族戰線是和從來的左翼的反帝國主義同盟及右翼的民族主義團體的聯合體完全不同的東西。或許有人在「左」的立場上主張，在朝鮮，反帝同盟和民族戰線是本質上相同的東西，祇不過有名稱上的相異而已。又或許有人在「右」的立場上主張，「光復運動團體聯合會」便是民族戰線。這兩種主張，都是不對的。從來的反帝同盟，在各國原是共產黨的外圍的羣衆團體，不論牠的形式和內容，絲毫也沒有和現在的民族戰線共通的地方。同樣地，純粹由民族主義團體聯合而成的「光復運動團體聯合會」，在本質上也不是民族戰線。

以上提出的七個問題是在朝鮮民族戰線結成過程中非正確的認識不可的最基本的問題。假若我們對於這幾個問題，得到正確的統一的認識，我們的反日統一戰線便可以具體的，完滿的建立起來。

三　組織的統一

假使我們對於全民族的反日戰線的統一問題，做好了認識上理論上的統一工作，那末就要移到組織的及行動的統一的工作了。

無疑地，戰線的組織問題，也是同牠的認識問題一樣重要，而急待解決的問題。這問題的討論，自從『朝鮮民族戰線聯盟』成立以後，比較地具體化起來，漸々形成組織理論的體系。

朝鮮民族戰線的組織問題，在表面上看，似乎是很簡單而易於解決的，但就內容上說，是非常複雜而難於處理了。詳言之，在朝鮮，民族戰線的主要組織對象就是民族主義運動和社會主義運動的統一，這好像中國的國共兩黨成爲中國民族戰線的最基本的組織對象一樣，只要建立這兩種運動的統一的組織就行了；但這是表面上的看法，實際上並不這麼簡單。因爲在朝鮮還沒有像中國的國共兩黨一樣的統一的兩大政黨，以指導社會運動和民族運動。朝鮮共產黨，在過去雖有屢次的建立，但屢被敵人破壞，到現在還沒有很好的建立起來，這結果社會主義運動便失去了中心的組織的指導和統制。民族主義運動方面也是同樣，只有大小不同的種種政治團體，而沒有像中國國民黨一樣的大的統一的民族主義政黨。這裏所謂社會運動和民族運動，祗是思想系統上之區別，而不是組織系統上之區別。因爲這兩種運動都沒有自身的組織的系統。在這種情形下，要進行戰線的組織工作，是非常困難的事情。

當我們進行組織的統一工作的時候，在組織理論上發生了個人本位或團體本位的問題。主張個人本位的人，以爲朝鮮民族運動是和中國不同，有着種種特殊情形，不論是社會運動方面或民族運動方面，不單沒有統一的組織系統，而且有種種宗派主義的分裂的政治團體，在這種分裂對立的狀態中，要以團體本位來組織民族戰線是非常困難，而且不可能的，所以只要贊成民族統一戰線的人，不管他屬於任何團體，都以個人的資格來參加，以擴大戰線的組織。這種主張自然是有牠的根據的。事實上一九二七年成立的國內的民族協同戰線團體『新幹會』（有三萬以上的會員和數百個支會），與及當時海外的『大獨立黨』組織運動，都採取了這種個人本位的組織原則。可是這種組織，顯然有許多缺點，主要的，還不是組織的統一，而是組織的分散和複雜化。許多屬於各種團體的人，個別地混合在另一種組織裏面，結果這一組織，不是成爲各黨各派互相爭取領導的場所，便是成爲第三種的政治團體。現在我們的民族戰線是不能採用這種組織原則的。因爲民族戰線並不是一種政黨形式的團體，而是各種政治團體，在一定的共同綱領下，約束共同行動的一種政治的鬥爭機構。所以民族戰線是一定要採取團體本位的組織原則。

其次是民族戰線的民主集權制的問題。民族戰線是各黨各派在某種共同要求下聯合的組織，在原則上一定要採取最廣汎的民主制度。

這樣，團體本位和民主制度是朝鮮民族戰線的兩個基本的組織原則。在這原則下我們要進行組織的統一工作。

現在『朝鮮民族戰線聯盟』，已經向全體民族提出了民族戰線的共同政治綱領，並積極進行戰線的統一組織的工作。本來聯盟是由三個主義不同的革命團體組織而成的民族戰線團體，但牠還不能成爲全民族統一戰線的總指導機關，牠祗不過是統一戰線的發起形式或雛形形態而已。因此，聯盟必須爲着建立最完全的全民族反日戰線的總機構而繼續努力。在這點上聯盟所負的責任是非常重大的。

那末怎樣才能建立可以完全代表全體民族的意思的統一的最高指導機關呢？爲着這個，首先必須召集全民族的代表大會。這大會是由國內各革命團體及武裝隊伍，一切保持反日性的社會的大衆團體所選出的代表來構成。並且由這大會選出若干有權威的民族代表來組織民族戰線的總機構。

可是當我們進行這種工作的時候，首先碰到的困難，就是各團體的宗派主義的觀念和各領袖的英雄主義的心理。因爲有這種觀念和心理，不單很難克服各團體間之對立關係，並且很容易產生反民族戰線的傾向。其次還有次要的困難就是自從中日戰爭發生以來，國內和國外的交通完全杜絕，而和各團體間之直接談判和接洽，便成爲不可能。尤其我們和在東北及西比利亞的革命團體及武裝隊伍間之聯絡亦被斷絕了。不過我們爲着迅速建立反日統一戰線，非努力克服這一切困難不可。我們堅決相信任何一種困難都不能阻止時代所要求的戰線統一的工作。

四 結語

總括起來講，我們要建立全民族的反日統一戰線，首先必須建立關於民族戰線的正確的統一的指導理論，其次必須採取正確的組織原則及方案，以建立民族戰線的總指導機關。假使我們做不到這一工作，那末朝鮮民族即使處在這樣偉大的中國抗日戰爭所給與我們的新環境和新時期中，也不能活潑地展開自己的解放鬥爭，更談不到響應和支持中國的抗戰。全朝鮮革命者們！我們從滅亡中回頭再生的時期已經到來了！祗要有自身的自覺的團結和自覺的奮鬥，我們便可以由奴隸的今日走到解放的明天！

中韓民族抗日聯合戰線問題

健宇

日本法西斯帶軍閥對中國的武裝進攻，越在積極擴大，東方被壓迫民族的抗日革命任務，無疑的便越加重大。

中國在抗戰過程中，以神聖偉大的抗日戰爭勢力，逐漸克服了國內的矛盾對立。同時民衆運動更加活躍的開展起來了。於是抗日力量的增大，在質與量方面都呈現着飛躍的現象。自從中日戰爭爆發後，日本帝國主義的國內矛盾更加尖銳化，就是法西斯帶軍閥和反法西斯帶的人民陣線的對立，工農階級對于帝國主義侵略戰爭的反戰運動的擴大和朝鮮民族解放運動的高漲，都在表現着倭寇內部的千瘡百孔。並且對中國的侵略戰爭，破壞了太平洋的國際均勢，因此國際的反日勢力日益增長着，特別是英美感到極東形勢的危險，爲了保障在中國的利權和太平洋上的國防，也在擴大強化遠東軍備。總之，日本帝國主義對中國大陸的武裝侵略，也就是自趨滅亡的最後一着。

日本軍事法西對中國侵略戰爭的失敗，不僅是日本帝國主義的整個毀滅，同時是東方被壓迫民族解放的主要條件。但是中國抗戰的最後勝利，不只由於中國民族單獨的抗戰力量；必須聯合一切國際的反日勢力，特別是東方被壓迫民族的抗日聯合戰線的鞏固與擴大，無疑的是打倒日本帝國主義的主要力量。中韓兩民族之間，抗日聯合戰線的建立，是對共同的敵人——日本帝國主義的革命的利益所決定的必然要求。同時，中韓民族的抗日聯合戰線是對日作戰上，非常重要的戰略問題。可是事實上，中日戰爭已經進行了九個多月，中國進入了第二期抗戰，魯南台兒莊戰取了空前的大勝利，同時中國國民黨大會宣布了抗戰建國綱領，並規定了與一切反日民族聯合起來，共同奮鬥，這都是很值得慶幸的。乘着這個機會，筆者特別提出關于中韓民族抗日聯合戰線問題，想作一個概括的論述。

中韓民族的抗日聯合戰線問題，並不單單在於弱少民族解放革命的國際連關性廣汎意義上，而是包含着對共同敵人的革命利益感所產生的具體內容，而且是立脚在自民族解放革命的特殊性，被採決爲抗日的戰略戰術。換言之，與民族間建立抗日聯合戰線的主觀認識，是中國民族爲了增強牠的抗日力量，以期爭取最後勝利，而要求和朝鮮民族建立抗日聯合戰線；同時朝鮮民族爲了獨立戰爭的勝利，而要求和中國的抗日力量建立聯合戰線更加增強革命力量。因此中韓抗日聯合戰線在現階段，甚於革命的共同性被規定的具體的戰略。這一弱少民族抗日聯合戰線，必須奠于各民族間革命的五信心，但是這種五信，當然要依存於自民族解放革命的現實動態。目前中國民族光榮偉大的抗日戰爭，不僅增大了國際的信任；確保東方被壓迫民族解放革命戰線內的中心勢力，同時中國的抗戰勢力，對隣邦弱少民族解放運動，給與偉大的革命衝動，並且佔在領導的地位。

建立中韓民族抗日聯合戰線的前提之下，朝鮮民族對中國革命大衆究竟給與怎樣的信念與衝動呢？朝鮮的處境是和中國很不相同，是日本帝國主義的獨占殖民地，牠沒有國家民族的獨立主權，更沒有維護國家主權的政治自由和武裝軍隊，言論出版集會結社的自由，完全被剝奪，一言以蔽之，今日的朝鮮是處在日本帝國主義法西斯帶狂暴的反動統治之下，完全失掉了生存的權利，而陷於舉世無倫的悲慘的絕境。在這種殘酷的社會條件之下，朝鮮的革命運動，在受敵警敵軍殘酷的鎮壓，革命羣衆不斷的被屠殺，因此全面的革命運動在技術上不可避免的轉變成爲地下層運動。也就是說：中國的大衆運動在目前以社會的合法手段生長發展，朝鮮則不然，尤其在九一八東北事變以後，一切具有反日性質的社會團體，全被解散了。

自從九一八事變以後，日本法西斯軍閥，企圖實現牠大陸侵略的既定政策，對殖民地的政治壓迫和經濟剝削更加苛酷了。這特別表現在經濟方面，因于急速擴大的軍需工業，大量徵募勞動大衆，對農民施行無限制的徵發等都在無情的鞭韃着殖民地的勞苦大衆。還有和日本法西斯軍閥狼狽爲奸的軍需工業家，高利貸，商業資本家，地主等在殖民地，爲了獨佔利潤而高度搾取的過程中，不僅工農大衆的骨血日益涸竭，並使朝鮮民族資本家和地主的經濟基礎也在急速的破滅。

從一九二八年至一九三五年間，被捕下獄的革命同志竟達一萬六千有餘，這些都是和共產黨及反帝同盟秘密結社有組織關係者而根據治安維持法被判決的數目。從這一事實我們不難推斷朝鮮革命羣衆的反日情緒的高張和鬥爭的堅決。我們更應該注意到，將近二萬的有組織的革命羣衆雖被犧牲了，但是產生更積極勇敢的後繼者和影響羣衆更加堅決鬥爭的這一事實。我們相信，各國的革命同志，尤其是直接受日本法西斯武裝進攻的中國抗日同胞們是不難想像日本帝國主義獨佔統治下的朝鮮的具體內容。

對於中韓民族抗日聯合戰線問題，雙方在革命的同盟者的意義上，要有具體的認識是絕對必要的。這種認識，並不是由于抽象的概念被規定，而是在中韓兩民族對日作戰過程中，由于革命的共同性被規定着的，因此誰也不能否認東方被壓迫民族抗日聯合戰綫的重要性。但是我們認爲不僅限於認識的清楚，問題是在怎樣實踐。

朝鮮人在中國的革命歷史，已經持續數十餘年當中，中國同胞同情和援助朝鮮民族獨立運動的史實，何止一二，但是中韓革命同志間，更有意義更加堅強的合作，是莫過於一九二六年的北伐時代。當時朝鮮革命同志堅決的鬥爭犧牲已經給我們寶貴的經驗與教訓，尤其在九一八事變後在東北中韓革命大衆的抗日義勇軍的合作是完全執行了被壓迫民族抗日聯合戰線的策略，抗日的游擊戰爭不斷的在生長發展擴大着，尤其在目前中國全面抗戰的情勢下，更加增強它的戰鬥力量。

神聖偉大的中國抗日戰爭全面的展開以來，已經光榮的繼續了九個月，將來也不斷的持續，直到取得最後勝利。這已經打開了東方被壓迫民族解放之路，在這偉大的時代，中韓民族在對共同敵人共同鬥爭原則下，我們確信，抗日聯合戰綫的結成是必然的。

一，在中國的朝鮮革命同志，在中韓抗日聯合戰線形式下，應該直接參加抗日戰爭。

二，中國應該積極援助朝鮮革命武裝的組織，以期發揮它獨立的作戰精神。

三，中韓抗日聯合戰線是立脚在弱少民族的革命的聯關性和對共同敵人的共同鬥爭的義務，但是也應該注意到，兩民族革命的特殊性。

爲本刊第四期出「中韓民族聯合戰線專號」徵稿啓事

本刊出版之目的固在於經常介紹朝鮮國內革命運動之動態，然關於如何建立中韓民族之聯合戰綫問題，予以正確之指示而樹立一正確之理論，使中韓民族的聯合抗日得早日實現，尤爲本刊當前之最大任務！本刊同人爲集思廣益及使此問題得到更深入更廣汎的討論起見，特闢第四期之全部篇幅爲討論此問題之園地。深望中國各界人士不吝賜教，對於中韓民族聯合戰綫之具體意見及感想等，多多發表偉論！倘能因此而獲得更深刻之認識而作爲摧毀共同的民族敵人之行動指針，則其光榮利益，實關係於中韓兩民族之前途也。

本刊篇幅有限，文長由五百字至三千字，截稿時間爲五月十五日，來稿請寄漢口郵箱十九號朝鮮民族戰線社編輯部收爲幸。

朝鮮民族戰綫社啓

編輯室

一．本期預定計劃，是多登載中國友人方面的文章，但到了截稿時止還未接到來稿，故此計劃祇好留待下期實現。

二．我們對於中國文字都不熟練，無論表達意見及編排形式方面，都感到不滿，不過，我們祇有盡力的去克服這一缺點。

三．關於朝鮮民族統一戰綫及中韓民族聯合戰線問題的討論，原是本刊的主要任務，但這種討論必須中國各界人士們也來參加、所以本刊第四期特闢爲討論此問題的專號。

四．對於本刊的批評建議以及一般讀者對本刊的態度，意見等無任歡迎。

中日戰局的解剖與展望

一來

一、前言

此次中日戰爭的發動與持續，一方面是日本帝國主義臨到崩壞末日，企圖以加緊侵略中國來解除其內部矛盾；他方面是中國民族鑒於國家民族的絕大危機，一致蹶起，爭取生存的慘苦的抗戰，並且經由初期抗戰的演進，給樹立了確能爭取生存的普遍的信念。

在蘆溝橋事變以前，中國一部份人士總是對自已估價過低，對日寇估價過高；日寇則反之，老是視自已爲巨人而視中國如不具者，可以予取予求。所以蘆溝橋事變完全係日本軍閥一手造成，遠因自然是他們大陸政策的繼續；近因呢，爲的是近數年來對於中國，外交接洽毫無頭緒，軍艦威脅又無結果，這才調兵遣將，攻擊平津，意思是要做得像樣，加以「膺懲」。可是這在中國，是生死存亡的歧路；妥協等於死亡，欲圖生存，只有起而抵抗。因而中國抗戰的最初內容是被迫應戰。

二、就中國方面觀察抗戰過程

如今先就中國的抗戰過程，可依其演變情形，分做兩期來說明：

中國抗戰的第一期　自從蘆溝橋事變發展成爲中日兩國的戰爭狀態以後，在其初期，自然地帝國主義者的優勢與半殖民地國家的缺陷都要給暴露無遺。雖然在南口，上海，平型關等地，展開過不少次的血戰，但在這時期還有許多缺點，就是說，民衆未經與軍隊打成一片，友軍也未曾充分與之協同動作。這種情形一直延續至退出南京。可是退出南京以後，中國的政略及戰略，顯然是轉變了，所以我們就以退出南京爲抗戰第一二期的分界點。

中國軍隊退出南京以後，在日寇，滿想從此可以脅迫中國，以條約的文字代替槍砲的子彈。可是日寇的這一企圖，終於被站在生死存亡的最後關頭的中華民族所拒否，所揭破。國民政府遷都重慶的宣言，蔣介石先生的告國民書，中共中央十二月二十五日的對時局宣言標出了惟一的生存的大路，都是在這一時期確定新的戰略戰術的重要表示，而且奠定了

中國抗戰的第二期　的理論與信念基礎。但是在敗退中的中國，能有這樣歷史上偉大的成就，固然是由於賢明當局的自覺的要求，但其主要原因，可界出以下數項。

第一、中國民族經抗戰第一期的嚴重試驗，形成了更加鞏固的各黨各派的偉大團結。

第二、中國在抗戰第一期中，獲得了像所損失的土地那麼大的寶貴代價。那就是離心傾向，苟免心理，地盤觀念，小我主義等等在過去牽制中國使不能現代化，在初期抗戰中絆住中國使不能自由施展的一切原因都給民族的警覺特別是日寇的炮灰破壞無遺，而全體民族在惟一領袖的領導下像一個巨人一樣團結起來。

第三、國防機構的強化與民意機關的設置。

第四、國民總動員的實行與民衆運動的普遍與深入。

第五、確立全民族的統一的抗敵建國綱領而且加以實施。

第六、由陣地戰，運動戰，游擊戰的互相配合，在戰略上取得主動地位。

第七、一般民衆及戰鬥員對於國際關係的幻想與超實際的希望拋給事實蛻脫淨盡，而漸次獲得了「自助人助」的正確的認識。

革命行進中的弱少民族能夠抵抗帝國主義的侵略而爭取勝利的信念終於被發見而且應用了。應用這信念，中國才能收拾敗殘，重整旗鼓，奠定了第二期抗戰基礎。因其有這個信念，才使得由西展開了泥戰局面，台兒莊齊來了空前大捷，在被佔領地區不斷予敵軍以嚴重的威脅，法幣的信用越加鞏固，後方民衆不但沒有動搖，反而益加團結，漢奸的作用日就無力化，僞組織產生而不能成長，國際同情越趨越強；假使就目下在政治軍事經濟民運各方面尚有不滿人意的地方，那只可視爲發展過程中一定階段的現象。這一切光榮的勝利已經不是一長官或一軍團之壯烈犧牲所能得來，而是全中華民族團結一致共同奮鬥的成果！而且只有這樣，才是趨向最後勝利的惟一途徑。換句話說，最後勝利是有條件的，而且這條件也許是極其殘酷的，——飢餓，疲勞，普遍的缺乏，國際幻想的幻滅……而這條

略的條件也只有統一團結，抗戰到底才能克服過來，一步步接近最後勝利。但在這裏，我們不得不特別指出的是東方各被壓迫民族尤其是在敵人統治下的殖民地，——朝鮮台灣各民族的獨立問題。因為只有這問題的總的全面的解決，才能確定最後勝利是永久的，有保障的緣故。

三、從日寇方面觀察侵略戰爭的過程

反過來，觀察日寇的侵華戰爭情形。中日戰爭發動到現在，在日寇方面，根據牠主觀策略的變動迹象，可以分做四個階段來說明。

第一個階段　是自七七事變到八一三直前。在這最初階段，日寇並沒有發動大戰的決心，尤其想不到會因此而引起大戰。相反的，牠想牠自己還是在應用分化與威脅政策。牠想的到當前的中國不是過去的中國，一紙通牒或兩隻軍艦總是嚇他不動，只好調動大軍裝腔作勢。想不到這樣的作法會使得中國只有在降亡與抗存中找出一路；尤其想不到現實的中國比他們想像中的中國前進若干階段。所以在這一階段，戰略上共存相當的成就，而政略可以說完全失敗了。申言之，政略一方面，這時已完全退居被動地位而給中國推進了上海戰場。

第二個階段　是自攻擊上海至侵佔南京。前一階段的失敗教訓自然要使日寇重新審定對華政略，以便應付新的局勢，那就是，一面決定佔領商業與金融總匯的上海，至必要時攻破政治與文化中心的南京，以毀滅國民政府的威信；別一面嗾使牠的同盟國家——德意——對中國加以壓力使其就範。可是這一階段也如前一階段，戰略總算是得有結果，而政略卻為中國國民政府遷都重慶的宣言，蔣介石先生的告國民書，中共中央對時局宣言等所擊破。質言之，這一階段的政略又告失敗了。

第三個階段　是自侵佔南京至台兒莊的失利。日寇固然要依據這次失敗的經驗，更加深刻地認識中國，可是認識得出的中國總是比現實的中國差着一步，這是日寇對華政略失敗的總因，也就是帝國主義者認識弱少民族，尤其最只能達到這一程度的客觀的局限性。任何階段的日寇對華政略都得以這一原則說明之。那麼在本階段，他們惟一可取的途徑自然是：對內，無限制增加戰費；統制民衆的不平與憤怒；加緊對殖民地與准殖民地的榨取與武裝化。對華，擴大軍事行動，席捲平漢粵漢各路以東地區；否認國民政府，樹立傀儡組織；設立偽中央銀行，破壞中國法幣信用與金融系統。對國際，加強侵略陣綫，強擊和平陣綫；利用反共名義，削弱蘇聯活動。他們以為這麼一來，假如國民政府中途屈服了，則既成事實愈多，取巧便宜也愈大；即使長期抵抗下去，被踢處川滇黔邊境，對內沒有効用，對外失去權威的一個政府儘可置之不理。可是結果怎樣？這一階段，不但政略一步步趨向失敗，而戰略也遭受到意外的打擊：山西戰事的蹉跌，台兒莊的給包圍殲滅，其咎不在於戰術本身而在於來不及認識正在進步發展中的動的中國。日寇早已感到騎在虎背，非至斜坡，不但不能對侵略戰爭保持興趣，而相反地感到疲勞與煩悶。可是牠究竟有另轉的方向沒有？沒有！牠只有固執着本階段的政略，開始審定另一階段即現階段的戰略，企圖作最後的掙扎。

現階段　是自台兒莊的失利後開始的。在這一階段戰略上主要變動一定是依前一階段失敗教訓而形成的，質言之，必須由迂迴殲滅主義改進到「侵進穩佔」主義；而為着遂行侵進穩佔，首先得具有進行長期侵戰（對抗戰）的覺悟；其次要實施總動員法案，並掃數將準備對付第三國的兵力開發來華；又其次無暇顧慮殖民地及准殖民地民族的反側情形而對他們盲目地加以武裝並決行一切戰時措置。這已不是有計劃的侵略，而是賭博性的孤注。

四、結論

根據以上論列，我人對於中國抗戰第二期的前途，可以得出如下的結論：

1. **關於政略方面**　日寇總得要讓中國一着，而戰略又是由主動地位退處被動地位。

2. **關於民衆方面**　日寇侵略戰爭的持續等於是絞殺平民生活的行爲，遲早要給大衆揭穿無遺；而中國反之，惟有抗戰到底才是全民族的生路。

3. **關於動員方面**　日寇只能做到強制的與有限性的動員；而中國剛剛相反，早已在發動自覺的與無限性的動員。

4. **關於戰費方面**　日寇只能以增稅，濫發公債，惡性通貨澎漲的方法來應付；而中國，因爲是在國內作戰，所消耗的比較不大，而且具有勝利把握，國債信用不會動搖，因而可能取得民衆的自動的與義務的輸將以及無抵保的國外借款。

5. **關於國際關係方面**　日寇是孤立的，被敵視的，因而需要留下相當的國力，準備對付第三假想敵；而中國反之，除集中全部國力外並可發動國際一切反日勢力來對付惟一的敵人。

中日戰爭的形勢在今日已經淨化到可以決定勝敗的前途的時期。但是我們應知在任何革命戰爭中，敵人儘有被打倒的條件；而假使我們存過分的樂觀或悲觀心理，放鬆了任何一着，使全盤進行蹉跌一下，則勝利的條件也會變成失敗的條件。所以我們在今日就理論方面確信中國早已具備條件取得最後勝利；而就事實的演變過程，又不能不熱切的期望中國民族更加警惕，更加踏實，更加堅定，以期於百尺竿頭再進一步！

日本的經濟破滅與政治危機

義櫓

（一）

日本帝國主義，因爲國土武裝能力之貧弱及社會機構之脆弱，被決定牠是帝國主義當中最脆弱的一個環節。所以牠將在全面的世界恐慌與大戰當中，比任何帝國主義，必有首先要崩壞之命運。

我們知道，日本明治維新，並不是打倒日本封建勢力，而在頹廢的封建廢墟上，建立基礎的正常發展的資本主義革命；而是在西歐資本主義文明潮流的侵襲下與封建勢力妥協，而改造上部的政治機構的一種改革運動。所以自明治維新以後，在日本資本主義之發展，還內包着廣大的封建殘滓，同時在統治機構中，佔據實權，軍閥的優越勢力。如此日本帝國主義雖是內包這樣廣大的封建殘滓，仍然經過清日俄日以至歐洲大戰，資本家之勢力日益雄厚，而資本之百分之七十集中於二個企業聯合。這就是日本資本主義之發展與其他西歐資本主義之發展不同的一種特殊形態。這種特殊形態下之政治經濟，規定着日本一般社會機構之脆弱性。並且牠在今日與西歐列強並立存在的力量，並不是建立在自己的眞實的國土武裝能力基礎上面，而其大部分是依靠於外來資本，就是牠把在清日，俄日的戰役，獲得的領土與賠款及第一次世界大戰中，以高價拍賣商品賺得來的錢當做資本，發展近代工業，造成近代帝國主義之武裝力量。日本帝國主義，今後要繼續發展，則其工業原料，成爲一大困難問題，國內缺之近代工業之重要原料，雖有些原料出產，然其品質惡劣，成分極低，因之重要工業原料，如鐵，煤炭，煤油，有色金屬，棉花，羊毛等皆自國外輸入。如果一旦對外開戰，則原料輸入極爲困難，因之工業停滯，不能繼續持久戰爭。以上兩大條件是規定日本帝國主義之脆弱性，因此，日本大財閥不滿意於現有國土上之財富，尤以日本軍閥不滿意於現下所佔之日本國土，所以，日本軍閥及大財閥們，早已在歐戰以後，想到對外侵略，而樹立大陸政策。以後無時不忘對中侵略之積極準備以至今日。目下英美帝國主義之目光注視於遠東的經濟利益，而與日本對立。又蘇聯國力，日益澎漲發展，將予日本以最後之一擊。尤以日本國內之政治危機日益深刻，這種內外情勢之下，日本帝國主義，竟然挺而走險，發動對中侵略戰爭。這是毫無勝利把握的最後發惡的冒險戰爭。所以這是無異宣告日本帝國主義總崩壞的滅亡戰爭。

（二）

以上所述是說明國家經濟能力與社會機構之強弱如何是決定戰爭勝敗之重要條件，所以戰爭勝利的條件，決不能只把現有之兵器數量及現有軍隊的質量來估計，而是把政治，經濟，社會，文化各方面總動員的一切國力的總比來估計的。

日本帝國主義的國土，沒有蘊藏着天然之富源，又資本主義之畸形發展中內包着社會結構之脆弱性。這種自然條件及社會條件是牠的內在的不可避免的不利條件，牠對外開始發動冒險戰爭，不得不在這不利的既成的自然條件及社會條件之最大範圍及限界內，動員所有的一切國力；然而如要動員國家一切力量，首先應要統制政治，經濟，社會，文化等各方面的一切力量；又要強化統制力量，必須改變政治機構爲統一化軍一化，就是把從來的自由主義之政黨政治機構，改爲獨裁的法西斯蒂政治機構。因之日本帝國主義，從來不斷的努力於法西斯蒂政治之實現。我們知道日本法西斯蒂運動，早已在歐洲大戰後日本帝國主義樹立大陸侵略政策之時發生者。及至一九二九年世界經濟恐慌的怒潮，動搖於日本的經濟各部門，結果中小工商業凋敝，農村經濟破壞。這種經濟的沉滯沒落過程在一方面促成無產階級運動，在他方面促進法西斯蒂運動。這法西斯蒂運動，特別的急速侵透擴大於軍部的小壯派，尤其是自九一八事變以後，緊張的日本政治環境，更加助長法西斯蒂勢力之發展。歷代內閣之頻繁的更迭，元老派與財閥之被刺等等自「五一五」事件以後相繼事件，「二二六」政變等皆係法西斯蒂的運動的發展過程中所演出之政治現象。最近日本法西斯蒂在國會通過了國家總動員法案，而得到法律上基礎後，牠的地位已更加穩固起來了。伊藤博文以來，四十餘年間，助長發展日本資本主義之憲政政治，而今代之以法西斯蒂政治。這是日本帝國主義的殘存生命的延長過程中，不可避的必然的政治形態。這就是日本資本主義在自由競爭的發展法則下，向上進展的途徑已經阻塞，而向着沉滯沒落過程的政治形態，同時證明着反動的日本法西斯特政治下，相對的反法西斯特運動，日漸擴大強化，而內部的政治危機，與日加深，使之促成日本帝國主義之急速解體。

法西斯蒂爲帝國主義之最高政治形態，法西斯帝在初期生長發展時，隱蔽牠的本質及正體，到了一定的發展階段，暴露牠的正體，這是過去獨伊兩國的法西斯蒂運動所證示的事實，日本亦自然不能例外。現下日本政治，完全被軍部法西斯特支配着，牠從來所唱導之國體主義，全體主義下安定國民生活云云之口號，不單早已忘却，反而還要試縮國民生活，又從來牠的力量，在日本中小商工業者及富農等中小產階層的擁護支持下所發展者，今則它的力量到了發展的最高段階，竟然放棄中小產階級的立場並否定它從來所發展的基礎，而與金融財閥完全妥協，它的從來基礎今已移轉建立於金融財閥，目下日本法西斯蒂的財閥網，擴大於全國，而有名的財閥三井，三菱，飛機大王中島知久，關西財閥石原廣一郎，財閥池田成彬，日產財閥，大倉財閥，電氣王林安毅，僞金融資本家及軍需工業資本家們，支持法西斯特。但是日本的重工業，尚未十分發達。反而輕工業的比重大於重工業，其外大地主及商業資本家之勢力亦復不少。因此資本家間之對立及資本家與地主間之對立現象日益尖銳化而統治機構內之對立與矛盾日益增大，造成法西的政治危機。

〔三〕

如此，日本帝國主義，一方面強化法西斯的政治力量，他方面強化法西斯的統制方法就是國家總動員之準備。日本經濟財政機構，最近六年來被法西斯特的冒險戰爭準備弄得緊張過度了。牠的供給戰爭準備以經濟財政的基本方法爲捐稅，公債，通貨膨脹。這些捐稅，公債，通貨膨脹，並不是在性質上各個不同的方法，而其根底與結果必然要歸一於通貨膨脹。爲備戰而濫發之赤字公債，因國民已在消化的飽和點，再沒有吸收能力，因而只能堆積在中央銀行及各地方銀行，中央銀行拿了這些赤字公債當做基金，急速的發行大量紙幣以致通貨膨脹。因之增加舊稅率與加收新捐稅，充其量也不過維持本來的水準，而不能得到實質上的補充。

日本法西斯特戰時財政準備的唯一的出路爲通貨膨脹政策，除了這條路以外，沒有別的路可走，並且也不會有的。法西斯蒂，只以通貨膨脹的財政政策來增加支出預算。使得國家財政與財政資本間之限界完全除去，在這國家財政與財政資本間之合併的根據上面，使平時的財政經濟變爲戰時財政經濟。這樣不論代價之如何，儘量製造戰爭工具，堆積在軍械庫裏，其結果，在銀行的金庫及一般國民的口袋裏所存儲之錢財，一空如洗。這就是法西斯的備戰的一貫財政政策，這樣的備戰的經濟財政政策的結果是必然的引起國內政治經濟的深刻的矛盾，而產生悲慘的後果。並且這種方法就根本破壞戰爭的財政供給的前途。日本帝國主義，現在正受着這個苦惱，而差不得物質財源，便已經接近枯渴的狀態了。所以勿論如何，牠決不能支持大規模的長期戰爭。

這種矛盾與危險性，日本法西斯蒂們也許不會不知道的。但是法西斯蒂的政治環境所規定的本身的出路是只有這一條路，所以牠的主觀上所想到的避免慘禍的破產的方法爲只有速戰速決的方法及侵佔戰區內之掠奪作戰方法，就是以戰爭來支持戰爭的方法。這樣要在侵佔戰區內掠奪財貨支持戰爭的方法是只能在毫無抵抗把自己的領土雙手奉給敵人的甘心做亡國奴的國家民族，才能有實現的可能。現在，恐怕這些國家民族在現代世界裏是不能找到的，這樣的想法是牠的一種烏托邦的夢想，這不過是日本帝國主義被自己的冒險戰爭所麻醉過的幻想。

現在帝國主義發展到了最高段階，將要沒落崩壞時期，世界任何角落，發生戰爭，都是帶着國際性質，所以近代戰爭一開始，就變爲國際性質的戰爭。尤以中國爲遠東的中心，世界列強的經濟視線，集中在中國，一旦中日間的整個的全面戰爭開始就必然地變爲長期性的持久戰爭。日本帝國主義，雖是曾在世界資本主義剛剛發生成長之時期，以短期戰爭之勝利，稍稍受過征服國家之掠奪實惠。例如：淸日戰爭，用去二億萬元的戰費，賺回了三億七千萬元的賠償及奪取領土；日俄戰爭，消耗十五億萬元的戰費，奪取南滿鐵道及鐵道沿線的附屬地帶之經濟利權及庫頁島的半部南端。但是自九一八事變以後，倭敵繼續侵入華北，而今已發動對中整個侵略戰爭，現在中國民族之全面的自衛抗戰，已繼續了十個月，將要進入於長期的消耗持久戰。倭敵雖曾以五千萬元之代價占領滿洲，這不過是名義上之佔領，其實，牠的政治勢力，只限在軍隊駐屯區的重要省區，縣城及重要交通線。牠只爲維持重要縣省的治安及保護重要交通線而消耗的金錢已經達二十億日元。又中日戰爭，不過才繼續了十個月之初期戰爭中，使倭敵發行七十五億萬元的赤字公債，尤以十餘年來巨量資金的支出膨脹來，儲蓄之財源，如生鐵二百萬噸，廢鐵一百九十萬噸石油及油產品二百萬噸，煤炭三百萬噸，羊毛八十萬噸，其他有色金屬等今已幾爲消耗了大部分。這樣的貧弱的財源決不能支撑持久戰。

—待續—

朝鮮革命軍事運動之回顧與展望

民山

一，緒言

誰都知道：東方的强盜日本帝國主義，自從明治維新成功，經過中日，俄日兩大戰爭，而獲得勝利，迫使中俄兩國的勢力由朝鮮退出，終將朝鮮做了他的獨佔殖民地和侵略大陸的戰略根據地。於是日本帝國主義的基礎始得奠定。

朝鮮被日本併呑的時候，朝鮮是否有過軍隊？爲什麽沒有發生過正式戰爭？這個問題，是在敘述本論之前，有加以說明的必要。

敵人在併呑朝鮮的過程中所慣用的政策就是「以韓制韓」不戰而勝的巧技。但這個政策的最大成功者，却是那世所共知的伊藤博文。一九〇五年九月，日本使以戰勝國的資格，與俄國締結和約，竟使俄國承認日本在韓國之政治軍事經濟上的特殊權利。於同年十一月，伊藤博文是以日本政府特派大使的資格來韓，一面以武力威脅韓廷，一面利誘和收買李完用等賣國賊，勒締所謂保護條約（註一）。於是伊藤自任爲韓國統監，除在重要地點分駐重兵外并收買和指使走狗賣國賊，製造許多親日團體在各地活動。到了一九〇七年七月又勒締七條協約（註二），同時威逼韓皇，以勅命解散軍隊，收繳槍械，以絕後患。此後日人更無所顧忌，爲其所欲爲，而於一九一〇年八月未經正式戰爭而完全併呑了朝鮮。

朝鮮軍隊被解放之先，日人藉托節省經費刷新軍制藉經減少我軍額，故當解散時，在漢城的兵額僅一混成旅，官佐士兵共約一萬人；在各地方者共八個鎭衛大隊，官佐士兵共僅四千三百人。朝鮮國防力之所以如此脆弱，軍隊之所以如此解散者，雖然因于敵人的强壓和威迫，但我們自己的責任，尤不可逃避。

（一）朝鮮久爲朱子派的儒教文化所薫染，便以消極苟安，尙文偃武爲國家社會的習尙，忽視國防政策，致使軍事力量如此薄弱。

（二）當時朝鮮未經輸入歐美資本主義的近代文明，因而國家意識不普及，政府及人民均不知國防爲現代國家的命脈。

（三）李朝末年朝鮮之當權者，多系權貴班門之執袴，既無整頓內政之能力，又不明國際情勢，只在被動的地位，儘受敵人之愚弄，以至唯敵之命是從。

韓國軍隊被解散之後，或者飲泣歸鄉，或者悲憤自殺。又有些倡義討賊，組織義兵：這就是朝鮮義兵的一個來源，也就是朝鮮革命軍事運動的開端。朝鮮革命軍事運動，自從義兵運動開始一直到現在，一刻也未曾間斷，而積極與敵人鬥爭。

朝鮮革命軍事運動可分爲三個階段來說明，即自亡國前後以至一九一九年「三一」運動爲第一階段，自「三一」運動至「九一八」事變爲第二階段，自「九一八」事變至現在爲第三階段。

過去三十年來，朝鮮民族的反日武裝鬥爭造成了無數次的轟轟烈烈可歌可泣的史蹟，但是因爲材料的難於蒐集與篇幅的有限，本文只能介紹一個概略。

二，義兵運動

義兵就是現在所說的義勇軍或民衆遊擊隊，這就是民衆本身抗敵自衛的武裝組織。玆將其運動分段別項敘述于下。

1.構成要素　朝鮮民族自從一九〇五年給日本强盜勒締保護條約以後，均感亡國之禍迫於眉睫，紛起揭竿倡義招募義兵，與倭寇開始武裝鬥爭，這就是義兵運動的民衆基礎。構成要素爲儒林學子，鄉村農民與被解散的軍人。所持武器除一部由被解散的軍人帶來的新式槍械以外，大半都是土槍，獵槍以及刀鎗等落後的武器。

2.活動地域及其期間　朝鮮義兵是無訓練的群衆與落後的武器配合起來的，所以不能與武裝齊備訓練精良的敵軍比較其作戰力，但能血肉相搏，持久作戰，予敵人以重大的損失。其作戰區域是普遍全國，作戰期間亦至八年之久，參戰人數不下數十萬，作戰的次數亦至數千回，這不能不視爲朝鮮民族初期革命軍事運動的悲壯的流血記錄。

3.主要的領導人物及其戰績

a.崔益鉉　爲國家元老儒林泰斗。當保護約成，就與其門人林秉瓚等糾合同志舉義招衆，活躍於京畿道一帶，後被捕至日本對馬島，絕食而死。

b.閔肯鎬　爲原州鎭衛隊正校。拒絕解散軍隊的命令，率領部隊，轉戰於忠州原州堤州之間，予日軍以重創。

c.李殷瓚等諸人。李殷瓚首舉關東義旗，糾合六千餘衆，血戰四十餘次，斬殺敵兵頗衆。後聯合許蔿李康年權重植等義旅數萬，推李麟榮爲大將，馳騁於京畿江原一帶。後與許蔿計劃攻入京城，一舉而破統監府，撤消勒約。遂被禁入獄，不屈而死。

李康年爲湖西義軍首領，當許蔿李殷贊等京城進攻計劃失敗以後，收拾餘衆，轉戰江原嶺尚一帶，大小數十戰，殺敵甚多，終因勢孤，被敵所俘，不屈而死。

d. 池弘允　係江華鎮衛隊副校，見日人勒散我軍，就舉義旅，擊滅日軍一中隊。及日軍攻陷江華，弘允率部下走海西，密謀再舉，不幸被敵賞購，從容就義。

e. 金秀敏　多力善射，百發百中，自製彈藥以用之。率兵二千據長湍，積聚軍糧，募負販爲偵探，與敵交綏，屢獲勝捷。

f. 李鎮龍禁恩彥　起義於黃海道平山，活躍於京義線鷄井及禮成江沿岸各地，迭奏奇功。

g. 洪範圖　原係咸鏡道甲山郡獵戶出身，與車允道等舉義，轉戰於甲山三水北青等地，迭有斬獲。

h. 全琫準　是係天道教主崔水雲之高足，甲午東學黨大革命之領袖。於國亡前後，倡義討敵，農民子弟從之如雲，不數月而達數萬之衆，聲勢大振，馳騁於三南（慶尚全羅忠清三道）地方，而迭予敵以重創。

以上所記，僅係其犖犖大者，至於成千成萬有名與無名之民族英雄於此不遑一一敘述。概括言之，義兵運動，乃是朝鮮民族精神之表示，其犧牲精神之熱烈，尤可令人讚歎。惜因武器之劣等，經濟力之單薄，以及民衆訓練之困難，而終歸於失敗，豈不痛歟。但義兵運動所予朝鮮民族解放運動之影響，實莫大焉。

三、三一運動以後之軍事運動

朝鮮民族在國亡前後，不堪受日人之壓迫，紛紛往中國東三省移住者甚多，又因日本施行其移民政策而被迫移住者尤多，故至一九一九年「三一」運動當時，中國東三省之朝鮮僑民已不下七八十萬，而與朝鮮接壤之遼寧吉林二省尤多。朝鮮革命志士及義兵領袖亦多至東三省，組織韓族會等自治團體；創辦新興學校，養成革命幹部人材，并施以軍事訓練；又徵集資金，購備武器。經過數年之苦心經營，至於一九一八年，即「三一」運動發生前一年，朝鮮獨立軍終於在滿洲成立。

但此所謂獨立軍者係汎稱名詞。組織既不一致，指揮又不統一，正如東北地方初期之義勇軍與現在華北一帶之游擊隊一般，此等朝鮮獨立軍在「三一」運動當時，約達五千餘人。活動於吉林省延吉道一帶及朝鮮國境一帶。其主要領袖爲洪範圖金佐鎮等。

洪範圖金佐鎮領導下之朝鮮獨立軍，在間島及國境一帶時與敵人接觸，屢獲勝利。尤在青山里一戰，便予敵軍以重大之挫折。青山里是遼寧和龍縣屬山地，我金佐鎮部隊在此被敵包圍，當時我軍以勇敢敏捷之行動脫圍移動但敵人尚不知我軍已走，竟至自相衝突；而我軍從後迂迴襲擊，殺敵千餘，獲戰利品甚多。此即爲有名之青山里戰役。先是敵人鑒於「三一」運動，朝鮮全民族反日鬥爭之熱烈，始覺朝鮮民族戰鬥精神之堅決，故而爲斬除將來之後患起見，決以武力解決在滿洲之朝鮮獨立軍，遂於一九二〇年八月，派大兵圍攻我獨立軍，沿途奸淫燒殺無所不用其極，但經青山里一戰，反受意外之挫折。我軍英勇抗戰，爭取空前勝利，但因寡不敵衆，又無後援，遂退入俄境。

李古非吳東振金東三等以遼寧東邊道一帶爲根據地，在統義府（以南滿爲根據之朝鮮革命軍政機關）領導下訓練軍隊六中隊（每中隊約五六十名），繼洪範圖金佐鎮等之後而重整旗鼓。後來統義府擴大其範圍而改稱爲正義府（一九二四年），軍隊又逐漸擴充，與當地僑胞打成一片，散佈於國境一帶，不斷地作游擊戰。此項軍隊至「九一八」事變前後歸南滿朝鮮革命黨節制，稱爲朝鮮革命軍。除在南滿鐵道沿線及國境一帶猛烈活動外并時常越入國境，襲擊敵軍守備隊及敵警駐在所，屢立奇功。此外又有韓國獨立軍以北滿爲活動之中心，在「九一八」事變發生後即與中東路護路軍義勇軍聯結一起，繼續英勇抗戰。

註一：保護條約係在一九〇五年，由敵魁伊藤博文與賣國賊李完用所訂者，共爲五條，朝鮮因此約而完全失去外交的自由，而日本特設統監府於朝鮮以監視朝鮮政府之一切對外行動。

註二：七條協約係于一九〇七年七月十四日，亦由伊藤博文與李完用訂立者。共爲七條。因以日本統監便能干涉朝鮮內之行政。而日本人可得爲朝鮮之官吏，但不准聘用其他外國人。

台兒莊戰勝的意義

瑾

這次在魯南台兒莊，中國軍與敵方磯谷和板垣的主力部隊，會戰到十六日，竟使磯谷板垣全部潰敗，捷報傳來，不但中國全國騰歡振奮，而世界上一切關懷及同情於中國抗戰的國家與人士，亦莫不爲之與奮而慶幸－這實爲中國抗戰九個月來空前的大勝利。是第二期抗戰勝利的新紀元，亦即爲中國抗戰必勝的保證。台兒莊的勝利當然不是最後的勝利，正是「來日方長，艱難未已」。但台兒莊的勝利並不是偶然，更不只僥倖。這乃是中國第二期抗戰開始以來戰略的變更結果。我們如果從南北全體戰線的戰略觀察，台兒莊的勝利，如其視爲一戰區的勝利，不如視爲中國全軍在南北戰線上努力的結果。但台兒莊前線將士的忠勇作戰壯烈犧牲的戰績，仍是令人肅然欽佩的。磯谷板垣兩個日本軍閥，均爲策動侵略中國的中心人物，而他們所率的兩個師團，亦均爲敵軍的精銳。那末經此一戰，足可証明中華民國的軍隊有力量能戰勝驕矜自負的所謂「皇軍」。這在中國軍民精神上的收穫，實無可限量。此即所以我們以台兒莊的勝利爲中國抗戰的一個歷史的新紀元。

反之，日軍自從一八九四年中日戰爭以迄於今，正如日本軍閥所自負一般，從沒有給人家包圍殲滅過。一八九四年的中日戰爭自不必說；一九〇四年的俄日戰爭也是如此；至於一九〇〇年六國聯合軍團攻北京城的戰爭，並不是以日軍獨力作戰，故不必引作此論的根據；但在青島的德日戰爭，日本

朝鮮通訊

本刊頃接到朝鮮民族戰線聯盟同志經由香港退來國內通訊一則，由一同志特譯成中文在此發表

日本帝國主義對於朝鮮民族的壓迫與搾取比任何帝國主義對其殖民地的，來得兇狠而惡辣，凡注意東方被壓迫民族問題的人們早就知道的事實，無須贅言。本文所要特別揭發的是日本帝國主義爲準備并實行對華侵略戰爭，而更加無恥地束縛，併日進而誤害朝鮮民族的惡法與陰謀 因爲這師惡法與陰謀是在國外的朝鮮革命同志也許不容易知道的。茲舉其中最重要的幾項加以剖釋如下：

一、保護觀察法

日本帝國主義者爲要在進行侵華戰爭中根絕後顧之憂，于去年（一九三七）三月在朝鮮實施所謂「保護觀察法」 牠的作用是：凡係十八歲以上的朝鮮人民認爲有一些反日嫌疑或傾向的，均得適用保護觀察法，無條件地拘禁在變相的監獄——保護觀察所——裏頭，限期二年 限滿沒有悛悔與轉向（悛悔往日反日之不當，而轉向日本帝國主義）的表示者得增加二年，如此屢增至十個二年乃至二十個二年！但怎樣才是悛悔與轉向的表示？依照該法施行細則，凡是依他們自己的幻想，不管在言論行動生活任何方面，認爲有一些不遜嫌疑的朝鮮人，都爲所謂保護觀察師所觀察，受他的監察；第一句問話大概是「你對於總督政治的見解如何？」假如是曾經從事革命運動的人，則是：「你對於你自己過去行爲有何感想」？第一句的答覆滿意了，接着問：「你是承認大日本帝國是東亞的惟一安定勢力嗎」？如此追究下去，追究到勾銷你人的理智力所不能駕馭的感情衝動爲止 然後樣樣都滿意了，他們就叫你簽字作惡，登文公佈；但假如你是有名望的人，還要你答應[illegible]擔任爲擁護日本帝國主義而設的各種御用機關的參事顧問一流角色，使得你一萬年都不能翻身，這樣才是悛悔與轉向的表示。有一樣不滿意了，就得受保護觀察 在保護觀察所正像在監獄，一切沒有自由；但又不像在監獄，膳食須由自己擔負，擔負不起的要做苦工來代替

二、志願兵制與徵兵制

日本帝國主義者統治朝鮮垂三十年，從不敢武裝一個朝鮮人。可是自從對華侵略戰爭發動以來爲補充前線兵力起見，本年二月間在朝鮮先後頒佈志願兵制與徵兵制：前者是爲試探朝鮮人對於日本帝國主義的効忠程度，而又不敢過於大膽，規定先募四百（！）名試試；後者係以他們本國的徵兵法律爲藍本而參酌情形加以增加者。

三、國防獻金運動

日本帝國主義者爲更有効地籌措侵華戰費，除從朝鮮民衆身上用種種稅捐名目盡量搜括外，並自去年八月起，推行官辦的所謂「國防獻金運動」。作用有兩方面：一方面是要盡量吸收朝鮮國內所有現金，別一方面是爲更緊密地括刮朝鮮民衆的膏血。千千萬萬讀者應知此所謂「國防獻金」實際情形却等於「坐名勒索」：能出得起一定金額或有持一定現金的就要捐納一定分量。否則就被戳上烙印，判定爲反日行爲，那可消受不起！

四、內鮮一元化運動

所謂「內鮮一元化」是使朝鮮，在文化語言風俗各方面，完全同化於內地即日本本國的意思，實

即以十倍於德國的兵力，從海陸圍攻膠州灣以略之，故德軍被圍在無援絕島中，斷無包圍日軍的可能；一九一七年蘇聯十月革命爆發，英美法日等諸國決計出兵援助白俄，日軍雖在西伯利亞各處，歷次吃盡遊擊戰的苦頭，因而終至于毫無所得而退，但其主力部隊總沒有給俄軍包圍殲滅過。於是日本軍閥便自負以常勝軍，引以自大驕矜，動輒氣焰逼人，甚至於妄想兼併中國，以作東亞的主人翁，而發動了此次的侵略戰爭。

自從去年七月七日盧溝橋事變發生，繼以八月十三日滬戰開始，日軍閥便自揚言道：「當在一星期內佔領上海」。那知經過了數月的激戰，出了很大的代價，始將上海佔領。但至南京淪陷以後，日軍閥又復揚言道：「中國已經失了作戰的能力，必不能再作抵抗」。可是經過了三個多月的惡戰苦鬥，其一鼓作氣打通津浦線的幻想，不但沒有實現，而且經過台兒莊一戰，磯谷板垣的兩主力，全被包圍殲滅。此正是日本「皇軍」闢一條被人包圍殲滅的新記錄。這兩個不同的新記錄，便是日本帝國主義崩壞的先聲。於此，那氣狹的日本軍閥必不能頓然自醒其迷夢的錯誤，反而恐將老羞成怒，變本加厲，盡量發揮其最後發惡的能事。但儘管如何怎樣發惡，日本帝國主義的末日是已經到了，她不但在一個台兒莊如此潰敗，即在津浦全線，處處都是被中國軍包圍，而作困獸戰。又在南北各戰線上都是已經出了很大的犧牲，而且陷於進退維谷的境地。以此証明：對次日軍在台兒莊的潰敗，並不是偶然的事情，這乃是日本帝國主義全軍崩潰的開始。

言之，是朝鮮與日本的精神上的合併　一元化的實踐其第一着眼點自然要集注於文化源泉，──教育機關。茲姑就教育方面來說，自從去年十月開發起該運動以來，日本帝國主義者業已增派日籍教員六百名，分別在朝鮮各官公私立學校，加緊奴化的普遍與深入。本來朝鮮的教育機關，官公立的自不用說，即私立中等以上學校的校長或監督都是由日本人充當，教員至少要佔半數以上；可是經此一元化的實施，教育行政以至教學進行更沒有朝鮮人置喙的餘地了！

五、層出不窮的離間政策

離間中傷原是日本帝國主義者的拿手好戲，而從中日戰爭發動以來越發來得陰險。茲揭發其最主要者如下：

第一、對內的離間，──

1. 強徵其有名望的文化人，舉行集合，叫他們對於中日戰爭表示意見；並誇大其辭，宣諸報端。

2. 開單強徵曾經從事革命運動以及一切在社會上具有相當信望的人物，舉行演講或播音，使他發表擁護他們侵略戰爭的言論，以破壞他在民族大眾中的信仰。

第二、對外的離間，──

3. 拉致朝鮮工人送上前線，替他們開汽車掘戰壕；庇護朝鮮浪人在軍事佔領區內走私販毒，用以挑撥中國朝鮮兩民族間的感情！

總之，凋日本帝國主義者的居心，非把朝鮮民族推入於十八層阿鼻地獄不止！

可是朝鮮民族對於日本強盜的這種種惡法和陰謀，決不願屈從或被玩弄！不！他們是要起來反抗，要暴露強盜的罪惡！

第一、關於保護觀察法，多數被拘禁的人寧願受保護觀察的處分而沈病至死，而不願苟免，自壞人格！據一般的估計，截至本年二月底國內有志人士被收禁於保護觀察所者已達七八千人，而沒有一人表示轉向！

第二，關於志願兵，在經濟破滅的朝鮮失業大眾可以說這是一個好差使，而截至今日應募者還不足三十人！尤其是對於徵兵制，朝鮮民眾的乾脆的答覆是暴動，僅就京城大邱兩個地方的情形來說，敵的徵兵官吏以至移住民被謀種總動殺傷者達千餘人！我們應知被包圍在憲兵警察的森嚴警戒裏能有這樣壯烈的血的行動這一事實惟有民族的敵愾心才能說明得出！

第三，關於所謂「獻金運動」，自從開始以至本年二月，前後八個月所獻數目尚不足一百萬元。我們應知道這點不是在證明朝鮮人的貧窮，而是在證明朝鮮民族只能於不觸刑章的範圍內極端怠工的結果！

第四，關於一元化運動，蜂起以怠課罷課與停閉學校（自然限於私立）來反對這一運動！據最近統計，自從敵的當局在朝鮮增加日籍教員以來至本年二月，首尾不過四個月，這種反抗事件已有七十八起！

第五，關於離間中傷政策，在國內，官辦的集會總沒有人來參加，敵當局只有以數倍於會眾的警察先之強制徵集，繼以防範脫逃；也只有綁架少數無聊人物講兩句無聊話，一語未竟，譁聲大作，弄得厚臉的敵人也有哭笑不得之概！在中日戰線上，事實勝于雄辯，少數被迫作工的朝鮮工人決不能如敵人的企圖，[illegible]混為朝鮮軍隊，關於這點，作者希望在國外的同志們特別予以揭發！

總之，在朝鮮，日本帝國主義的壓迫與朝鮮民族的反抗正在對比地進行着。我們自然要盡可能，使得最後勝利屬於我們自己；可是朝鮮問題是東方被壓迫民族問題的一環，凡是關心東方被壓迫民族問題的應得支援朝鮮民族，使得這一勝利更有把握，更有保障！

一九三八，四，三，××于××

朝鮮民族戰綫社出版

朝鮮民族戰綫

一九三八年五月十日出版　本刊已呈請登記中

半月刊　第三期

編輯人：金奎光
發行人：柳子明　韓一來
通訊處：漢口郵局信箱第十九號
印刷所：小新家一巷 新昌印書館
代售處：交通路六三號 生活書店
零售：每期四分
預定：半年四角 全年八角（郵費在內）
每月十日二十五日出版

革命的五月

子明

中國的革命紀念日，以五月中爲最多。除「五一」勞動節是爲國際工人的鬥爭的紀念日外，如「五三」「五四」「五五」「五七」「九九」「五卅」等都是在中國史上有重大意義的紀念日。但在這些革命紀念中，除一個「五五」是爲中國革命政府成立的紀念外，其餘都是日本帝國主義大陸政策所造成的。就是「五卅」慘案在表面上雖是由上海英租界當局負責，但其動機還是日本帝國主義所造成的。

「五四」運動的動機，就是日本帝國主義強迫袁世凱簽定的二十一條，「五四」適值凡爾賽和約簽字的前夕，那時凡爾賽和會竟決定把德國在山東的一切權益完全讓與日本，一九一九年五月四日，北平學生一致團結起來，舉行歷史上有名的大示威運動，堅決表示反對二十一條變相的條約，同時掀起廣泛的抵制日貨運動，全國各界翕然響應，一時聲勢浩大，振動全世界，因而不但在凡爾賽和會得到相當的勝利，而且給日本帝國主義以精神上之打擊，同時啓示了中國新文化運動的紀元，所以「五四」運動是在中國的革命史上，便有劃時期的意義。

「五七」是日本帝國主義提出最後通牒，強迫當時北平政府，使之簽定二十一條之日。「五九」即是北京的政府承認二十一條之日，這二十一條是完全發露」日本帝國主義之兇猛的面目，而且是日本帝國主義大陸政策的具體的表現。

至於「五三」（一九二八年）濟南慘案紀念，日本軍閥魁首田中義一，乘着中國第二次北伐軍北上的機會，假托保護「日僑」，企圖割佔山東並阻撓中國北伐的成功，遂動員大軍，佔據膠濟鐵路，直攻濟南，這即是一九一八年五月三日。當時日軍在濟南射擊中國軍，割去山東特派交涉員蔡公時的耳鼻，與署中人員十餘人一併慘殺。八日砲軍轟擊城廂，中國軍亦奮勇抗戰，結果死傷千餘人，平民被殺無算。至今正滿十週年，中國第二期抗戰正在激烈進行着，自魯南台兒莊，中國軍戰取了空前大勝利以後，目前仍是繼續增援，第二次大會戰且已展開。適值此時，軍委會政治部主持舉行「雪恥與兵役擴大宣傳週」，以期喚起民衆對於此恥，而爭取最後勝利。即自「五三」以至「五九」止，均已配合精密適切的宣傳順序，武漢三鎭數十萬民衆無不踴躍參加這個運動。其於喚起民衆參加動員，鼓勵抗戰將士奮勇殺敵之功效，實無可限量。古語說：「多難興邦」，中國今日雖然遭遇如此嚴重的國難，但如果這樣全國一致團結的努力幹下去，不但可以「抗戰必勝建國必成」，而且可以拯救許多東方被壓迫民族於水深火熱之中，即眞正東亞之和平也可以實現，那時國恥的五月，就可以變成光榮的五月了！

本期目次

長期戰爭給日本國民生活的反映

友生

一

日本軍閥發動了大規模的侵略戰爭，快要十個月了。在這日軍的精銳主力在晉南戰線上屢受挫折的時候，戰爭給予日本一般民衆生活上的反映是怎樣？這是一個値得注意的問題。日本法西斯少壯軍閥起初給日本一般勞動大衆尤其是給日本農民的口號，比從前的昏傭老朽的軍閥，的確是新穎一點。日本雖然到了資本主義的末期，但是農民人口仍佔全國總人口的一百分之六十，所以日本的軍隊多半是農民的子弟，而日本勞苦大衆尤其是農民對資本階級及其政黨政治的不滿與怨恨是很深刻的。於是法西斯少壯軍閥乘機提出『打倒財閥』『肅淸政黨政治』『擁護農民利益』等口號來，號召農民大衆是相當聰明的舉動。以此引起一般下級將校及多數士兵的同情與擁護，也是自然的趨勢。團琢磨，浜口幸雄，犬養毅，以及二二六東京軍隊叛變事件所犧牲的高橋，齋藤等政黨領袖們被殺情形的慘酷，便是日本勞苦大衆對政黨政治不滿與仇恨的反映。

可是法西斯少壯軍閥，究竟不是勞苦大衆的代表者，也不是老實可靠的朋友，他們不過是狼子假冒羊皮的欺騙者。他們如果是自己的利益與虛榮的幻想（日本軍閥的虛榮的幻想是値得在這裏提出）所需要，就是屠殺農民與勞動者也在所不惜。

「九一八」事變是日本法西斯軍閥最得意之作，除很便易的佔領了東北四省外，連日本國內所尖銳化的矛盾也總算是解決了一點。日本軍閥常在中國大陸上所變的把戲，於日本的一般民衆是無從揭穿的。日本軍閥爲欺騙其民衆，而爲侵略大陸，一面造出如中村事件，藏本事件等無恥的苦肉計，一面大喊『保衛生命線！』『國難嚴重！』等口號，好像中國的軍隊馬上打要到日本東京似的，速作無病的呻吟，藉以鼓動人民，弄得滿城風雨，在這種『以侵略外國來轉移民衆視線』的政策下，日本的民衆是很容易上當的，所以從前『擁護農民』的主張，一時變爲『保衛生命線』『國難來了』的口號，而在這口號之下，却把農民更加盤剝，以及一批一批的送到戰場去大事屠殺，也是無可奈何的。而且連那些在日本社會運動上有點地位的『社會主義者』中，也不少爲了『九一八』事變而轉變到侵略主義者之列，而甘作軍閥的喉舌，信口胡說甚麽『非膺懲中國軍隊不可』『爲着東亞的和平非打倒中國不可』等動人的警句。

二

去年七月七日盧溝橋事變，當然是「九一八」的連係，卽其發動的方法，也是出于一轍。不過這一次，日本軍閥對中國的認識與估計上，未免大錯特錯，他們以爲『在很短的期間必能屈服中國』，所以日本軍閥公開的說：『一個星期可以佔領上海』，又反覆豪言『必能速戰速決』。可是在上海一戰卽遭很堅强的抵抗與很嚴重的損失，於是不得不動員全國三分之二的軍力來應付上海戰綫，而日本國內一切的一切都由戰神支配着，政治，經濟，言論，出版以及一切人民生活都爲戰時統制化。不過初期戰時的光景，是比較呈現着活潑而浮動的。在每天報紙上，全面都是戰事的照片，滿紙都是戰勝的消息，在這種氣團中，一般軍人是幻想着月桂冠與光榮的昇級；資本家是幻想着怎樣投資于「新殖民地」；投機業者是幻想着怎樣發財；一般小市民是參加提燈遊行祝捷。多血質的島國民是很容易激昂而麻醉的，可是這種激昂和麻醉的淸醒却也很快；而且一淸醒起來，很容易頹唐煩燥，甚至于自殺。日本人自來所以容易「切腹」，也許是因于這個原故。

自從盧溝橋事件爆發以至南京淪陷，在這期間，在日本國內的一般民衆，的確是爲戰事所麻醉，就在迷離倘恍中過了半年。可是一到佔領南京以後，一切的幻想就漫漫的淸醒起來了，在京滬戰線上担當過敵軍總司令的松井被召還到東京去，一下了火車，就對歡迎的人們說：『大家不要太興奮哪！』松井的這句話就是表示戰爭的前途是很渺茫而不可樂觀的。於是日本軍閥的「速戰速決」的幻想是粉碎了，却便以「長期戰爭」的口號來代替它。同時新聞政策也完全改變，不許作誇張的宣傳，所以在大小各新聞上也不大看見戰勝的消息，這抑表示沉鬱暗淡的氣象，又是甚麽「總動員法」哪，「四十八萬萬五千萬元的臨時軍事費追加預算」哪，設置甚麼「汽油監察（二百七十名）」哪，「我國間諜的活動（日本警視廳已經增加特設偵察員二百餘名，專事取締我國間諜）的消息」；以及「物價的繼續發漲」，「農漁村的缺少壯丁無人生產作業」；又是甚麼「防空設置在進行」（東京一處今年成功了一百二十處鉄骨洋灰的防空壕）防毒面具及假想敵手」的廣告等等，這一切的一切，都是「真的國難來了！」的表示。

日本在新聞絕對封鎖政策下，一般民衆無從明瞭中日戰爭的真相，但是一件鉄一般的事實是掩蔽不了，就是大家只看見他們的弟兄親戚友好一批一批的繼續不斷的送出去，并不看見他們回來。因爲日本軍閥把戰死的兵燒在一起，把重傷的送到大連，台灣等地去，所以他們不明瞭究竟死傷了多少日兵。但三千萬的死傷，使得他們得不到他們的弟兄，子姪，丈夫，父親，以至祖父，及友好的一字半句的信音。只好以長吁短嘆來表示他們的憂愁與悲哀。

在這種氛圍中，日本民衆應該是清醒起來了！「爲甚麼要打中國？」「這樣打下去，到底怎樣？」「假使打勝仗又是怎樣？」這種疑問應該不斷地打動他們的心理。這種疑問的回答應是凶多吉少。可是他們現在還沒有達到怒吼起來拯救他們的祖國於軍閥之手的時候，結果只能造成厭戰的態度，這種消極厭戰的態度，現在已經處處可以發現出來，但仍止于敢怒而不敢言的程度。這使日本軍閥已經感到煩燥不安，加以最近又在各前戰場屢遭失敗，於是日本軍閥又復改換調子，唱『速戰速決』的主張，在百難中源源地增援津浦綫上，如此魯南第二次大會戰正在激烈地進行着。如果日本這次再遭失敗，即可促進日本內部的加深相克，而這種相克常自軍閥對財閥的露骨衝突始，結果，不是法西斯軍閥之政權實現，就是反戰運動的表面化●

傀儡「滿洲國」現狀一瞥

弘

作者是於去年七月初旬盧溝橋事變直前離開東北的。時間雖然是半年又多，而平津冀察已變成「滿洲國」第二，一派傀儡戲正在侵潤到華中的今日，我想有很多人關心東北的情形。所以在此要概括的敘述一下，可惜只限於記憶所及，不能作有系統的報告，只好零零碎碎地說給大家聽。挂一漏萬與魯魚相混自知不免，仍望讀者見諒！

東北自經日本帝國主義改稱爲「滿洲國」，成立僞組織以後就把原有四省劃分爲奉天，吉林，黑龍江，熱河，安東，濱江，興安（再分爲東西南北四省，但僅設一省公署而統轄之，故不列舉），黑河，錦州，間島，三江，通化等十二行省。就中通化省係去年七月一日將原屬安東省的通化，輯安，長白，撫松，臨江五縣劃出而成者，以通化爲省會。因爲上述五縣爲東北抗日聯軍，與朝鮮民族武裝部隊的根據地。所以劃爲特區擬施以封鎖與「討伐」。

茲將日本帝國主義在東北的種種措施與東北民衆抗日勢力的發展情形，分段敘述如下。

一．「滿洲國」之行政組織

第一表　僞中央政府

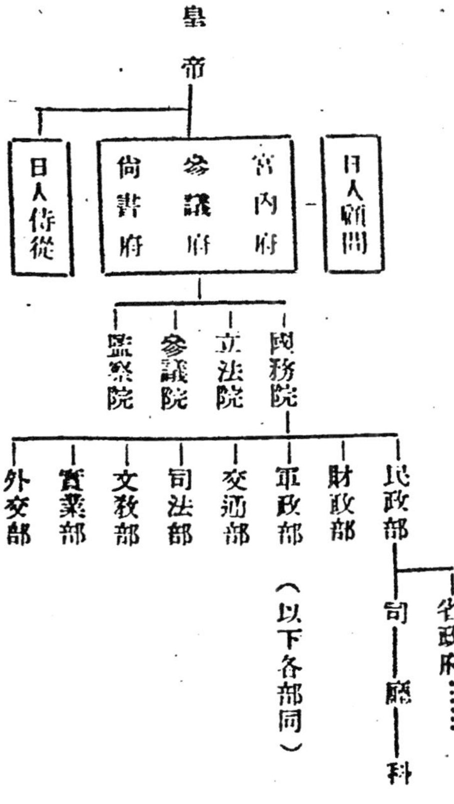

部以上的長官均係大臣級，日本帝國主義爲掩人耳目計，各部長官雖以任用中國人爲原則，但另設參事顧問等名義，從傍監督。司長級多係日人●

司次長，中日人各半。廳長級多係日人，科長以下概係中國人。

第二表　僞省政府

- 省公署—省長
  - 總務廳
  - 民政廳
    - 科—股（各廳同）
    - 縣政府……
  - 教育廳
  - 實業廳
  - 警務廳
    - 宣撫工作指導班
    - 特務科
    - 警務科
    - 司法科
    - 保安科

總務兩廳廳長必由日人充任。科長級爲中日人各半，但警務廳各科長以及股長完全由日人充當。又警廳直轄下的宣撫工作指導班係爲宣揚「王道」，取締反日思想的特殊組織。

第三表 縣政府

- 參事官—首席指導官—指導官
- 縣公署—縣長（←參事官）
  - 內務局（←首席指導官）
    - 股—系（各局科同）（←指導官）
    - 區—村—保—甲
  - 警務局
  - 財政局
  - 教育局
  - 總務科

（又各科局均設首席指導官）

縣政府分爲一科四局，科與局下設股，股下設系。縣於行政系統，縣分爲區，區分爲村，並實施保甲制。大約十甲爲一保，十保爲一村，十幾村爲一區，一縣分爲七八至十數區。縣爲行政單位，甲爲政令執行上基本細胞，包括十戶以上至二十戶。縣府官員大概是中國人。至於參事官，首席指導官及指導官均係日人爲把持縣政而特別設置的監視機關。區長以下除特殊情形外大概是由中國人充任。

我們由上揭三表，可得作成一個僞滿整個行政機構的系統圖如左。

縣指導官→首席指導官→參事官→省總警兩廳長及各科長→中央各廳司→各院府顧問參事與宮侍從

各股←各局←縣長←省政府

各部院←中央政府

由右揭圖表，我們可以看出：右邊一行由下而上的整齊系統，無疑的爲「滿洲國」行政組織的神經體系；而左邊不相聯屬的機構不過是保衛此項神經體系的表面組織。「滿洲國」之所以爲傀儡組織，於此可見一斑。

二・「滿洲國」之兵備與治安機構

甲・兵備

1.「滿洲國」之軍隊可分爲正規軍，憲兵與治安隊三種，編制約與「九一八」以前大同小異。然以上除特設日顧問一人外，參謀長一職大概由日人充當；團以下必須聘用日人教官至少一名。

治安隊係担任綏靖地方的特殊組織。作者離東北時，盛傳「滿洲國」正規軍一律改編爲治安隊，移爲於民政機關（并取消軍政部），使之專事担任後方的治安；即所謂國防一並歸關東軍一力担承。

2.日本軍隊爲關東軍，憲兵與國境守備隊三種。而國境守備隊就是專門跟反日民衆武力作戰的部隊，配佈各地，執行「討伐」與封鎖之任務。例如在「通化」一省，常川在省會者約六百名，其他各縣二百名至三百名不等。五縣合計約達二千名。

乙、治安機構

3.所謂「民衆自衛」的組織——有預備自衛團與常備自衛團兩種。凡是集團部落居民年齡在二十以上三十五以下的，均須受三個月預備自衛團的訓練，此即爲預備自衛團員，在地方服務。經過一定期間，認爲成績優良而由本人志願者得升爲常備自衛團員，調往大部落去服務，月薪六元。後者是半武裝的，每個大部落裏總有這些常備自衛團團員十人至二十人，協助警察，綏靖地方；後者是非武裝的，僅帶着棍棒，分配在各小部落裏服務，人數沒有一定，担任監視人民行動・防禦零星盜匪以及警戒抗日武裝部隊的行動。

4.警察——「滿洲國」警察組織系統由僞中央國務院民政部警務司，而省警務廳，而縣警務局，而區警察署，以至村或其他衛要地的警察分駐所，計爲五段組織。中央警務司長及省警務廳長都是日人，縣警務局是由日籍首席指導官指揮監督，由此可知「滿洲國」警察完全是日本帝國主義者用以對付中國愛國民衆的有力工具。

5.宣撫工作指導班——這所謂宣撫工作指導班，就是在一九三六年末由僞中央政府用法令規定而設立的。工作對象是抗日反「滿」的勢力；工作內容爲：（一）促進日「滿」統治的強化，（二）鼓吹日「滿」親善，（三）偵察抗日民衆武力的動向并分化與離間此種抗日的民衆與軍隊間的聯繫，（四）監督并設計修繕警備道路。假如說敵的國境守備隊是對付抗日勢力的消極的工具，則此種宣撫工作指導班當是他的積極的工具。

但是這種畸形的機構既無從深入民衆裏頭，又不能引誘民衆接受「王道」思想，不過每年化去一百幾萬元的經費而已。

三・集團部落

所謂集團部落是從一九三五年下半期起實施，而特別流行於安東通化兩省地帶。集團部落有大小兩種：自五十戶至百戶的叫做小部落，百戶以上的叫做大部落。因爲有些重要部落外緣圍以城堡，故或稱爲圍子。小圍子是臨時的性質，故又稱爲臨時圍子，大圍子爲永久圍子。

這種部落的產生是自一九三五年下半期日本帝國主義者對東北民衆抗日反「滿」武裝部隊實施封鎖政策的時候開始。當時他們經過幾年的實地教訓，不能不承認「討伐」政策是完全失敗，於是就采用了「堅壁清野」即「封鎖」的政策，而爲有效地實施封鎖政策計，換句話說，就是爲根本毀滅抗日武力的居住與給養計，才把散處在山間僻地的住民一律趕到公路傍邊，成立集團部落。這些集團部落的大小與形狀自然不能一致，可是下述數點被規定爲基本條件，不問任何部落都不能例外，就是：

1.集團部落必須選定前臨大道，後靠山地或其他易守難攻的地方。

2.集團部落的所有新蓋房屋，必須遵守官廳所規定的「集團部落建造房屋條例」。

3.集團部落必須設有若干暗碉堡，小部落是由預備自衞團員，大部落是由常備自衞團員協助警察，日夜守望。原來大部落一定有一個警察分駐所，並設有警備電話，當小部落自衞力量所不堪勝任的事件發生時，馬上報告大部落，由大部落而市鎮，而縣城，以便立派警察或守備隊前往應援。

四·敵僞壓迫政治的一般

敵在東北爲根絕反日活動與消滅中國人的民族意識計，除派守備隊與憲兵分担「討伐」與欺騙工作外，且在教育方面，完全改用「王道」課本促進奴化，中等學校以上必須請日籍教員至少一名藉以監視。規定以日語爲必授科，小學每週授六小時，中學從十小時以上。所有外國留學生以及在社會上具有聲望的人士均登上「思想要視察人」或要注意人」的烙印，不斷加以監視；假如有涉及反日嫌疑的事件發生，則居住當地的這些被視察與被注意的人首先被逮捕而監禁，如安東教商各界慘案便是其一例：原來安東日當局老早懷疑東北各地一定有像救國會一般的團體存在，血眼偵查非止一日，至昨年一月三日突然對省會地方教商各界之權威者（如教育廳長，商會會長等等）二十二人逮捕，其中十一人屈打成招，解赴瀋陽判決，其餘十一人雖被放釋，而受「緩刑」判決，失去行動上的一切自由。

其次爲加緊搾取東北民衆的膏血計，除把原有土著人民工業假委托與讓與的名義一手包辦外，新設的各種工業，拒絕一切第三國之投資；改訂關稅稅率，積極獎勵移民，經營集團農場，強迫栽培棉花，實行產業統制；凡此種種措施無不是以培養日本帝國主義之基礎爲惟一條件。一般農民除負担一切苛捐雜稅外，就是平常的家畜也要抽捐，例如養一隻狗須要年納一元四角的稅金。

其次爲強化其非法的統治計，除在各重要機關扶植勢力並強化關東軍實行武裝統治外，更於去年春間提出「日滿一元化」的口號，規定服務「滿洲國」的日籍官吏須於三年內通曉中語，同時「滿洲國」的官吏也須於同一期間內通曉日語。因之各機關內附設日語或中語講習所，每人授課一二小時，每年考試一次，對成績優良者分一二三三等給予獎金，到期不通簡易會話者予以免職處分。

五·東北民衆抗日武裝勢力

現在東北民衆抗日武裝勢力就是東北抗日聯軍與朝鮮革命軍。這兩個部隊始終保持鬥爭而且發展下來，成爲今日抗日反「滿」的中心勢力。過去在遼寧三角地帶有由鄧鐵梅舊部改編的少年鐵血軍，在東邊道一帶有王鳳閣的遼寧民衆自衞軍，在其他各地也有不少的義勇軍。但這些缺乏政治訓練與時代落後的若干部隊在日僞剿撫並施的政策下，自然不能存續，結果不是銷聲匿跡，就是給聯軍改編，而今日所存的就是抗日聯軍與朝鮮革命軍。

在東北的朝鮮民族革命軍隊可分爲兩種：一是配合在抗日聯軍裏面的，故此不須另提別論；他一是獨立的部隊，稱爲朝鮮革命軍，人數約達二千，具有二十餘年鬥爭的歷史，目下仍舊活躍於國境一帶，不斷地與日寇搏鬥。其生活狀況與活動情形則與抗日聯軍無甚相差，故茲併做一項，如述敍次。

東北抗日聯軍，原身是東北人民革命軍。迨至一九三六年始改稱今名，就在「抗日反滿第一」主義之下，收受一切抗日反滿分子。結果在數量上迅速發展，當其全盛時期共分爲六軍，由楊靖宇王德泰趙尙志李延祿周保中柴斌等分任軍長，每軍人數約在一萬左右。可是在質一方面：未免過於龐雜，而有種種缺點。於是在同年末改變政策：招收軍隊，質量並重；加緊推行民衆訓練；剿除假冒的零星股匪，提高其自己的威信：對於逃兵，投降者予以嚴厲的制裁，凡有俘獲，日兵則格殺勿論，僞軍則解除其武裝而給資遣返，因此僞軍對於「討伐」聯軍，不僅不認眞，而且暗通款曲者不在少數。

但是我們一提起東北人民武裝部隊，總不免懷疑他們處在日僞的嚴密封鎖與包圍攻擊之下怎能維持生存而發展。且讓作者說個大概：

1.外圍的組織 抗日聯軍對於民衆的組織不遺餘力，到了一九三七年上半期，各地成立青年團，少年團與婦女會等團體，担任情報，輸送與掩護等工作。此外團體因組織的嚴密與指導的得法，即使有些給敵人破獲，總不至於牽累其他。

2.居住 土窟，被棄或燒毀不完的山間房屋以及其有外圍組織的部落民家均爲抗日聯軍主要的居住處所。但一到夏季，居住一項更不成問題。

3.給養 一部分是由國外供給，但大部分還是由民衆自動輸將與沒收敵人及漢奸的財產而供用。

4.槍械 除由國外供給外，其餘是由民間取得，尤其是由敵僞軍收繳得來的戰利品居多。

5.活動狀況 聯軍與朝鮮革命軍的主要活動地帶爲遼寧東邊道即今之「通化省」。他們在此地帶整年地擾亂敵僞的秩序，破壞敵的交通機構，襲擊敵僞軍警，驅逐敵僑移民。最近更加緊進行組織與訓練民衆工作，成効卓著。

總之，在東北地方中韓民衆抗日武裝部隊早已成爲不可摧破的勢力，這乃是日本帝國主義者之心腹之患，會不斷地給予牠以生存上的嚴重威脅。

朝鮮學生與學生運動

鄭文珠

一

在朝鮮革命運動史上，不必推究很久以前的歷史；只看『三一』運動以後二十年間的朝鮮革命鬥爭史，就能夠知道在革命力量上或革命功蹟上，佔主要地位的是革命的知識階級和學生青年。尤其在反日本帝國主義的大衆鬥爭當中，學生青年担負過重要的任務。這樣，學生青年在反抗兇暴無道的日本帝國主義殖民地統治和榨取政策的激烈鬥爭中，成為非常重要成分之一。因此在朝鮮革命運動中，學生青年沒有參加的事件是很少的。他們在學校裏，在羣衆中不斷的發揮堅强的革命性；就是一面在校內反對奴隸教育和日常鬥爭過程中，學生羣衆動員到反日旗幟下；另一面聯系着工農大衆的反日鬥爭，而盡過一部先鋒隊任務。應該研究學問的學生，勇敢的參與革命運動的巨浪，進行政治鬥爭的客觀條件，自然是朝鮮的殖民地的特性所決定。因此他們在全朝鮮民族的命運被制約的條件下，他們却是犧牲學生時代應享的一切恩惠的不幸青年。現在略述他們參與朝鮮革命運動的社會的具體的條件。

1.朝鮮是日本帝國主義的殖民地的條件下，喪失了民族自主的政治自由。

2.對日本帝國主義殖民地政策，盡重要任務的奴隸教育制度的實施。

3.日本帝國主義侵略資本的掠奪與剝削，使都市農村的小資產階級急劇沒落，一般的屬於這一階層的朝鮮學生，在社會經濟的生活上，起了很大的不安定性。

4.日本帝國主義野蠻的虐政和强盜式的掠奪下，民族解放為目的的革命運動，日益劇烈化及其發展。

以上諸種的社會條件，規定了朝鮮學生的特殊性。他們的文化教育的要求，因殖民地奴隸教育而被强制着，學問的渴求，因教育機會不均等而被阻礙着，豐富的懷抱，因經濟破滅而缺少現實性。在這種殘酷的社會條件下，他們走向甚麼地方去呢？解決他們苦悶之路，當然唯有朝鮮民族解放革命。根據這些特點而考查時，朝鮮學生青年積極參加革命，進行堅決的鬥爭，是必然的事實。

二

朝鮮學生所身受的日本帝國主義奴隸教育政策的內容究竟怎樣呢？侵略的强盜是不願意朝鮮民族的教育普及。它併吞朝鮮的基本野心是殖民地的剝削，即新的市場，豐富的資源，低廉的工資，這都是它最着眼的對象。啓發朝鮮民族的文化，是不關重要而且是不必要之舉，並且用卑陋的政策，防止朝鮮民族的現代科學文明的向上發展。在民族文化落後，教育不普及的朝鮮，奴隸教育的實施，更加破滅朝鮮民族文化。它對朝鮮的教育政策的內容，是

1.教育精神及政策——敵人對朝鮮人的教育目的並不在朝鮮文化向上，而在為達成它侵略目的。奴隸教育的實質，可從朝鮮教育令的內容上完全看得出來。所謂朝鮮教育令是一九一〇年即朝鮮亡國直後公佈的，一九二三年公佈的改定教育令是奴隸教育形式上的改裝、其實是更加强化殖民地奴隸政策。改定教育令的大意是這樣：（一）「養成忠良的國民」。（二）「學習日語，並達純熟的目的。」在諭告中謂『教育應致力於德性涵發與日語普及，而使具備帝國臣民的資格與品性為要。』所謂日本帝國忠良的臣民是甚麼意思呢？無疑的是破壞朝鮮民族的民族文化，而使絕對服從牠的野蠻，暴政和無止境的剝削，給它當忠實的奴隸以供驅使。

A.首先禁止用朝鮮國語，專用日本語。尤其在官立，公立學校，從小學校起就嚴禁使用朝鮮語。小學生如用朝鮮語，就要受罰金或其他懲罰處置。官公立中學，專門，大學等校則一律用日語。朝鮮學生已經失掉了用自己民族語言的自由。

B.各科課目中，除小學校的朝鮮語一課外，全部是日本課本。至於內容及精神，當然要基于日本帝國主義的教育政策。尤其重要的是朝鮮歷史問題。日韓合併一直到一九二二年，課本中根本沒有朝鮮歷史。因此在私立學校裏，因秘密教授朝鮮歷史而被處徒刑的歷史教員不知有多少。一九二二年以後，在日本史地課本中，添入一點朝鮮史地。小學用的歷史課本全冊三三八頁中，只有二十一頁是朝鮮歷史；地理全冊三百頁中，只有十四頁是朝鮮地理

；中學歷史一九〇頁中，只有六頁是朝鮮歷史。並且記錄的全是荒唐無稽之事，例如『日本歷代都征服過朝鮮……』等，將四千餘年悠久的朝鮮歷史，用幾句歸語來虛構了事。我們可以說：今日朝鮮的學園中，沒有朝鮮歷史。

C再從學校教員數目中，可以知道學校的支配權在誰手，並能窺知其教育政策。一九二九年統計：全朝鮮內教員中，朝鮮人六千一百七十二人，日本人二千五百五十二人，日本人佔全數中四二，七%。今年三月二十四日日本廣播中說：在朝鮮中學校，要增加日本教員六百五十七人。一九二九年以後逐年增加的數目中再加此次增員，日本人要佔絕對多數。目前中日戰爭當中，日人教員的大批增派，更明白的証明敵人對朝鮮學生政策更殘酷的事實。自小學至大學的校長全都是日本人（除幾處私立學校外）。從一九三一年起，決定歷史教員不用朝鮮人，待遇上的差別（日本教員的薪水常多於朝鮮人三倍）更很厲害。由於以上諸種條件，六點明瞭敵人用怎樣的手段和方法，實施它奴隸教育。

2.教育機會均等問題——日本帝國主義者不給予朝鮮人教育機會均等。朝鮮不僅沒有實施義務教育，連制定的教育制度也不完全實現。教育機會均等云云只是紙上空文而已。它固守着教育的關門主義政策，並限制合法的教育機會。且看朝鮮內學校總數和學生總數表：

（A）全朝鮮內學生數——一九三七年統計

民族別	男學生數	女學生數	合計
朝鮮人	六八九・九五一	一七九・〇八八	八六九・〇三九
日本人	三八・四三一	五一・八九三	九一・三二四
其他各國	一五	七	二二

（B）朝鮮和日本國內的學校比較

一九三三年——日本	中學校（男女）	一三四四校
	實業學校（男女）	一〇二六校
一九三七年——朝鮮	中學校（男女）	四九校
	實業學校（男女）	五四校

根據第一表朝鮮學生在朝鮮人口二千三百萬中僅佔四，三%，日本學生在移住朝鮮的日本人口五十三萬中，佔五三・八%。這一實例說明朝鮮的教育不普及之實事。再根據第二表：朝鮮校數和日本校數成十二對一之比。這種朝鮮的教育制度和關門主義政策，越在中等學生以上越顯著，即在朝鮮：官私立專科學校十五，大學一，大學預科一，全般學生數六千五百人中，朝鮮學生不過千人左右。（官辦學校中，朝鮮學生僅佔全體學生的三分之一）實業學校中：朝鮮學生一萬一千五百人，日本學生四千六百人，日本學生佔三分之一。以上所述的校數及學生數以外，敵人對朝鮮的教育機會不均等——教育封鎖主義——的事實，可從入學率看得出來。一九三五年三月統計：全國應入小學的學齡兒童共有二百九十六萬九千三百六十四名，到同年四月入學的僅七十五萬六千四百五十三名，未就學兒童竟達二百二十一萬二千六百九十一名，占全數七三%。再看同年全朝鮮內的入學率則男學生六〇%，女學生六九%，入學平均率六二%。這些不得入校的青少年是沒人來過問的。這就是年年鬧着的『入學難』。這就是日本帝國主義的殖民地教育政策。

三

日本帝國主義底殖民地教育政策是對於中產階級以上的朝鮮人底兒女們，給與教育的機會，而中產階級以下即無產階級底兒女們，是沒有蒙受教育的恩澤。毫無疑義地這政策是：（1）根據日本帝國主義本身底資本主義的政策；（2）懼怕朝鮮底革命的危險。因爲日本帝國底資本勢力侵入朝鮮以來，朝鮮民族經濟陷於江河日落之勢，大多數人民都變成無產階級，經濟生活日趨貧困化。在這反而，朝鮮革命運動是日趨激烈化。這種日趨崩潰的民族經濟，驅逐青少年學生出學校門。近年入學率日益減少和退學率日益增加的事實，正是証明着這點。自一九一二年至一九二九年的十八年中間，全朝鮮內，入學者有一百九十八萬，畢業者有九十萬，中途退學者有九十萬七千餘名，就是畢業者僅佔二九%弱，中途退學者竟佔四八%強。由此，不難知道朝鮮民族經濟，如何急速地趨於沒落。退學的主要原因是因爲家庭經濟的困難，繳不到學費的原故。舉一個實例來說：在一九三〇年，因爲繳不到學費而受退學處分的小學生，竟達三萬餘名。其他原因是因爲學生關聯於政治，思想運動的原故。在一九二五年頃，同盟罷課的事件，平均每天發生一件。這正是証明着日本帝國主義底奴隸教育政策的惡劣性。參加同盟罷課的學生，多部分是在民族經濟破滅過程中，日趨無產階級化的小資產階級。這般學生底革命思想，極爲熱烈。由此，可知當時支配着學生思想的朝鮮革命運動的步伐。

因此，日本帝國主義，把學生的範圍，僅限於中產階級以上家庭底兒女們。使學生報名時另附財產證明書，詳細地審查財產額，并審查學生底家庭及社會環境（思想如何，有沒有與革命運動有關係）以後，纔能決定允許入學或不允許入學。

四

如以上所述，朝鮮學生是在日本帝國主義底野蠻的奴隸教育的抑壓下，飽嘗了殖民地民族的悲慘的風味。在這種萬惡的社會環境底下，發見了本身在現階段應遂行的歷史任務。

朝鮮學生運動，是從「三一」運動起開始萌芽。一九一九年全民族的反日本帝國主義的大暴動！—「三一」運動——，學生也是遂行了煽動群衆，領導群衆的一部分的任務。朝鮮學生運動是從「三一」運動起萌芽，成長起來，到一九二二年發起組織學生會，其後逐次地組織全國性的學生聯合會，苦學生互助會，女子苦學生相助會，朝鮮學生科學研究會等等學生團體。這種種的學生團體。雖然是站在合法的立場上，但經過同盟罷課及其他日常的學校鬥爭，反抗了日本帝國主義底奴隸教育制度。朝鮮學生運動是在反奴隸教育的鬥爭中間，必然地發見了本身底革命的出路；就是在朝鮮革命運動的質的量的發展過程中，學生運動與全體革命運動的動向合流起來。但學生運動既爲整個革命運動的一部，同整個革命運動一樣，同樣地受着日本帝國主義底苛酷的彈壓政策，沒有達到了本身底目的。在毫無言論，出版，結社，集會自由的朝鮮社會裏，學生底公開的運動，當然不能活潑地展開。這是沒有甚麼奇怪的。但是在這反面，青年學生底革命的情緒及反日本帝國主義鬥爭的意志，是日益强化起來。因爲公開的活動不可能，轉變策略，用秘密活動的方法，繼續展開着猛烈的鬥爭，同時致力於社會科學的研究。一九二六年以後，同盟罷課的繼續發生，學生底秘密結社——讀書會，學生黨，學生前衛同盟等等的被檢擧事件，都証實學生底革命情緒和鬥爭意志的高漲和猛烈。學生在反抗奴隸教育制度的鬥爭及爲獲得言論、出版、集會，結社等一切文化上的自由而鬥爭的過程中，漸次集合在反日本帝國主義戰線的旗幟底下，更深入於工農大衆裏，忠實地遂行了宣傳，組織等革命先鋒隊底一部分的任務。現在擧一個實例來講吧：一九二九年爆發的「光州學生事件」是學生大衆所發動的革命的暴動事件。全國的十五萬的學生大衆，參加於這次的運動，繼續了三個多月的熱烈的鬥爭。這是多年來反奴隸教育鬥爭的總的表現。在這一次底事變中，五百多名的學生，入於日本帝國主義的監獄。同時在這運動的背後，有「朝鮮學生前衛同盟」等秘密結社活動的事實竟被日帝國主義的警察發見了。由此，不僅明白朝鮮學生的反日本帝國主義的鬥爭是如何地猛烈，而且可以明白他們是用如何的，方法去活動，同時與整個革命運動連繫和合流事情。

一九三一年以後，日本帝國主義底軍部法西斯帝野蠻的行動，日趨激烈。把朝鮮內底一切的革命團體，如新幹會（民族統一團體），稱友會（女姓運動團體），青年總同盟，勞農總同盟等團體解散。這時學生運動團體亦被解散。從這時候起，朝鮮學生集合在整個民族反日本帝國主義統一戰線底旗幟底下，就是在整個革命運動的指導底下，猛烈地繼續着鬥爭。這幾年來爲敵警所逮捕的革命者當中，包含不少的學生份子在內。這事實足可證明朝鮮學生繼續鬥爭和擔負了一部分重要的革命任務。這不可不說是爲殖民地的朝鮮社會的特殊情形所決定的朝鮮學生運動的特殊現象。

中日戰爭爆發以後，日本帝國主義者彈壓朝鮮的政策，一天一天地利害起來。爲擴大軍需工業起見，用更苛酷的方法去搾取朝鮮工人階級；爲補充戰費起見，用增稅，獻金等苛捐雜稅的方法去掠奪朝鮮民族底財富；還要想把朝鮮的青年們，實爲戰境底祭物。在這反面，朝鮮底工農大衆，在工場，在農場，用罷業暴動的手段，從事於猛烈的鬥爭；在城市，青年學生，進步的智識份子，正在從事於反侵略戰爭的決死的鬥爭。民族解放獨立戰爭的豫備的工作，正在完成中。反日本帝國主義的鬥爭意志日趨强烈，革命力量的日趨集中和組織化等等，就證明這點。

中日戰爭爆發以來九個月中間，中國最後勝利的端緒已見於我們底面前；日本帝國主義在敗北的過程中，其國內革命的危機，也日益逼近。正當這種非常的時局，朝鮮底青年學生是如上面所述；那麼樣地熱烈地爲着擔負起現階段底本身底任務——民族解放戰爭而鬥爭。堅抱着充實革命先鋒隊的決死的意志，同時使自身底鬥爭日趨强化。

朝鮮婦女和婦女運動

林哲愛

一、朝鮮婦女的生活現狀

朝鮮的社會是不能走上正常發展之軌道，而却經過了一種畸形的發展過程。因爲朝鮮還沒有進入資本主義發展階段以前，即爲日本帝國主義所侵略，强制地走上資本主義化過程，這樣形成半封建的社會形態。

朝鮮社會這樣的特殊性，就迫使朝鮮的婦女陷於很慘酷的環境，比世界上任何國度裏的婦女還要惡劣些。朝鮮的婦女並沒有經過了一般資本主義國家內所經過的女權運動，只在日本帝國主義的政治壓迫和經濟搾取以及封建束縛相交煎迫之環境中，備受着一切迫害與蹂躪下來的。

日本帝國主義之殖民地搾取步驟，首先把朝鮮農民的土地兼併及掠奪起來了。於是自作自給的朝鮮農村急走破壞之路。便使地主變成自耕農，自耕農變成佃農。同時日本的移住農民是在整個殖民計劃下急激增加，結果，一個日本農民之移住便使十個朝鮮農民流離失所。這樣土地飢餓迫使朝鮮農民携眷遠離其可愛的故鄉，漂泊到中國東北，俄國西伯利亞，以及日本的勞動市場，或國內的都市去求生。即是尚留在農村的，也除了日人的金融組合，水利組合，高利貸，及地主等等之直接的搾取外，且在購買消費品及販賣生產品之交易上，被日本大資本家及中間商人的壟斷盤剝，加以層出不窮的苛捐雜稅，重重的壓到他們的頭上，如果不付繳納這些苛捐雜稅，即其衣服與器具亦均在被沒收之列。

在這樣惡劣的情形之下，農村婦女所受的重重的壓迫和搾取，眞是慘酷得不可言論。結果，她們不是提携着子女跟着丈夫流離到外國去，就到國內都市中彷徨謀生。不然，即在家裏除整年整天爲煩瑣的家事奔走外，還要養育子女，分担耕種的勞動，並被迫從事家庭副業——如養蠶，養兎，調製棉花等工作。但不管怎樣勞苦賣力，仍是無法糊口，甚至於以草根木皮代充食料，如此在報上常常看到農民吃草根木皮中毒的消息。

又在農村中殘餘着廣大的封建遺風，尤其使婦女喪失一切人所應享受的自由。朝鮮的一切封建遺制是爲日本帝國主義所極力支持和擁護的，因爲朝鮮社會能够固守封建遺制，才對日本帝國主義很有利益的原故。所有「賢妻良母」，「男尊女卑」，「女有七去之惡」，「女不計外」等封建思想束縛之下，婦女的人格根本沒有存在的餘地，而且大家族制度的傳統，及主從關係的存續，尤將農村婦女束縛的連哭笑都不得自在。朝鮮婦女的這樣的痛苦，就是封建遺制及日本帝國主義擁護封建遺制的種種政策所給的。日本帝國主義意在壓迫朝鮮勤勞大衆半數的勤勞婦女，使之不能覺醒。不讓她們參加朝鮮民族的解放運動及勤勞大衆爲自己切身利益的鬥爭，而却給日本帝國主義任意宰割下去。

日本帝國主義之政治的壓迫與經濟的搾取，不僅使自作自給的農民生活破產無餘；而且把朝鮮人的商工業也破滅淨盡。

日本的資本不但是在商品市場搾取朝鮮人的金錢，而且在原料獲得之過程中也是盤剝朝鮮的財源，同時日本人在朝鮮內之投資額是達投資資本之百分之八十七以上，即朝鮮人之投資額不過是百分之五而已。可是這並不是由於朝鮮人資本家無企業之能力，其實因於日本帝國主義統治機關以法令限制朝鮮民族資本之發達，而使之窒息。即於朝鮮被併吞的後，朝鮮總督寺內正毅發布所謂「公司令」，完全剝奪朝鮮人產業經營之自由。

殖民地朝鮮之工業，概以輕工業爲主，而在輕工業上所需要的條件，就是長時間的勞動與低廉的工資。然在數千年來壓制之下馴養過來的朝鮮婦女是恰好適合於這個條件。在這樣情形之下，朝鮮的女工一年增加一年，例如一九二六年的女工數不過爲一萬七千人，但於一九三六年增至三萬四千餘人，即其增加指數約達二倍，反之男工在此十年間的增加指數不過爲一〇五（以一九二六年爲一〇〇）。這樣她們是由飢餓的農村被日人的地主及日本移民驅逐到都市去，變成日本資本家工廠的工資奴隷，連她們的最後一滴血也被搾取了。而其勞動時間差不多是沒有限制，即其工資也低廉到不能保障最低限度的生活費，此據日本統治機關所發表的統計資料如下：

成年女工	一日平均最低工資	十錢（一角）
仝	一日平均普通工資	四十六錢（四角六分）
幼年女工	一日平均最低工資	六錢（六分）
工作十二小時以上的工廠數爲全工廠數之		四二%
工作十小時至十二小時的工廠數		四二%
工作八小時至十小時的工廠數		一四%

（一九三五年東亞日報）

這樣低廉的工資及長時間的勞動。對她們的健康很有妨害，所以不是榮養不足而發生種種疾病，就是因神經錯亂或流產以至犧牲其生命。

她們的工作又毫無保障，雇主隨時可以任意開除。對於她們的生命與健康，也沒有保護的施設，又沒有法律的保障，又沒有關於姙娠與生產上所應予的便宜及托兒所等的施設。如在大規模的工廠，大概附有如監獄一般的寄宿舍，剝奪她們的一切應受的人權，並嚴禁她們的外出和會客，使之不得與外界發生關係，以絕她們覺醒與訓練的機會。在工廠與寄宿舍內備有種種苛酷的規則，而稍有違反其規則的，便受罰金的處分，工資為之被扣一大半。如果為要求待遇改善而罷工，那就會構成犯罪。這樣朝鮮女工所受的痛苦，在世界上任何國度裏恐無第二個例子。在這樣情形之下，朝鮮女工對日人資產階級的鬥爭，往往以工場暴動和斷食同盟的形態，現出來。

除上述工廠女工外，還有四萬三千餘人從事各種職業（教師，醫生，店員，電話交換員，公共汽車賣票）的婦女，雖在同一的職業和同一的能力下，亦受男女差別和民族差別的待遇。又都市人口中半數以上是窮小民（手工業破產者），而這些婦女的生活也極其慘淡，她們一家七八個人口，一年的總收入不過是五六十元，以此可知她們的生活情形是如何悲慘。尤自近年以來，日本帝國主義侵略中國，致使朝鮮的物價暴騰，加以苛捐雜稅，收奪現物，懲工拉夫等等，竟使一般大衆的生活愈益難於維持。

日本帝國主義者在朝鮮強徵現物的方法是很巧妙，是有計劃，而且是很無恥。譬如說：牠現在對朝鮮的婦女界，廣泛的徵求金飾品，可是其徵求的方法是等於沒收，牠是自「九一八」事變以後，極端實施統制赤金政策，把所有的金店詳細調查登記，並令店主須得購買人之姓名住址及購買年月日一並登記清楚。但現在日本是很需要所有的金屬品，所以派警察照簿按戶去強收金飾品，你如果是把那金飾品已經典質了，或者是轉賣給人家了，也得把當票或其他證據品送給牠。不然就當犯法論。

還有一層，最近日本帝國主義者網羅朝鮮各界比較有名望的婦女，使之強迫組織所謂「國防婦人會」，擔任各種戰時工作，並向一般民衆廣作欺騙的宣傳。

朝鮮婦女的新教育，是於約五十年以前，由美國宣教師會開創，但自日本合併朝鮮以後，朝鮮人主持的各學校以及教會主持的學校，一律在朝鮮總督府嚴密監視下，受絕對統制。日本在朝鮮所施的教育主旨是所謂「同化教育」，就是奴化教育。即學校的教科書亦在這奴化教育主旨下絕對統制，除「總督府」編纂或其所指定者外，萬不能使用別的教科書。而且一切教授用語及教科書須一律使用日文，又嚴禁教授朝鮮歷史，而多數教員是由日人充任。就是一般朝鮮教員亦必受特別訓練。且革命者的子女及有革命性的青年均在被排斥之列。男女學生在學校時，除一些宗教書籍及教科書外，其他書籍一律不能讀閱，並嚴禁參加一切的集會。

在這樣日本帝國主義奴化教育政策下，朝鮮婦女所受的教育除治家，烹飪，養兒法，裁縫術等等外，絕對不許她們有進步及自覺的意識萌芽的機會。尤其對女學生之入學，予以極端的限制，女學生應募志願者的數目每年超過學校招募定額之三四倍，所以自從小學入學時就施行選拔試驗，至於中學不許男女共學，茲將朝鮮女子學校及女學生之統計數目列左。

	專門學校	公立中學	私立中學	師範學校	公立小學	私立小校
校數	一	七	一一	—	—	—
人數	一八三	一七四四	二八六九	九六	八四七七七	八三一六

（一九三五年現狀）

此外有志之士或在鄉里民間，為勞動婦女，為家庭婦女，又為其子女，而主辦夜學及各種講習所。但此等運動是常被日本帝國主義者拚力破壞，動輒以宣傳革命思想之理由，逮捕教師，並以種種造謠中傷挑撥離間之手段掀起學生與家庭間之風波，這樣民間的識字運動也是在在受日本帝國主義的阻撓和壓迫，結果朝鮮婦女總數一千零二十萬九千八百八十餘人中受過學校教育的不過是十九萬六千五百六十餘人，即在一百個人裏頭受過教育的還沒到兩個人。

朝鮮婦女如上述一般，在法律上的拘束，政治的壓迫，及社會上不平等地位等極端惡劣的環境下，不是自暴自棄以至自殺（最近五年間婦女的自殺者達九百五十三人——一九三六年）或墮落終身，就是趨向消極不求進步。至於一般有自覺的婦女也在其極端不利的環境中，備受日本警察的野蠻強壓，被迫放棄其自求解放的任務。這種現狀就是表示強盜日本之野蠻壓迫政策的一班，「同時表示亡國奴之生活是怎樣慘淡。但朝鮮民族的反抗力是在這樣慘苦的環境中浸浸的發展下來，同時在壯烈的朝鮮革命史上，也存留着光輝的婦女的戰蹟。

——待續——

日本經濟破滅與政治危機（續完）

義梅

日本帝國主義，自十餘年來，爲侵略戰爭的準備而所存儲之原料，在對中冒險戰爭的十個月間，幾消耗大部分量。尤以有色金屬之存儲，已爲消耗淨盡。

一九三七年上半期，日本已在發生鋼鐵飢饉現象。日本鐵鑛的生產量（東省的生產量在內）不能供給平時的需要，所以在平時全國總需要之三分之一的鉄鑛及鉄砂，自中國及新嘉坡等地輸入。又煤炭及煤油，亦如鉄一樣地生產量不够，並且品質惡劣，而皆由國外輸入。以供給平時的需要。更以日本國內生產的煤炭不能化爲焦炭。日本的重工業，還在初期的發展狀態，而其程度還不能製造煉成液體化之人造石油。如是日本帝國主義在這種重要的重工業原料方面，沒有自給自足之能力。

日本帝國主義在這種重要的重工業原料，沒有自給自足之能力。所以牠要想到發動侵略戰爭，而且持續長期戰爭，必須把大量的原料及機械，自外國輸入。然牠沒有多大的國外投資資本在戰時利用，又其國內沒有多大的外幣準備，而且金準備量，據去年八月的統計，不過八億元，這亦在過去八個月中，因購入原料及軍火，所存之金條，一批一批的輸送外國，現在中央金庫，沒有多大存金，牠雖是嚴密管理外匯，極力防止現金外流，同時強制收買民間金飾品，並積極開發金銀鑛山；但產金量有限，強制收買，亦甚困難，而產金總量與收買分量統合起來，每年也不過三億元左右，而這些數額，實無補於長期戰爭中賺進大量原料及機械的需要。

近代戰爭爲高度機械化戰爭，即爲國家物力總動員之大規模之經濟戰爭，所以國土武裝能力貧弱之任何國家，如要發動對外戰爭，非要借界外國資本，決不能持久作戰，然而日本帝國主義，已經給烙印着東方的侵略禍首，而孤立於國際，得不到國外借款。又不僅不能借來外款，而反招受列強諸國之排斥，現在，除在日本同盟國以外之世界主要各國，抵制日貨運動，日益加甚，因之最近日本對外貿易，更加呈現逆超狀態，而現金繼續外溢，又國內多數工商業隨之停閉而，急速促進國內經濟基礎之破壞

但目下日本帝國主義在侵略戰爭中每年需要支出一百二十萬萬戰費，但這不是牠的能力所及。

日換近衛文麿，最近在閣議中表示了對中侵略的七年間的長期戰爭的準備與決心。今後日本國民生活，只要支出一年間的巨額的戰費也沒有把國民生活減低於飢餓線上的以前是實無辦法的極嚴重的問題。何況在國民的身上剝削去七年間的戰費？這種話簡直是牠的夢話。如果這不是夢話，這就是牠的一種政治作用，一種外交辭令，而對內方面，使一般民衆相信政府有實力，有決心的表示來，欺騙民衆，忍受壓迫，甘受苦痛的政治作用，對外方面，以虛張聲勢，掩蔽自身的弱點，而打破孤立外交之一種外交辭令。

所以牠的唯一出路，依然是速戰速決的戰略和以戰爭來支持戰爭的戰略。然牠自己也認定是一種冒險，而沒有堅決的自信心。尤其這次台兒莊戰役失敗之一大教訓，更加使之薄弱牠的自信心。日本法西斯蒂所內包着的矛盾，是使牠踏進侵略戰爭的路途，使牠採用這樣沒有把握的戰略。我們可以說，日本法西斯蒂，已經到了一定的發展階段，所內藏着的將要爆發的矛盾，是使牠選擇着坐以待斃，或是挺而走險的兩途中之一。於是牠所選擇的對中發動冒險戰爭，是必然的使牠採取這種戰略。

我們知道，中日戰爭並不是兩國間之戰爭，而是整個東方被壓迫民族的解放戰爭，也是愛護和平的世界民主國家同情援助中國，反抗日本帝國主義之反法西斯的國際性的戰爭，因此中日戰爭，在它的本身的性質上規定着長期性的戰爭。所以不管日本軍閥如何地幻想着主觀的慾望，如何的企圖掙扎實現主觀的戰略，終是被捲入於長期戰爭，而自掘其墓穴。

牠的一切國富，有人總算一千一百萬萬，其實不過爲六七百萬萬左右。牠已發一百七十五萬萬赤字公債搜刮了民間資本，而已經消耗於不生產的軍備方面。目下日本國民再沒有消化公債的能力。就是除了自已僅僅支持殘命的最小限度之生產資本以外，再沒有剩餘的資本來購買公債，而支出戰費。

所以，如果今後每年要支出這一百二十萬萬的巨額軍備，必須繼續將處在饑餓綫上的國民生活水準再減低下去，就是現有的國民生產資本完全被剝奪淨盡以破壞國民再生產基礎。仍然日本軍閥決意，實行把一般國民的生活，必須減到四〇%。於是，

牠們將要動員國會議員以至地方縣知事等一切法西走卒，而在各地遊說國民，節衣縮食，買公債，繳納苛捐雜稅，而忍受餓死。

現在日本農工大衆的生活程度，僅及於美國農工大衆生活之十分之一，英國的八分之一。這是無疑的證明日本工農大衆的悲慘的生活，完全陷在中世紀的農奴狀態及殖民地民族的奴隸生活地位。

這樣極度的貧窮，疾病，饑餓所迫的工農大衆的身上，再繼續搾取血汗以供軍備，以增財閥的利潤。這是必須要破壞整個國民生活基礎而引起空前的政治經濟的慘酷的後果。

日本帝國主義的經濟機構中農業經濟機構，最爲脆弱。目下日本農村經濟的危機，把農村社會機構，極度的緊張起來了。

現在日本農業經濟，還沒有完全脫離了半封建的農業經濟領域，而農村經濟關係，在一方面還是持續着半封建性的搾取關係。就是土地耕作的細分化及大地主的半封建的搾取方式，還是依然存在。可是他一方面，商業資本侵入農村，促進農業之商品生產化，而農業經營上，資本的重要性增大，因之廣大的自耕農急激的沒落轉化爲佃農，土地急速集中於大地主，而小數的大地主及大多數的佃農，形成對立的壁壘。

大規模的土地擁有者爲皇室，貴族，軍閥。人數不過全部地主總數之百分之一，而所占土地竟達百分之二六%的一百六十萬町步以上的肥沃的土地。反之組成土地擁有人百分之九三的日本農民祇占有這土地的二分之一。又二百五十萬的農民，只能耕作半町步以下的土地。

地主們，從農村中搾取的資本，不做農村經濟的再生產的資本，投入於農業經營的發展，而大部分的資本投入於工商業方面，結果，農村經濟，日漸衰弱。又日益加增的新租稅，使之廣大之農村普遍的饑饉化而促成農業生產的有加無已的衰落。這就是從事侵略戰爭的日本戰時經濟體系之一方面之一大特點。

如據日本官方的統計一九二九年至一九三二年間，佃農的收入，減少百分之四十。地租約占總支出之百分之六十八，而竟達兩倍於購買材料及工具的費用。加之苛捐雜稅及人造肥料價格之增漲等支出費用的過大，以致節省肥料，而收獲減少。又一年間勞苦所得之收獲物，因負債償還，不得不賤價出賣穀物，而到了翌年的春間，不得不另外舉借。還些借款，還不够，甚至賣掉他們的傢具，賣去他們的兒女於工場及人肉市場，如是日本農家，因生活被逼賣給工場的女工及童工數，計爲一百餘萬，賣給人肉市場的女郎數，竟達三十餘萬。

如是，日本法西斯主義，加緊促成農村經濟的急激破滅，而造成擴大人肉買賣市場於國內外各地，當做牠們的侵略工具，當做代表日本文化的先峰。日本法西軍閥，竟把這些低級的淫調裏，生動的浮薄，輕燥，浪漫，退頹的情調與瘋狂的獸性要盡發的搶劫，屠殺，放火行爲的讚獎，當做日本法西文化的總和。牠正是要遂行牠的唯一的文化使命。

日本農民，每年付出的租金，計爲三萬萬七千五百萬元。又欠地主，高利貸，銀行．政府的債款，總計一百萬萬元。每戶的平均負債額，約當一千八百元左右。然而日本佃農，每年平均收入，不過爲二百四十餘元，其中必須除去肥料費一百元及捐稅等支出外，剩餘的祇有五担左右的米。然而要維持自己和他的家族生活至第二次的收獲，他們每年需要二十担米。這就是日本農家的普遍的貧困饑餓的現象。

不管農民的收入，一天天減少，農民的生活一天天艱苦窮乏，反而政府及地方的捐稅日益增加。在一九二九年，每農戶平均捐稅爲二十三元，一九三四年爲三十九元，而仍在繼續捐稅揚加不已。又不但捐稅日益增大，還有物價繼續高漲。

從來，日本農民的艱苦的生活的支持，還有大半依靠於農家的副業，如家內手工業及蠶業。蠶業占農家副業之十分之七。如是蠶業，左右日本農民之直接生活，而且亦以影響於紡絲工業方面的勞働者之生活。所以蠶業的盛衰，不僅有關於農村經濟，而且亦以影響於輕工業部門。這樣日本工農業方面，直接有關的，而且輸出貨中占重要地位之生絲，在日本法西軍閥對中發動侵略戰爭以後，尤以巴納號案發生以後，主要生絲購買對象之美國，因抵制日貨，而生絲銷路已有阻滯。因之不僅日本農民視如生命的蠶業方面予以打擊，而且對於日本生絲工業方面，亦予以莫大之打擊。

日本農民，因軍閥之爭功貪利，因金融財閥之貪婪無已的殖民地利潤，所儲之血汗積財，被政府苛捐雜稅搾取掠奪，這還是不够再強使他們賣耕地，賣女兒給工場經紀人及妓院的娼婦以外，又把親子兄弟送死於戰場。這樣，日本農民當面在家亡人亡的境地，還能忍受法西軍閥的殘酷的犧牲的騙策麼？還要受法西軍閥所喊的所謂大和魂，日本精神，保衛皇國云云的欺騙麼？

現在日本農民，已經認清明白了獨佔法西壓迫下的農民的掙扎和怒吼，已經得到了九一八事變以至今日，軍閥的欺騙的一大教訓了。覺悟的先進的農民們的腦筋裏，沒有殘存着所謂天皇，皇國等等之印影，而在眼前祇有展開着現實的世界與自身的悲慘的情景，而看破了這些所謂大和魂，皇國精神的欺騙的內容，就是，這些內容，即爲壓迫榨取多數國民大衆的血汗來製造軍火，侵略殖民地，以增金融財閥利潤的精神麻醉劑。

所以，現在日本農民，反軍閥反財閥的思想，逐漸普遍於全國，政治活動，日漸強化，而打倒軍閥，反抗侵略戰爭的實戰行動，日益發展擴大。這次秋田縣的農民與鐵工聯合起來，高舉反戰的旗幟，是證明日法西軍閥的苛酷的壓迫榨取的程度及日本社會的不安與深刻的政治危機。

九一八事變以後，日本勞働者的地位，更加低落。自一九三一年高橋的產業合理化政策實施以來，資本的集積集中，日益加甚，而經過馬場的產業統制化過程以至今日賀屋的戰時統制經濟財政政策，勞働者的生活，更加惡劣化了。

六百萬的日本工業勞働者爲財閥在世界市場傾銷貨物，爲軍閥製造軍火，而在極低的工資和可怕的條件下，整天的做苦工，日本工人的工資平均算起來，祇得到美國勞働者工資的十分之一，尤以在紡績工業中祇有十二分之一。六百萬的工業勞働者中，一百萬爲婦女，又一百萬爲十四歲以下之童工。還有幾百萬的工人在五人以下之小作坊裏被屈傭，而在更壞的條件下工作，而被剝削更加厲害。婦女與小女之百分之八十得不到現金的工資。又婦女的工資，僅以男工的百分之四十。又每日工作時間爲十二小時至十五小時。

在中日戰爭以前，工人的工資，已經減低百分之十七，女工的工資減低百分之二十二。在同時期中，食料品價格，已經提高了百分之二三，棉布價格提高了百分之三十七。

工場的機械的改良及勞働的生產力增高，而生產量增大，又勞働時間更加延長，及勞働強度更加增大，他們的工資不僅沒有增加，而且在戰時云云下更加減低

這樣工作時間的延長及勞働強度的增加，結果，長期性的慢性失業群，無法獲得工作，目下，日本國內，雖是呈現着軍需工業的跛行景氣，但是因工作時間延長及勞働強度增大，而依然地二百萬的失業群，彷徨於街頭。而且在戰時經濟的觀點把非軍事生產品的入口，完全除去，而去年的三十九萬萬元的總收入將要減至二萬萬至二萬五千萬。例如——國民日常生活所必需的消費資料的原料——羊毛，棉花，木材等受輸入限制及在外國抵制日貨運動，日益擴大，而從中國，南美，英屬非洲各地，印度，細絲蘭，澳大利，馬來半島以至美國等拒買日貨。因之日本工業的生命支柱，紡紗工業的棉布，紡絲工業的生絲及絹織物，不能輸出。於是大半不能因運轉紡績機械，去年十二月中，紡紗工廠不用的機械，約有百分之五十，人造絲機械，不用的有百分之五十八，製紙機械．不用的有百分之五十五，紡絲機械，不用的有百分之五十五。這樣經工業的沒落過程中，今後失業群，還是繼續增大。又農村經濟的破壞中農村的勞働後備軍，襲來於工業都市。

如是，因侵略戰爭，多數的農民及勞働者，被徵出戰，而農村中缺乏耕作農民，工廠中不足熟練之技術勞働者，仍然，因體格之不健關係，不能被徵入伍之多數慢性失業群，依然存在，他方面農村的後備軍，還是依然增大。這個條件，爲使資本家們，繼續延長勞働時間，增大勞動強度。

這樣在極艱困難的勞働條件和饑餓工資下，廣大群衆的健康，不斷的壞下去，尤以肺病患者及婦女生產死亡率，日益增加。現在勞働青年及農村青年在無限制的榨取和長期的饑餓的威脅下，體格不斷的衰退，而一萬二千個集合起來的新兵中有一萬個不適於兵役而被剔除了。

廣大的日本勞働者大衆，不僅團結自身的力量，而且與農民大衆携手合作，而開始了積極的鬥爭。他們已經在自身的實際經驗中，反對日本軍事法西主義的積極鬥爭，才會除去奴隸和饑餓。

今次日本重工業心臟地帶的川崎的勞働者的反戰暴動以及橫濱，新潟，大阪，神戶等地的反戰暴動等鬥爭的火焰，日益擴大強化，而決不能以武力鎭壓下去以至消滅。

現在日本軍閥，雖然還能掌握着軍事力量的指導權，日本財閥的財政能力，還不至於破產的狀態，但是中國的抗日持久戰爭，必能激化財閥與軍閥間之衝突，使之瓦解喪失牠們的政治經濟軍事統制能力，反而助長強化勤勞大衆的反戰力量，而且日本反戰力量的增大加強，是相對的強化中國民族之抗日持久力量。這樣中國民族的持久抗戰，將使到一定階段，日本帝國主義的政治．經濟，軍事，社會各方面的統制力量，開始動搖的時期。這就是日本的統治階級，不能維持從來的統治權的時候．這正是日本革命大衆，反戰運動高張之時期，也就是中國民族抗戰勝利之時期，東方被壓迫民族解放成功之日，同時日本革命大衆，反戰反法西運動勝利之日。

日本鐵鋼飢饉的嚴重化

——油煤等重工業亦同——

鐵鋼，油，煤等重工業品與戰爭是有密切的關係，自不待論。日本帝國主義自從「九一八」進攻東北以後，鐵鋼的消費驟形增加。即於一九三一年（九一八事變前），日本鋼材消費總量不過爲一百四十萬公噸，但至一九三五年激增至三百四十萬公噸。擴張軍備當爲其原因，如就機械工業及造船工業兩種部門觀察即可明瞭。自一九三一年至一九三五年四個年間，機械工業所銷鋼料是自四十萬公噸而增至一百零九萬噸，造船工業所銷量是自十一萬噸而增至三十三萬噸。且在礦山爲產出軍需品所銷量是自四萬噸而增至十三萬噸。總之，爲生產軍需品所需的鋼料消費量約佔全消費量的百分之五十。

於是日本政府積極擴張鐵鋼之生產能力，即其生產量亦頗有增加：自一九三一年至一九三六年之間，生鐵產量是自一百零六萬公噸而增至二百二十二萬公噸，鋼料是自一百六十六萬噸而增至四百五十九萬噸。但因日本軍費之繼續增加，以及在僞滿「境」內之軍費新增，故仍不敷者甚遠，而鐵鋼飢饉之曉已至前年始。日政府有鑑於此，乃於一九三七年春國會開幕時，即將鐵鋼五個年增產案提出通過。但不過半年，蘆溝橋事件又爆發，鐵鋼之需要愈益增加，生產力之不足愈益顯著，而鐵鋼之急激漲價，已達飽和點，此即所謂飢饉行市者也。但這種飢饉狀態不僅限於鐵鋼一類，即有油石炭等所有重工業原料亦所同然。

日本鐵鋼業之最大弱點，就是其原料之大半須待國外輸入。所以要擴充其生產能力，必先向海外仰給巨量之鐵鑛，爛鐵，及生鐵。例如一九三五年日本國內所需鐵鑛石之七成是由中國，南洋等地；爛鐵之五成是由美國；生產鐵之三成是由印度輸入

朝鮮革命軍事運動之回顧與展望（續完）

民山

四·「九一八」事變以後之軍事運動

「九一八」以後至現在這一階段的朝鮮革命軍事運動的主要特徵是：(1)與中國東北義勇軍聯成一片共同抗日。原在遼寧東邊道一帶活動之朝鮮革命軍，前後與該地中國義勇軍唐聚五，王鳳閣，楊靖宇等部協同作戰。曾在中東路一帶活動之韓國獨立軍（以李青天爲司令，人數約百餘，活動期間爲「九一八」即後的半年餘，現已不存）曾與當時該地義勇軍吳義成等部合作，此外還有許多朝鮮武裝同志和中國抗日戰士合組抗日聯軍與日寇鬥爭。(2)質量上亦有發展。「九一八」以前在滿之朝鮮武裝同志僅三四百人，但現在已增到一萬餘人，而其素質和戰鬥力亦大大提高。(3)戰鬥地域擴大，戰鬥方式亦改變。「九一八」以前的活動地域是僅僅限於韓滿國境一帶，但「九一八」以後漸漸擴大到東北其他各地方（即指韓僑居住之地方）以前的戰鬥是多屬於小組之恐怖行動，但現在是已能充分的運用遊擊戰術。由以上三個特徵我們可以知道這一階段和前一階段的軍事運動已不相同了，是已豐富且進步了。玆在下面分述這一階段軍事運動的一般情形：

（一）朝鮮革命軍之繼續苦鬥

朝鮮革命軍就是前在東北之韓人軍政機關正義府軍隊之後身，是「九一八」以後改稱的。當時以梁瑞鳳爲司令，人數約四五百名。唐聚五任遼寧義勇軍總司令的時候，她担任過一種別働隊之任務。唐聚五失敗以後，曾和當地（指東邊道一帶）義勇軍王鳳閣，鄧鐵梅，楊靖宇等部取得連絡協同抗日，現在以金活石爲司令，和抗日聯軍第一軍取密切的合作繼續抗日。

這一軍的戰鬥力是非常的強，不但她的友軍都佩服她，而且該地的民衆都稱讚她。勿論那一次的大小戰鬥，她都給敵人以很大的打擊而她自己却沒得到什麽損失。（該軍之戰鬥情形多載於朝鮮新聞，現在材料不備不能詳述）因爲如此，才能夠在敵人不斷的『討伐』和沒有外援的艱苦的環境之下，依靠着有限的該地朝鮮同胞的人力物力，還能維持到現在仍和敵人繼續血戰。

（二）抗日聯軍中朝鮮戰士之英勇戰績

「九一八」事變以後，在滿之許多朝鮮革命同志基於中韓兩民族之敵人完全相同，又樹立朝鮮軍隊之獨立旗幟不容易發展（其原因：（1）爲維持中韓民族之大團結不能向廣大的中國民衆發展軍需，（2）韓僑有限不能擴充部隊）遂與中國的抗日戰士合創中韓聯軍形式之抗日聯軍（初稱反日遊擊隊或人民革命軍，勿論名稱如何變更，其本質完全相同）堅持抗日到底。勿論在抗日聯軍第一軍楊靖宇部，第二軍王德泰部，第三軍趙尙志部都有最有力最勇敢的朝鮮幹部同志。

抗日聯軍第二軍王德泰部的大半是由朝鮮同胞組成的隊伍。「九一八」直後朝鮮革命者少數的反日遊擊隊在吉林間島及韓滿邊境襲擊日軍屢次戰勝了敵人，屢次攻入韓境，吸引了千百的朝鮮革命同

。如就其輸入數量，則自一九三一年至一九三五年間，鐵鑛石是自一百五十五萬公噸增至二百五十萬公噸；生鐵是自四十萬公噸增至九十八萬公噸。而因此次中日戰爭，此等原料輸入之急激增加，自不必待言，日本近來對外貿易入超之激增卽因如此。

同時鋼鐵輸入之激增，自不得不限制其他和平產業品之輸入，以致各項物價高漲。且日本之國力究竟有限，亦不能無限制的輸入鐵鋼原料，所以不管輸入如何激增，仍不免其飢餓狀態日趨嚴重。於是日本一面頒布鐵鋼工業品許可規則，在鐵鋼軍需第一主義之下移極限制和平產業方面之供用，一面積極開發鑛山，連阿森及十和田等國立公園，亦在開鑛之列。同時在中國佔領區內亦創立華中鐵鑛公司，及擴張「滿洲」產業五年計劃等不遺餘力，以期補救其時刻在迫的危機。（璞）

日本物價暴漲之現勢

（一）大阪——中日戰爭中，日本物價的高漲，自去年九月始，迄至今年二月止，六個月來，繼續高漲不已。此據大阪朝日新聞所調查二月份大阪市物價指數，則二月份總平均指數（以戰前爲基準一〇〇）爲一九八·一。如較之以一月份總平均指數一九三·〇，則一個月間之高漲率爲二·六%，而一月份指數比較前月份指數高漲一·二%。然則二月份高漲之百分比當比一月份爲二倍以上。茲將大阪市二月份各種物價指數分類列左。

	二月	一月	去年八月
粮食（六種平均）	二三九·七	二三七·八	（一〇〇·〇）
食料品（九種平均）	二三一·四	二二九·七	（一〇〇·〇）
紡織品（十二種平均）	一五九·六	一四八·三	（一〇〇·〇）
金屬（七種平均）	二三九·六	二四三·八	（一〇〇·〇）
燃料（四種平均）	一三五·五	一三六·〇	（一〇〇·〇）

胞參加抗日武裝鬥爭，擴大了這一支隊伍成了抗日聯軍中最有力的部隊。在這第二軍內朝鮮隊伍已超過三千人。

抗日聯軍第一軍的基礎是一九三二年在遊擊盤石縣吉昌子山當地民衆成立的反日遊擊隊。當時成立的時候五分之三是朝鮮人，五分之二是中國人。在幾年之內由於一個小小的遊擊隊竟擴大到幾千的抗日聯軍第一軍了，隨着該軍之迅速發展，韓人在該軍中所佔的比例是很快的降落了，但韓人在該軍的多半是幹部，（佔全軍幹部中的半數）多年來直接間接領導着該軍而常在該軍的最先頭，給日寇「討伐隊」以無數次的挫敗。

在中東路一帶活動之抗日聯軍第三軍長趙尙志在初創該軍基礎的時候，朝鮮同志也佔有半數，該軍創造者和該軍韓人幹部當中許多人在多年間英勇抗日血戰中，很壯烈的被犧牲了。由這裏我們足可以看出我朝鮮民族背爲革命正義而犧牲奮鬥的民族精神。

五·過去中蘇兩國之對我軍事援助

中蘇兩國在地理上與我朝鮮隔河相接，在歷史上亦與我關係最深。且中蘇兩國都是一個新國家，他們都反對侵略維護正義，素以扶助弱小民族爲其國策，所以中蘇二國對我之同情和援助是不但出於自身的利害立場，而且基於人類的同情心。茲在下面略述關於中蘇兩國對我援助中之軍事部份：（一）中國方面：

中國民族領袖蔣介石先生長黃埔軍校（後改稱中央軍校）以後，收容大批的朝鮮革命者，前後繼續養成了朝鮮革命軍事幹部人才共有二百餘人之多。（黃埔軍校時以四期爲最多，中央軍校時以十期，洛陽分校爲最多）。

「九一八」事變以後，開辦朝鮮革命幹部學校前後三期共養成了軍事幹部人才有數百人。

這些軍事學校畢業之同志，勿論在朝鮮的軍事運動，民衆運動或其他政治活動，都表現出最積極最勇敢之精神，不但在過去朝鮮革命史上留下很光榮的戰績，而且在將來對於朝鮮軍事上定有很大的貢獻。

在朝鮮革命運動中最需要最缺乏的是軍事幹部人才，但是這些人才非有友邦的援助是不能養成的，所以這個援助比其他的援助更其重要。

（二）蘇聯方面：

中國對我之軍事援助，在過去因中日外交關係不能公開供給武裝。但蘇聯是在國際地位上對日關係上和中國略有不同。所以對我之援助形式也稍異。

蘇聯在國際士官學校內繼續發成朝鮮軍事幹部人才之外，還在遠東西比利亞公開武裝朝鮮僑民編成正規軍（該地有僑胞約三十萬）據說這些朝鮮民族軍隊（名稱雖不如此）已有三萬之多。我們不可把這個軍隊看作沒有民族革命意識的僱傭兵，這支軍隊在將來，無疑的要參加抗日戰爭，而戰到驅逐日寇出大陸建立朝鮮獨立國家爲止。我想蘇聯當局的意思也如此。

此外還時常給在韓滿蘇邊境一帶活動之我武裝隊伍以種種便利。

六·今後軍事運動之展望

自從中國遭受到空前未有的日寇無止境的武裝侵略，在蔣介石先生「抗戰到底爭取最後勝利」之決心及其領導之下，全國上下團結一致，進行了九

（二）全國平均

——不但大阪一處如此，即日本全國均有稍漲之勢，日本政府農工省所發表之今月一月份十三都市的物價指數（以一九二九年十二月之平均價格爲一〇〇而計算）總平均爲一三一・三。如果較之以前月份指數，則高漲一，九%，而又與去年一月份物價比較，則高漲九，四%。茲將一月份八項分類指數與前月份及去年一月份物價比較如左。

	一月	比前月	比去年一月
食料品	一一三・八	（十）〇・四	（十）四・五
纖維品	一〇八・〇	（十）二・六	（一）六・二
金屬品	一二九・五	（十）三・四	（十）三・八
建築材料	一三四・一	（十）三・八	（十）一八・四
工業藥品	一一九・七	（十）一・二	（十）五六・一
肥料	一二八・三	（十）〇・五	（十）二四・二
燃料	一二九・一	（十）三・九	（十）二四・〇
雜品	一四六・四	〇	（十）五・四
總平均	一三一・三	（十）一・九	（十）九・四

（三）都市別

——次將日本十三個都市之一月份物價數與前月份及去年一月份比較，列左。

	一月	比前月	比去年一月
東京	一三七	（十）一・五	（十）三・三
大阪	一三二	（十）〇・八	（十）九・一
神戶	一三〇	（十）三・六	（十）三・四
京都	一三一	（十）三・五	（十）八・〇
名古屋	一三九	（十）二・四	（十）一〇・三
橫濱	一一九	（十）一・七	（十）八・二
廣島	一三二	（十）三・五	（十）九・九
金澤	一一八	（十）三・六	（十）五・四
仙台	一一三	（十）一・八	（十）八・七
小樽	一一四	（十）一・八	（十）七・五
福岡	一三八	（十）三・二	（十）三・三
新潟	一一八	（十）一・七	（十）六・[illegible]
高知	一一七	（十）〇・九	（十）五・四
總平均	一三一・三	（十）一・九	（十）九・四

偶月的英勇抗戰，已進入到轉敗爲勝的新階段，相反的日本已漸漸步入崩潰之途。這些形勢無疑地是對朝鮮民族之解放運動極有利。

朝鮮民族處此生死最後關頭，唯有爲生存自由而戰的一條路可走，而此爲生存的鬥爭定是激烈的且必是武裝的。因爲朝鮮民族由於過去「三一」運動的慘痛經驗，在蒲蘇已建立之朝鮮武裝隊伍之基礎，今後中蘇兩國無限同情與烈熱援助給，組織武裝發動和展開遊擊戰爭是必然的趨勢。以後敵人兵力川盡果能冒險強徵朝鮮壯丁（日寇最怕朝鮮民族故至今尚不敢實施徵兵）爲他作戰，但到相當時期或在最緊要關頭，他們一定會掉過槍頭殺死恨入骨髓的强盜，爲民族生存而鬥爭的。

朝鮮的抗日軍事運動，在將來中蘇韓三國共同抗日（筆者以爲蘇日戰爭是不可避免的）的戰略上是中蘇兩國對日主力戰的補助戰，而在朝鮮解放運動的意義上是驅逐日寇完成建國的最高手段。

朝鮮革命軍事運動之今後發展形勢和在國內國際上的意發是大體如上，但這些必以我們始終一致的刻苦奮鬥爲前提。勿論國際的形勢如何對我有利，沒有自力奮鬥是達不到目的的，正如同中國民族堅持艱難的長期抗戰一樣。

此外我們還需要，蘇兩國更積極的軍事援助，因爲打倒日本帝國主義是中蘇韓三國之共同任務，而必由於此三國之合成力量才能够打倒。所以今日我們應在「驅逐日寇出大陸，永保東亞之和平與福利」之同一口號之下，加緊中蘇韓之偉大團結爲完成此歷史使命而共同奮鬥。

上期本論訂正

上次因編輯忽忙編排錯誤今將上期本論末三行即「此外又有……」以下三行刪去，最後補加——待續——二字。並向民山君道歉。

——編者——

正誤

本刊第二期第十五頁朝鮮通訊第一段題目「保護觀察法」與同段所有保護觀察字樣均係「思想保護觀察」之誤。

同第二段志願兵制與徵兵制的題目下，關於徵兵制之記述是不確。從種種方面探索，目下並無徵兵制實施的可能與證據。

又同四段「內鮮一元化」之內字及其末「內地」兩字係山手民脫落引用符號——「」，特此正誤。

來函

敬啓者前蒙

貴社贈閱朝鮮民族戰線創刊號與又續獲第二期內容豐富理論正大足以代表全朝鮮民族之要求樹立朝鮮民族之革命旗幟爭取朝鮮民族之自由獨立弟不禁爲朝鮮民族高呼朝鮮民族解放萬歲當此日寇正將崩潰之前應喚醒全體朝鮮同胞一致起來打倒日本軍閥中韓携手奠定東方之眞正和平幸甚幸甚此致

朝鮮民族戰線社敬禮

萬燦敬啓五月三日

一

九三八年五月廿五日出版

朝鮮民族戰線社出版

朝鮮民族戰綫

呈請登記中

半月刊——第四期

中韓聯合戰綫問題專號

本期目次

編輯人：金奎光、柳子明
發行人：韓一來
通訊處：漢口郵局信箱第十九號
印刷所：小董家一巷 新昌印書館
特約代售：交通路六三號 生活書店
零售：每冊四分
預定：半年四角 全年八角（郵費在內）
每月十日二十五日出版

歡迎世界學聯代表團

世界青年和平大會爲調査中國英勇抗戰的實況與日本所加於中國的殘暴獸行的眞面目，特別組織世界學生代表團分道來華，其由歐洲出發的克魯格曼及邪洛特爾君，已於五月十七日抵漢，另由美洲出發的馬爾雅德女士，居爾摩里遜等四君，將於五月廿三日前後來漢。中國各界人士對其遠來的佳賓，都很熱烈的歡迎。

我們現在僑居國外，沒有充分的機會，得與代表諸君叙情交歡，至於熱烈欽敬的情緒，自當不落人後。茲特略述我們的感想，以表歡迎之意。

諸君此次來華的主要任務：（一）爲調査中國英勇抗戰之實況及日本侵略之非人道的眞面目；（二）即將其所得眞相傳播於全世界青年與學生。

諸君是懷抱着人類愛，爲擁護正義，爲保衛和平而奮鬥的，諸君帶來的是人類的福音；諸君又將這個福音要傳播到全世界每個角落上去，喚起人類！諸君的精神是純眞潔白，諸君的眼光是透明遠大。諸君必能察知日本法西斯軍閥的瘋狂殘忍無人道的眞面目。他們是人面獸心，正在中國各地屠殺青年學生，姦淫婦女，破壞一切文化機關，掠奪財產，公賣鴉片和白麵等等，其卑劣無恥的醜行當爲人類所共唾棄。

日本帝國主義即自一八九四年的中日戰爭時，開始侵略大陸，而二千三百萬朝鮮民族先受其蹂躪。我們自從一九一〇年被日本帝國主義併吞，喪失了一切政治的自由，受盡了種種殘酷的壓迫，尤其青年學生求學的自由亦被剝奪，我們在這樣水深火熱中，爲求生存，只有與敵人拚命。我們曾於一九一九年三月一日，掀起偉大的獨立運動，而青年學生爲其運動的重心。自此以往，朝鮮的革命運動及一切進步的運動，都是由青年學生推進過來的。尤其是一九二九年十月的光州學生運動，完全是學生自己的反日革命運動，而全國所參加的學生達十五萬之多。而且直至現在，朝鮮的青年學生決沒有忘掉其所負民族解放的任務是如何重大。

諸君應該認淸：此次日本法西斯軍閥瘋狂侵略，不過是它的最後發惡，同時中國的英勇抗戰，不僅是爲其國家民族生存而戰，而且是爲保衛世界和平而戰，爲人類的正義而戰，爲世界被壓迫民族解放而戰。我們朝鮮民族也同中國民族站在一條綫上，共同奮鬥！最後謹祝諸君的成功，諸君的成功也就是我們的成功！（子明）

給世界學聯代表團的信

世界學聯代表團同志們：

敝聯盟首先代表在日本帝國主義壓迫下的朝鮮一百萬革命青年學生，向維護正義和平的諸位代表，表示最熱烈的歡迎與敬意。

諸位應了中國學生的邀請，現已來到正在熾烈抗戰的中國領土。這是表現出世界學生反對日本侵略、同情中國抗戰之意志。這不但給中國青年學生以極大的鼓勵，又使朝鮮青年學生感覺到非常的興奮。

世界學聯在此數年來所進行之反對侵略者同情弱小者之種種運動，在我們朝鮮，生的腦裏，留下深厚的敬佩心與友誼態度。

朝鮮學生的地位、環境，和別的獨立國家的學生大有不同。我們整個的朝鮮民族，沒有一切的自由，我們朝鮮學生也是一樣，不但沒有言論、結社的自由，連讀書的自由都沒有。

我們朝鮮學生所受的是日本帝國主義的奴隷教育，例如強迫學習日語，限制使用朝鮮語，採用日文課本，禁止教授朝鮮歷史等。日本帝國主義者，這樣要養成她所謂「忠良的帝國臣民」，要達到她永遠統治的目的。此外還有極可注意的是，朝鮮大多數青年、兒童，連享受這個奴隷教育的機會都沒有，全國學齡兒童三百萬中，就學的兒童，僅有七十五萬。

我們朝鮮學生向來是，最勇敢，最有進取性的。他們絕對不甘受日本之非人待遇，他們的反抗絕

我所希望於朝鮮革命同志者

沈鈞儒

我所希望於朝鮮革命同志者，很簡單，第一是團結，第二是團結，第三還是團結。

為什麼我說了這麼許多團結呢？因為我實在感到團結在一個國家求民族獨立時的重要。

拿中國來說：中國這許多年，可說是受盡了日帝國主義者的欺侮，踐踏，與宰割。原因所在，也就因為中國內部不團結。所以這許多年來，我們中國人民努力救國工作的一個最大目標，也就是促進國內的團結，團結完成了，抗戰就發生了。可是，抗戰雖然發生，到今離最後勝利之路，還有相當距離，所以我們中國人民現在還在努力鞏固我們中國內部的團結。因為我們相信，只有全中國四萬萬五千萬人民互相團結到底的力量，才是以救中國。

可是救中國也不僅僅是中國人民的責任。因為中國的解放，將來也就一定同時是一切在日帝國主義壓迫下的民族國家的解放！所以在這裏，我更不能不十二分地希望於朝鮮革命同志，你們不但要永久內部互相團結一致，而且要和我們中國永久團結一致，因為只有這樣，我們相信，我們才能順利地來把我們的共同敵人——日帝國主義者打倒！

二七，五，二一，

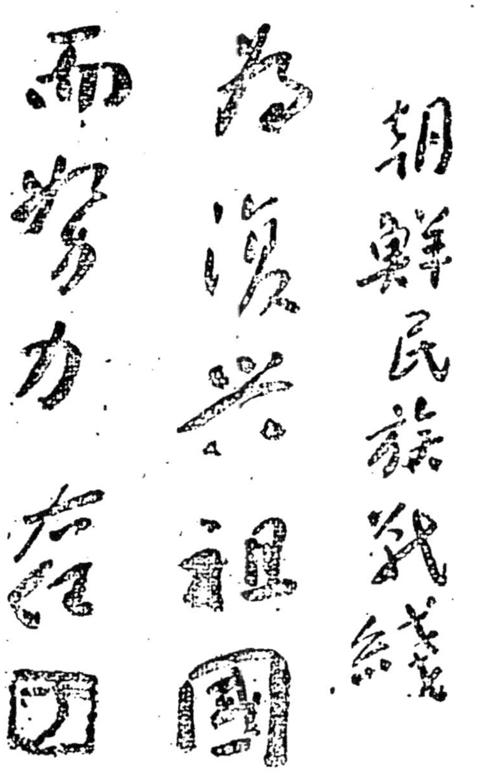

不後於任何被壓迫人民和國家的學生。在一九一九年「三一革命運動」爆發時，他們站在全民族反日的最先頭為爭取獨立而流過血，在一九二九年「光州學生事件」發生時，號召全朝鮮學生起反日運動，繼續過三個多月的鬥爭，並且直到現在，雖在日本法西的極端壓迫下，仍然保持反日同盟學生會、讀書會等秘密組織，發揚並發揮朝鮮固有文化及世界新文化。並積極進行反日反戰的革命鬥爭。

中日戰爭爆發以後，我們朝鮮的每個學生，對於中國抗戰抱有無限的同情，並且有聯合中國學生及其他各國學生打倒侵略者而共同奮鬥的決心。他們都能正確的理解中國抗戰的勝利便是朝鮮民族解放運動的第一步的成功。

我們朝鮮學生，早已認識朝鮮教育、文化之改善與向上，完賴朝鮮政治問題之整個的解決，所以始終如一的參加民族解放運動，相信可斷言在不久將來，必有更偉大的反日鬥爭。

我們朝鮮學生也認識到全人類教育文化之改善與向上，完賴全世界侵略者之完成消滅，因此很願意和世界的學生取一致的步調，進而更希望得到全世界學生對我之注意、同情和援助。

最後希望世界學聯代表諸位，把日本法西在遠東摧殘學生、破壞文明之野蠻暴行，多多介紹給歐美各國青年學生，使他們同仇敵愾，帶同擴大全世界學生的團結，為着保衛和平和發揚文化，為着維護正義和闡明真理，更為着人類的自由平等幸福而奮鬥到底。

朝鮮民族戰線聯盟敬上

五月十八日

實現中韓民族聯合戰線

黃琪翔

中韓兩民族在今天結成抗日的聯合陣線，不僅在弱小民族解放運動的國際關係上，有其普泛的意義；同時亦是對付共同敵人甚於革命利益的觀點而被規定的具體的戰略。中華民族爲著增厚抗日的力量，摧毀日帝國主義在殖民地的發釁，以爭取和確保最後的勝利，必須與朝鮮民族以及東方弱小民族建立堅强的抗日聯盟，同時朝鮮民族爲著爭取民族自身解放的勝利，徹底推翻帝國主義——日帝國主義的統治，必須與中華民族建立聯合陣線，以加强革命力量。

自從一八九四年的中日之戰及一九〇四年的日俄之戰而後，日本帝國主義得着飛躍的發展，台灣，朝鮮被其次第吞併，日本的大陸政策奠定了始基，繼續向東亞大陸推進，而神聖的中華領土已逐漸在它的踐踏之下。可是日寇在朝鮮的統治愈加殘酷，它對中國的侵略愈加積極，不僅使中韓兩國抗日的革命運動愈益成長，而且還使中韓兩民族在對付共同敵人的一個目標之下，攜手合作起來。即以最近的史實而論，從一九一九年『三一』運動爲起點，中華民族對於朝鮮民族謀求實現神聖的獨立解放事業，曾不間斷的給以精神和物質上的援助。以後，當一九二五——二七年，中國大革命運動澎湃的時代——反帝反封建的歷史階段，朝鮮民族亦給予中國以熱烈的應援。「九一八」事變以後，中韓兩民族在偽滿境內集合一起，共同竪起了抗日義勇軍的旗幟，形成了中韓民族革命巨流中偉大的團結力量。

「七七」蘆溝橋事變以後，侵略者在東方投下的巨彈，不但喚醒了中華民族的兒女，人不論老少，地無分西東，更不分派別，階層，在精誠團結共禦外侮的前提下，形成了空前未有的統一局面。而且在朝鮮民族方面，亦激起了團結抗日的應聲，朝鮮民族革命黨，朝鮮民族解放運動者同盟，朝鮮革命者聯盟，代表不同階層的三大政派，亦在「抗日第一」的前提下，結成了堅强的朝鮮民族抗日的統一戰線。

朝鮮革命團體，名目繁多，內部錯綜複雜，障碍了朝鮮民族獨立運動的發展，這是過去的事。目前三大政派既已有了初步的結合，我相信這偉大的二千三百萬的革命民族，必能團結在統一戰線之下，形成一個巨人，巍然屹起，收回自己的土地，爲東亞洗刷數十年的恥辱。

中韓兩民族本是同文同種的弟兄之邦，在擺脫殖民地和半殖民地的枷鎖的長期艱苦鬥爭中，正亦同其運命。今後要結成以中韓兩民族爲軸心的東方被壓迫民族的反日陣線，以夾擊共同的敵人，是我們緊迫的任務。

最後，我對于檢討中韓民族抗日聯合陣線的問題時，覺得尚有幾點意見，願意提供出來，作爲大家的參考。

第一，要保証中韓民族抗日聯合戰線的鞏固與發展，先須中韓兩民族內部的抗日統一戰線達到眞正精誠團結的程度。如果中韓兩國內部各階層，各黨派自相磨擦，不能認淸一個敵人，一致抗日；那末，在這種情形之下，中韓民族的聯合陣線縱使結成，也必然趨於無力。

第二，對內的讓步即是對外的進攻，我們只要能在歧異的政見上，放棄成見，同時放棄領袖慾與支配慾，虛心接納，開誠布公，必能消除不必要的內部磨擦，而完成一致對外的鞏固團結。

第三，朝鮮民族應該以參加對日抗戰的實際工作，援助中華民族的獨力支撐的苦鬥；同時，中華民族應覺悟對異民族的歧視的錯誤，而把援助朝鮮民族獨立解放的事業看作本身實行解放的要求。此外，中韓兩民族應不要忘記日本國內的民衆是我們的友人，我們應該向他們伸出互助的手，讓他們同我們緊密地結合在一起，打倒共同的敵人——日帝國主義者，這些，才是實現中韓民族抗日聯合戰線的最實際的要求。

中國對日抗戰與韓國民族解放

劉爲萱

爲求中韓民族之解放
及東亞之和平必須共
同消滅日本軍閥

李宗仁
[印]

中韓兩國的民族，同是被壓迫的民族，雖然被壓迫的情形不一樣；而且同是被日本帝國主義侵略歧視的民族，雖然被侵略的過程也不一樣。中國民族革命成功，韓國民族必然獲得解放；中國對日抗戰得到徹底的勝利，韓國民族必然能夠脫離日本的桎梏而自由獨立。反過來說，韓國民族加緊自身的解放運動，給日本帝國主義以有力的打擊，也必然地促進中國民族革命的成功，使中國的對日抗戰更容易獲得勝利。那末，中國援助韓國的解放運動，是很應該的，因爲韓國的革命發展，同時便是中國的抗日發展。韓國同志參加中國的抗日戰線，也是很應該的，因爲中國的抗日成功，同時便是韓國民族解放的成功。

韓國民衆在日本帝國主義者的重壓底下，如果不是遇到中日戰爭或蘇日戰爭的時機，解放運動很不容易展開，這是事實。現在中國的對日抗戰由發生而發展了，韓國展開革命運動的時機來了，希望韓國同志牢牢把握着這千載一時的機會。

要不錯過這良好時機，應該怎樣辦呢？先從韓國同志方面來說：第一，在過去的韓國革命同志中，因爲對於本國的情形看法不同，便發生種種主張，種種黨派，幷發生種種鬥爭，這是不必諱言的事實。但這過去的一切，不管誰是誰非，每個革命同志都應該永遠忘掉了。現在，各黨派應該以「民族解放」作唯一的目標，作先行的工作。民族未解放以前一切談不到，解放後一切都有辦法，這是很明白的道理。第二，任何黨派的革命同志，萬不可企圖以自己的黨或派來領導革命，因爲這是最容易引起革命隊伍中的爭執的。在這時候自己發生爭執，是替日本帝國主義者造福利，是妨害民族革命的行爲。各黨派應該共同商定一共同遵守的綱領，共同推出指導者和各部門工作的負責者，步驟一致地爲民族解放而努力。第三，韓國同志應該盡可能的趕快推動本國民衆，用種種方法破壞日本帝國主義者的經濟，軍事和政治，使它因應付不及而崩潰了侵略中國的軍隊，而消失了統治韓國的力量，而產生了國內的政治經濟和社會的革命。第四，韓國同志除在本國發動民族的鬥爭外，還應該積極地參加中國的對日抗戰，這在前已說過，不只是爲「人」，同時是爲「己」。

其次從中國方面來說，必須盡可能的援助韓國革命運動，那是無可懷疑的。但是過去的援助，只是韓國的某部分人和中國的某部分人接頭，中國對於韓國革命的援助，只是局部的零碎的，因此就產生不出偉大的效果。今後應該指定專責的人，和足以代表韓國整個革命力量的領導者從詳研究，定出整個的援助計畫。

我相信，如果中韓兩國的革命同志能夠這樣的配合工作，兩大民族的解放是可以在這時候預祝勝利的。

建立中韓民族反日聯合戰綫

李公樸

中韓兩民族在日寇殘酷侵略和殘酷統治下的難友。現在爲求中華民族的解放與朝鮮民族的獨立，應該如何手挽手整齊步伍地與日本帝國主義作生死存亡的鬥爭呢！我認爲：第一，中華民族抗戰的意義，不僅是爲了爭取中華民族的解放；而且要根本推翻日本帝國主義的軍閥統治，完成東亞民族自決的永久和平。第二，朝鮮民族的反日鬥爭，直接是要求朝鮮民族的獨立，間接就是幫助中華民族抗戰的勝利，也只有中華民族的抗戰勝利，朝鮮民族才能獨立。第三，爲了要達到上項目的，必須鞏固和擴大中華民族本身的統一戰線和朝鮮民族本身的統一戰綫，以加強這兩個不可擊破的單位，同時把這兩個單位聯合起來結成一個鋼鐵般永久不可摧毀的整。第四，反抗日本帝國主義的鬥爭無疑地是一個艱苦的過程，中韓兩民族必須準備以最英勇的行動，最堅決的意志與日寇戰爭到底。第五，中韓兩民族反抗日寇的鬥爭，除了進行大規模的武裝抗戰並廣泛地動員民衆作有力的支持外，更須聯絡世界上以平等待我之民族和國家以及日寇國內的勞苦大衆與反戰志士，共同制裁侵略，使日寇的政治經濟軍事同時陷於解體。

由旅韓回憶說到中韓聯合抗日

任覺五

朝鮮民族戰綫的編者，要我爲「中韓民族抗日聯合戰綫問題專號」寫文章；這個題目意義的重大，使我重新記起九年前旅行朝鮮的值得回憶的往事了！

記得那是民國十八年的夏天，爲了要去看看離開我們很久的兄弟國，在日本帝國主義的壓迫下是如何的狀況，於是同幾位朋友從東京出發，去旅行朝鮮；並且還想從那兒去看看我們垂危的東三省。我們都非常欣喜能夠實遂宿願。（記得同行的朋友是孫元良、葉楓、裴紹鐙、王毅、任得器等。現在這些朋友，有的在抗日戰爭中建立奇功，有的在革命工作中盡瘁身死，回首九年，不禁又另有許多感慨）！到了朝鮮的京城，會見許多朝鮮的革命同志，他們或在新聞界，或在教育界，或在別的掩護下努力求祖國的解放；雖然日本帝國主義的監視非常嚴密，但他們仍然英勇不懈的進行他們的任務。在彼此的談話中，最使我感動的，是他們反復的說到我們中國，希望我們中國能夠早日完成統一，建設國防，起來打倒這遠東的強盜，他們也好隨着起來。他們這種希望的熱情，比我們一部份麻木的中國人更爲急切。當時我就告訴他們說：「我們中國革命同志，也正在向這個目標努力邁進，並且相信這種努力，必然成功」！當時又因爲要考察民間的情形，避免憲警監視，乃決意遊金剛山，以便和農村人民接近。農民在日帝國主義的摧殘剝削之下，生活非常窮苦，因此在全國普遍的存着反日高潮。當時因反日而入獄的朝鮮人，每日平均有七十二個（這與我國黃花崗七十二烈士的數字恰同，是一樁巧事）！因爲日政府的暗探密布在鄉間，起初農民們都不敢向我們說眞話，既後知道我們確實爲同情他們而來的，他們才坦白的熱烈的向我們談他們的眞實的生活，他們都非常希望有一個機會起來反日，他們也和先前的革命同志一樣的希望我們中國能早日起來作抗日的先鋒。現在中國果然因爲我們革命同志九年來的努力，果然不負他們的熱望，已經由統一展開了抗日的全民戰爭。雖然我們的國防建設，因爲時間限制，不及如我們的理想完成；但我們抗日的力量，確然在抗戰中一天比一天加強，反顧日本的侵略力量，則一天比一天削弱。這件事傳到朝鮮革命同志和朝鮮同胞的耳裏，我想他們一定感到很大的欣喜和興奮吧？

因爲我相信中國民族革命的必然成功，同樣的我也相信朝鮮民族革命的必然成功了！記得當時在朝鮮看見一些有錢人因爲日政府的迫害，都把錢存在日本的銀行裏，過他們自私的偷安生活，而一些貧苦的人民，爲了生活困難，都被日政府賤價收買，去當密探，反轉來幫助日帝國主義壓迫本國同胞。只此我們担憂這件事，並且向朝鮮的革命同志談到這個問題；但是朝鮮的革命同志向我們說：「這件事並不值得担憂，我們相信民族意識始終是高於一切的。目前因爲生活而被日政府收買的國人，將來一有機會，他們也就是最得力的戰士，只看我們何時給他以抗日的機會。因爲他們血管裏流的是朝鮮民族的血，他們的生活是承繼着朝鮮民族文化的遺留，他們決不會因爲一時的衾養就永遠拋棄這一切的。」——這一席話，確使我相信了。到現在，中國抗日戰爭展開以後，被日政府籠絡的中國人，都逐漸覺悟起來；各地的僞軍，紛紛反正；東四省的義勇軍，更强化的發展着；各被佔地區內的游擊隊，時時予日寇以重大的襲擊。同時，朝鮮的革命同志，在中國的積極參加抗日工作，在本國的也在加倍努力。這一些，使我更相信民族意識的高於一切！民族革命的必然成功！

中韓民族互相間是有着不可分離的特殊關係。在東方文化上，中韓民族的文化，是一脈相傳；在歷史上，我們彼此友善的來往，不可勝數；在民族血統上，我們有弟兄的關係；在朝鮮境內的學校、文物、歷史的各種遺留，都可證明中韓民族原是一家人，原是弟兄國。只慚愧我們當年的中國，因爲內部政治的問題，引起外侮，無力照顧自己的弟弟，任他被强橫宰割殘害！ 總理更訓示我們要聯合世界上以平等待我之民族，共同奮鬥；要扶助一切弱小民族。朝鮮民族旣然是我們接先遭難的弟兄民族，在地理上我們又有唇齒的關係；在革命目的上，我們遇着同一個敵人，——日帝國主義；所以我們應該卽刻鞏固並且擴大「中韓民族的抗日聯合戰線」。不可諱言的，三十年來日政府在朝鮮的統治，已經使朝鮮的反帝力量失掉了獨立發展的能力，所以我們中國抗日戰爭的逐步發展，正是朝鮮革命的生機；中國抗日的勝利，也就是朝鮮抗日的勝利。所以今天中韓的民族革命，不應做成兩回事看，是一回事。所以我們一面要集中在中國的韓國同志參加抗戰，一面要援助在韓的革命同志發動抗日戰爭。同時，更要使結一陣綫作爲東方抗日自決的先導，使台灣琉球的被壓迫民族，都隨着我們的呼聲燃起抗日的烽火。

中國的同胞們！我們看見韓國革命同志在長年流亡中如此爲祖國而奮鬥，我們應該警惕並且鼓勵自己！在韓國的韓國革命同志們！我此時是非常的紀念你們！我想像到你們英勇的光榮的季節快要到臨，我們要卽刻一齊發動抗日的戰爭，使日本帝國主義在前後左右圍攻中，迅速崩潰！我相信東方民族和平、解放、自由、平等的曙光，是在「中韓民族抗日聯合陣綫」的實踐中！（完）

關于中韓聯合的一點管見

胡秋原

現在中韓同志常說到中韓聯合抗日。但如何聯合呢？大家談得很少。我想中國抗戰未勝利之前，韓國同胞是很難得到解放的，雖然韓國同胞也不能一刻放棄自己的工作。今日韓國在倭奴控制之下，革命運動有極大困難。我想目前中韓合作應做的事，最切實的有如下諸點：

一・徹底完全統一國外韓人之團結。在最低限度的民族政綱下統一起來。中國亦盡力援助韓胞之統一。

二・在東北，更加緊中韓合作，幫助成立韓人自衛武裝，協同義勇軍作戰。

三・教育培養韓國革命幹部完全克服個別主義。

四・擴大韓國同胞之國際宣傳工作。

五・互相研究中韓國情與語言。

六・韓國同胞參加中國一切抗日運動，應視中國抗戰之成功，卽韓國革命之成功。

七・盡可能在日本韓國及台灣成立反日組織。

八・最近韓國同胞有成立東方被壓迫民族同盟之議。這很好。但這同盟如成立，應以抗日爲惟一目的，不及其他。

新疆人心目中的日本人

艾沙

朝鮮民族戰綫月刊

（解放被壓迫民族之先聲）

吳雲鵬題

日本的國家從歷史的記載來看，它不過是一個倭寇，對於亞洲大陸國家直以海盜式的行爲騷犯騷擾罷了；沒有什麼了不得的衝動給我們的。但是；因着中日一戰之後，它對大陸的野心也就逐漸的澎漲起來，也就初步的蹈進了中國東北角上。假意的促使朝鮮獨立，而實際的武力吞併了朝鮮。嗣後再戰勝了帝俄，它的野心慾望更無忌憚了。它在拿到了朝鮮以後，建立了大陸政策的根據地，則又一步一趨的向我們滿蒙開始邁進，施行它的經濟和武力侵略政策。這個，日本還以爲不足，所以六年前的「九一八」，它又實行武力佔據了我們的東北四省。當時日本因爲顧慮和避免國際間的干涉，及保持它的假面具，善隣政策，於是就把武力佔領了我們的東北，扮作了一個傀儡僞組織滿洲國。滿洲國有眞正的獨立性嗎？沒有的，絕對沒有的。我們的東北同胞們也是同朝鮮一樣的把土地被日本移民搶奪了去。人民是在日本帝國主義軍閥鐵蹄之下苟延殘喘着，度過他們水深火熱的生活。

日本人永遠是貪而無厭的！它因要逞其野心，實現大陸政策，所以用種種假面具來欺騙世界上的弱小民族，以遂其陰謀和獸慾。我在俄國的時候，常聽到日本人講，他們是弱小民族之同情者，弱小民族之解放者。但是；我深知帝國主義的國家，永遠是抱着侵略野心的。拿一個侵略主義的國家而來講解放弱小民族，豈不是矛盾的欺人之談嗎？日本帝國主義是什麼東西，配不配來談解放弱小民族！日本總以爲它的聰明是高於人的，假面具是人類不能揭穿的，。實事實的表現，花言巧語，那能瞞得過世界人類呢？日本如若是替弱小民族吐氣的國家，弱小民族的解放者，它何不首先把在它鐵蹄下所蹂躪的朝鮮先行解放了呢？給世界上被壓迫的弱小民族看樣呢？所以被壓迫民族的痛苦，惟有被壓迫的才知道，眞正同情弱小民族的只是弱小民族！

日本帝國主義在拿到了我們的東北以後，它又想拿我們的華北，所以我們中華民族爲維護條約和保持我們祖先所留給我們的大好河山的完整。十月前在我們的最高領袖領導之下，乃實行反侵略的抗戰了。朝鮮的同胞們起來吧：我們應當聯和在一條陣綫上來共同打倒日本帝國主義。

在過去的十個月對日抗戰，我們雖然受到相當的損失，但是我們全國同胞決不氣餒，決不屈服，決不與兇殘狂妄的敵人日本，共立共存。我們有總理遺留給我們的主義，我們有四萬萬五千萬同胞的血肉，在我們偉大的領袖領導之下和世界人類正義的同情，我們當信向日抗戰的最後勝利總是我們的。在現階段的時代要求我們的國家民族解放，和你們朝鮮民族解放運動是有聯帶關係的。在我們大家來得到解放和恢復日本已佔領了我們的土地及你們的土地以前，我們決不停止這反侵略的活動，我們誓與這世界人類正義所共棄的敵人，——日本拚命週旋到底。我們携手一齊前進，我希望在不久的將來，我能看見朝鮮的解放慶祝大會。

× × × ×

在中國國民外交協會歡宴蒙藏回各族慰勞前方抗戰將士代表團席上
致　金奎光先生之答詞

艾沙

金先生：我聽到你的話，我非常的難過，我非常的感動，同時我更增加了日本人對朝鮮人壓迫的知識，我爲在精神上給你一種安慰，和增助你的信念，向你貢獻幾句話。

你知道的，日本人在世界上高聲喊着亞洲是亞洲人的亞洲，日本人是亞洲人的同情者和解放者，但是這是日本要把亞洲作爲日本人的亞洲欺騙人的一種手段，倘若你問我，你對日本人所說的這種話，作什麼感想呢？我向來對日本人這樣說，你不配說這類的話，你不够說這樣話的資格，你自己最好拿把鏡子照一照，看看你是什麼東西，你要說合你身分的話，你的虛謊不能够欺騙人的，不會使人相信的，我們有那位朝鮮人很可以作確切的證明，如果你說的是實在的話，爲什麼不先解放他給世界上作樣子看呢？爲什麼你來阻撓我們的解放運動呢？爲什麼你來增加我們的痛苦呢？難道我們不是要求解放的人嗎？老實說，你們是專制政府，你們是帝國政府，你們的政策是侵略，不是解放，如果你眞要幫助別人，那是違背了你們的國策了，違背了你們的傳統思想了，違背了你們的精神了，世界上弱小民族都是病態，惟有絲織能診治，你們是毒，不但不能治病，反要奪人性命呢，大家聽到你的話，只有含笑的表情，決不受你的欺騙，被壓迫的民族的痛苦，只有被壓迫的民族知道，弱小民族的解放者，一定也是弱小民族，我中華民族，是被壓迫而革命的民族，在我們要擺脫日本人鐵蹄的踐踏，着起抗戰，將來我們得到勝利取得解放的時候，一定援助你們解放，現在我來代表我全國的青年，向你這樣說，最近的將來，我們一定要到朝鮮上參加你們的解放慶祝大會，如果你們未得到解放以前：我們的革命抗戰運動，決不停止的，希望你們努力，一定可以達到你們的目的的，我還希望你把朝鮮受到日本人所壓迫的痛苦，一件件的記錄出來，我願介紹世界上被壓迫的各個民族，希望他們對你們的同情和援助。

يقينكى استقبالده كوريه ده آزادلق
بايرامغه قاتناشمقنى اميد ايدرمن

（我希望不久的將來在朝鮮參加你們的解放慶祝大會）

艾沙

> 我們被壓迫民族革命導師孫中山先生詔示我們：「聯合世界上以平等待我之民族，共同奮鬥！」

獻給朝鮮的戰友們

穆木天

朝鮮的戰友們！
在保衛祖國的陣線上，
在被壓迫的民族的
解放的陣線上，
我們要緊緊地握起手來！

我們握着手，
是會要流起淚來的；
但是，那不是悲傷的，
那是歡喜的眼淚！
我們歡喜得流着淚。
我們流着淚歡喜着。
——因爲我們的解放的日子，
一天一天地臨近了！

我的家和你們的家
只隔着一道水，
那白浪滾滾的鴨綠江。
我的家和你們的家，
只隔着一道山，
那高高的哈爾巴嶺。
在那一邊，

中韓民族聯合抗日

袁孟超

中華民族反對日本帝國主義者的戰爭，它的最重大的意義，不僅是爲了謀求中華民族本身的獨立和解放，同時，還是日本帝國主義統治下諸殖民地被壓迫民族爭取獨立解放的先鋒。因此，今天中國的對日抗戰，必須爭取這些被壓迫民族的同情與援助，以增强抗戰的力量，加速獲取最後勝利的過程；同時，這些被壓迫民族的革命鬥爭，亦必須以中國民族的抗日戰爭爲支柱，和中國的民族革命戰爭緊密地配合並聯繫起來，以加强革命鬥爭的力量，爭取民族眞正的獨立與解放。

事實已經非常明顯，中華民族的抗日戰爭與朝鮮民族的反日革命鬥爭，實有其共同性與一致性。中韓兩大民族的聯合抗日，已成爲今日客觀上的迫切要求。決定這種客觀上迫切要求的基本原因：（一）因爲中韓兩大民族反日革命鬥爭的任務，在本質上是相同的，特別重要的是日本帝國主義爲中韓兩大民族的共同敵人；（二）如果，中國的反日戰爭，遭到嚴重的困難與暫時的失敗，那末朝鮮民族的解放便會更加困難，或竟成爲不可能，反之如果朝鮮革命運動遭受到嚴重的挫折或摧殘，也同樣會影響到中國抗日戰爭，減受助力的削弱，給予中華民族獲取抗日戰爭最後勝利之進程以阻礙。

朝鮮人民在日本帝國主義的鐵蹄踐踏之下，已經三十餘年了，在這個漫長的黑夜中，朝鮮人民過着牛馬不如的生活，在日寇的奴役下背盡了亡國的痛苦。他們被强迫忘記自己的祖宗，認日本是它們唯一的統治者；他們被迫忘記自己的言語，去學習日本語；他們的產業被日本資本家和地主兇惡地掠奪去；他們每年有成千成萬的同胞被無辜地殺戮；但朝鮮的成千成萬不安於做亡國奴的人民與革命者，正爲着自己民族的自由和解放，爲着爭取自己民族的獨立和生存，在推翻日本帝國主義者之血腥統治的鬥爭中，有過他們偉大的犧牲，有過他們不斷鬥爭的燦爛歷史。

「三一運動」，「朝鮮社會運動的思想鬥爭」，「國內的聯合戰綫」，「中韓的抗日聯軍」，特別是蘆溝橋事變之後，朝鮮的革命運動正加速地活躍與開展。

「朝鮮民族戰線」的組成與壯大，便是目前反抗日寇猖獗的支力，並還證明了朝鮮民族已開始踏上了一條最正確的革命路線——中韓兩大民族的聯合抗日。

雖然聯合英美法蘇及一切反侵略力，尤其是與日寇統治下諸弱小民族聯合起來共同抗日，是我們抗戰的革命外交，但這個政策的推進仍存留着很多的不够和缺陷，使日本帝國主義者仍能順利地在朝鮮國內積極地採取對華作戰的物資，特別是利用政治的欺騙與煽惑，以挑撥中韓兩民族間的仇恨，與使很多朝鮮民衆，來屠殺自己的中國弟兄。所以爲了達成中韓兩大民族的眞正聯合抗日，我們應迅速建立中韓兩民族親密合作的政治組織。通過這個組織，以奠定中韓兩大民族的聯合抗日的工作基礎；通過這個組織，使中韓兩大民族能更親切更緊密地握手來；通過這個組織，使中華民族解放的事業成爲朝鮮民族自己的事業，而朝鮮民族的解放也同樣地應被中華民族肩負起來，匯成革命的洪流，埋葬遠東瘋狂的侵略者——日本帝國主義，以維護遠東及世界的和平。這便是中韓兩大民族極光榮偉大的歷史的任務。

散佈着你們的城鎮和村莊，
在這一邊，
橫亘着我們的山林和原野。

六年來的流亡生活，
使我越法地懷戀我的家鄉，
六年來的流亡生活，
也使我越法地懷戀你們的家鄉。

現在，
在鴨綠江的兩邊，
在哈爾巴嶺的兩邊，
到處，
已經起了民族革命的炸火、
朝鮮的大衆
和
滿洲的大衆，
在血泊中，
向着同一的目標，
戰鬥起來了！

六年來的流亡，
把我們鍊成爲鋼鐵了！
可是，你們是比我們還要堅強！
沒有祖國的戰友們！
你們是從血泊中健全地

實現「統一戰綫」的條件

陳此生

中國的對日抗戰，自身需要一個『統一戰線』；朝鮮的民族革命，自身也需要一個『統一戰線』，還是客觀事實使然，不能造作的。造成了必然生勝。各黨派有了共同的敵人，確定敵人未消滅以前，各黨派的主張都無從談起，甚至各黨派都不能安然存在，這場合便有『統一戰線』的可能了。自然，必須使『統一戰線』的可能，變成『統一戰線』的實現，才可以產生偉大的力量，才有消滅敵人的絕對把握。

光是掛起『統一戰線』的招牌，當然是無濟於事的。必須各黨派間沒有絲毫猜隙，各黨派都一其氣力走向同一目標。如何能夠凝結成這樣堅固的『統一戰線』？必須：

第一，各黨派的言論行動，只應該爲整個民族的利益打算，不能爲自己黨派的利益打算。有利於國家民族同時有利於自己黨派的事，固然可以做；有利於國家民族而無害於自己黨派的事，也應該做。如果有利於國家民族，寧可自己黨派吃虧，也不要求別的黨派吃虧。如果有害於國家民族，自己黨派先不要幹，不可徒責備別的黨派不要幹。

第二，各黨派只要求自己盡忠於國家民族，不必疑問別的黨派是否盡忠於國家民族；只要求自己不對別的黨派施行陰謀、排斥，不可疑心別的黨派對自己施行陰謀、排斥；只要求自己的工作有成績，不可妬忌別的黨派的工作有成績。這樣，敵人的挑撥離間才不能破壞我們的『統一戰線』。

第三，『統一戰綫』仍需要一個黨站在領導的地位，那是當然的。但各黨派不可存着『非我不可』的心理，尤不可從事於領導權的爭奪。究竟那一黨應該站在領導的地位，只可取決於客觀事實，勉強爭奪是爭奪不來的。例如中國的國民黨，它有現成的政權，較長的歷史，較厚的力量，只要它同意於抗日，由它來領導是最順理成章的事。如果別的黨派抹煞事實，偏不願意被它領導，那就必然引起鬥爭；不但『統一戰綫』無法實現，恐怕不久就『同歸於盡』。

第四，『導領』不是『包辦』的意思，事實上民族解放這樣艱巨的事，也包辦不了。即使包辦得了，也不如共同努力的容易成功。各黨派都具或多或少的智力，把這些智力運用起來和放開下去，對於一作事的成效，就相差得太遠了。因此，領導的黨派固然要以身作則，在共同決定的原則底下，盡量發揮其智力向前工作，同時要引起別的黨派的熱情，使它們在共同決定的原則底下，展開其工作。自然，被領導的黨派也須得謹愼戒懼，不可使自己的言行出乎共同決定的原則之外；更不可因爲自己不站在領導的地位便不盡其智力。

第五，各黨派中有些幼稚分子發出不檢的言行，其它黨派感覺不快，這是常有的事。但在其它黨派方面，應該分別清楚，私人的言行實動是一作事，整個團體的言行又是一作事。如果不是代表整個團體的言動，就不必理會，更不可牽及整個團體，以避免不必要的摩擦。自然，各黨派應該時常嚴戒自己的分子，以不發生這類的事爲好；發生之後就應該有適當的處理。

以上幾點，是實現『統一戰線』的基本條件。若不能這樣做，只是空喊『統一』而已，實際上不能『統一』的。

生長起來的！

沒有祖國的
和
沒有家鄉的
人們，
今後，
要更堅强起來！
今後，
要更健全起來！
向着我們的同一的目標，
要更有力地
戰鬥下去！

猛烈的烽火，
在哈爾巴嶺的兩邊，
在鴨綠江的兩邊，
燃燒到一起了！
那裏的弟兄們
給我作了好的榜樣。
我們要學習着他們，
在民族解放的大旗的下邊，
攜着手前進！

（五月十八日）

把握着大時代的關鍵

王炳南

敵人對外宣傳，常說：『日本人，是最高尚的民族』，與正道着特勒大吹：『日爾曼民族是世界上最好的人種』是一樣的起着騙人的作用！因此日本帝國主義者做着征服全球的迷夢，想把太陽旗，高懸於世界，使這『最高尚的日本民族』可以全出一副勝利者的面孔，到處來耀武揚威。一種侵略者的獸慾總搭着他，使他不斷的做着冒險行為，掀動着太平洋的巨浪。翻開歷史看，近六十年來，日本的發展，總是欺弱怕强，以犧牲中國為對象。她在過去滿清虐政下面，幸運的討了不少便宜，，搶了千島群島不算，又澳琉球，台灣，澎湖，樺太，一直到一九一〇年，又完全把我們的朝鮮獨佔了，中國失了這個門戶，便招來了以後許多慘痛的遭傳。日本軍閥妄想征服世界，他不能不先向中國開刀，可是自東北失掉後，中國人民開始了廣大的醒覺，在白山黑水間中韓的戰士，首先結合起來，為反抗日本帝國主義奮鬥。在長期的搏戰中，他們已鍛練成了一枝生力軍了。在隨着敵人的進攻的前面，我們不斷的展開了强有力的反抗，在第二期作戰中，我們各方面都發現着長足的進步。台兒莊一役，給了日本少壯軍人派首領板垣磯谷以沉重的打擊。

這一次的戰爭，不僅將決定中日兩國的命運，而且無疑的會改變遠東整個的局面，十月來的戰爭，使我們不能不指出，敵人對中國的估計，弄錯了，敵人的陰謀，失敗了，在事實的前面，敵人不能不承認戰爭的種種困難了。

我們這一次抗戰，不單是為了自己，民族的生存，而且還負有解放東方弱小民族的使命。在這一次的戰爭中，會把這六十年來兩國間的舊債，作一總結。現在是時候了，是向日本强盜討債的時候了。日本用暴力所征服的土地，現在都是以血還血的時候了，現在是人類歷史的重大關頭，受日本壓迫的人民都是翻身復國的機會了。

朝鮮民族幾十年來，從未忘記了自己的獨立。許多為人民敬愛的英勇領袖，有的，被敵人陷害，有的不能不流亡在國外。在朝鮮的監獄中，到處擠滿了為解放而鬥爭的戰士，可是朝鮮人民的解放運動却並不因此而中止，他經常的在擴大着有力的生長着，這些都說明了朝鮮民族未來光明的出路。

目前朝鮮民族的解放運動，可說是與中國的抗戰建立着不可分離的關係。中國的勝利，也可以說是朝鮮民族解放的勝利，全世界的弱小民族也都會因着改變自己的奴隸地位；否則暴力將會斷送個的東亞，什麼人道正義，人類和平，都將在侵略者的心目中，變成一文不值的廢物了。我們應該指出朝鮮民族解放運動，是構成中國抗戰勝利的一種重要因素。在這一方面，我們要請政府本國民黨臨時代表大會抗戰建國綱領的原則，切實幫助朝鮮的復興祖國運動　使這種運動是以威脅敵人後方，阻止敵人侵略，同時朝鮮的朋友們，要認清這千載一時的關頭，盡着大的努力，參加這一次的抗戰，把自己整個的力量組成為强大的武器，拿着這種武器，向敵人致命的地方打去，中韓的民族是不可分離的。我們的要求相同，我們的目的相同，我們現在的任務，也是一致的．大家起來　緊握着手，把這個東亞的魔鬼驅掉，來共同建立自由幸福的國家。

從淪陷七年的東北談到中韓民族聯合戰線

王愛華

因爲生長在東北鄉下，小時候，第一個接觸的外國人，便是朝鮮移殖到東北的墾民，在孩子們的心理上，對朝鮮人有三種奇異的觀念，第一是奇異他們會在水裏種田（以先鄉下沒有稻田），其次是奇異他們混身穿着一色的白衣服，最後，而且是最重要的疑問，是大家都奇怪爲什麼朝鮮人到處流浪着呢？村民間流行着對這外來人的種種傳說，管他們叫「高麗棒子」，「處處都同咱們兩樣」農民說，鄉下如果出了什麼亂子，總要疑惑到朝鮮人身上，人家婦女把嬰兒背在後面，也成爲一種嘲笑的談話資料，在小學校裏，偶爾來個朝鮮學生，便要遭受同學的欺辱，罵着「亡國奴！亡國奴！」，使那離坐的孤單的孩子，躲到角隅裏獨自哭泣，而且，給我印象最深的，某次親眼看見一個朝鮮農民被鬼子的憲兵從鄉下捉走了，一路被鞭打着，爲什麼朝鮮人受到這樣奚落呢？爲什麼他們該受鬼子的壓迫呢？什麼叫「亡國奴」呢？自然，這在後來慢慢都理解了。

直到「九一八」事變之前，不可諱言的，一般的東北人民，甚至大部份受教育的知識份子，並沒有拿朝鮮人當作一種共同受難的兄弟看待，並沒有拿他們當作反抗日本帝國主義的一個有力的最重要的戰友，相反地，同愚昧的農民一樣，也流行着極不正確的狹隘的民族觀念，對朝鮮同胞抱着鄙視的或至少是漠不關心的態度，亡命到東北的韓國志士，到處奔走呼號，宣傳他們亡國的慘痛，警告東北的危機，要求中韓聯合抗日，但他們所得的反響很少，到處遭受白眼與閉門羹，東北人作夢沒有想到不久也變了朝鮮第二，也作了他們所鄙視的「亡國奴」，而在這七年來的流亡生活中，也飽嘗到朝鮮同胞一樣的流亡滋味。

在中華民族展開對日全面抗戰的今天，無疑地，處于日寇殘酷的蹂躪下的半島同胞，將爲我們一支強大的友軍，東北抗日聯軍裏已經成立中韓聯合戰線，便是這個鐵證，在那裏，朝鮮的兄弟同東北健兒並肩與日寇作戰，現了無比的英勇與犧牲性，因爲他們已經作過了長期的艱苦鬥爭，給與我們許多寶貴的經驗，在今天，不祇是東北人，凡是全國同胞，都應該確實覺悟中韓民族聯合打倒共同敵人的必要，應該本着中山先生的遺志，聯合弱小民族來完成中華民族解放和全部被壓迫民族的解放。

還要應該指出的，是在日寇鐵蹄統治下的朝鮮，如同在東北和其他淪陷的區域一樣，敵人正在製造大批韓奸來出賣民族，正在驅逐千萬的飢寒的人們，來幹無恥的營生，我們不能把這些朝鮮民族的不肖子孫，來代表朝鮮全部同胞，我們不要因一部分朝鮮人民販賣毒品，走私，當日本特務，就認爲朝鮮整個民族是沒有盼望了，在東北，在中國各地，不一樣有我們的黃帝子孫幹着同樣勾當，渡着同樣生活嗎？對於這些漢奸韓奸，我們自然要給予以無情的打擊。同時，也祇有把日本帝國主義徹底從中韓國境驅逐出去，才能解救千萬的在墮落中生活的同胞。

挑撥中韓民族感情，是日本帝國主義者一貫的毒辣政策，他們企圖用離間計來打破中韓民族的聯合，來轉移視綫，減輕乃至消滅對他們的進攻，所以我們必需揭露他們這種陰謀，強調中韓民族聯合抗日這一偉大的歷史任務，要在民衆與士兵間廣汎的提倡中韓民族友愛的精神，肅清過去的許多錯誤觀念，粉碎日寇的離間政策，幫助朝鮮革命勢力和抗日部隊，使中韓民族親密合作，達到戰勝日本帝國主義，完成中韓兩民族之徹底自由與獨立。

為朝鮮革命力量統一而鬥爭

柳湜

當我收到朝鮮民族戰線聯盟成立宣言的那天，我記得，我非常的受到感動，我被那時的熱情所激動，在全民週刊第三期上，表示過我個人對這聯盟最大的熱意希望與祝賀，以後不久，我讀到由朝鮮同志手編的朝鮮民族戰線半月刊了。我覺得，它對我份外的親切，我希望我能在這半月刊中，常常得到關於朝鮮革命的消息。

慚愧得很，我們對朝鮮民族革命一向太少了解。在中國甚至連這方面的消息，材料也不易得到。我們今日了解西班牙，印度的確比朝鮮要多。這真不能不引為憾事！同時這也使我們不能不生出一種悲哀，日寇滅人國後，它是怎樣在高壓，分化，封鎖朝鮮民族革命，截斷朝鮮民族革命與外界的關聯呢！

我覺得朝鮮民族戰線聯盟今後應成的真正全民族革命勢力統一之號召者，以今日朝鮮民族戰線聯盟為基礎，擴大到包含朝鮮全民族各黨各派，以及一切不甘為亡國奴的朝鮮人民，成為一個統一朝鮮革命的民族黨，真正負起領導朝鮮民族的解放運動。

朝鮮民族組織聯盟當前的任務不僅是號召留華的鮮胞，形成統一的組織，參加中國民族的抗戰，同時最最重要的任務還在號召朝鮮國內的同胞，黨派起而答應，在國內擴大統一的運動，朝鮮民族戰線聯盟不能與國內部的關係截斷，不能不經常的與國內革命勢力保持親密的關係。我們要為這快樂而鬥爭！

如果朝鮮民族戰線聯盟，失去了這重要任務，其工作僅限制在華這一部份鮮胞，那是太狹小了。中國民族抗戰固然我們歡迎留華的鮮胞參加，但我們最大的期望卻不祇這一點。

中國今日英勇之戰，諒來已給朝鮮國內的兄弟們一些影響了。這無疑的造成了朝鮮革命的順利條件，造成了朝鮮革命勢力統一的機會，我們亟盼能在最近聽到朝鮮民族的怒吼！

我們大家起來創造東亞的和平罷！是我們解放的時候了。

我們的戰友——朝鮮革命同志

張慶泰

孫中山先生說中國的民族革命，必須聯合世界革命先進的國家，及一切被壓迫的弱小民族。我想這是天經地義的主張；不僅中國的民族革命如此，任何弱小民族的革命都是如此。不可否認的，現在每一個弱小民族的革命，都要直接間接受到世界革命先進國家的同情與援助。所謂世界革命先進的國家，無疑的是指蘇聯而言。

至於弱小民族的革命，則在基本原則上，都不是孤立的。換句話說，都要聯合起來，共同奮鬥。因為國際帝國主義者在對付弱小民族問題上，也是往往採取聯合戰線的。然而由地理上的因素，歷史上的因素，中國和朝鮮民族，要聯合起來，共同奮鬥，卻更是政治上必然的要求。我可以說，中國民族革命如不完成，則朝鮮民族革命也必不能順利，反之，朝鮮民族革命如不完成，則中國的民族革命也必非徹底的。為什麼這樣說呢？因為中國和朝鮮的共同敵人，乃是日本帝國主義，中國和朝鮮革命的完成，要靠日本帝國主義的崩潰。在日本帝國主義存在的一天，中國和朝鮮所遭到的壓迫與剝削，只有程度之差，而無本質上的不同。

中國和朝鮮，都受到十月革命很大的影響。一九二七年中國的革命軍北伐，便是一個很好的例子。而朝鮮的民族解放運動，更是受了這變質的刺激。在受了這變重刺激之後，朝鮮的民族革命運動，馬上風起雲湧的，來執行反抗日本帝國主義的歷史任務了。

一九三一年「九一八」事變爆發，日本帝國主義者推進大陸政策，積極的向中國侵略，同時榨取朝鮮人民的血汗，也益發厲害了。這樣一來，朝鮮人民和中國同胞乃促成更進一步的聯合。他們開始和我們東北抗日聯軍取得聯系，在聯軍第二軍的隊伍裏，差不多有半數是我們的國際戰友——朝鮮民族革命同志。他們曾以聯合的力量，再三威脅着滿鮮間的交通，無數次的顛覆由朝鮮開往東北的軍用車，無數次的予滿鮮邊境的日本駐軍以嚴重襲擊。這可以說是中朝兩民族共同奮鬥的最好實例。

自蘆溝橋事變發生後，特別在中國全面抗戰展開以後，朝鮮的革命運動，更加活躍起來了。他們開始集中革命力量，與日本帝國主義者作決死的鬥爭。例如去年年底朝鮮總督府發生炸彈案，縱然不是一件驚當謀殺的事件。我雖然沒有得到許多的材料，但我相信，在配合着我們的民族革命戰爭中，我們還個國際戰友——朝鮮革命同志，一定有許多的英勇悲壯的表現。

最後，我希望，中國和朝鮮兩民族，更加親密的聯合起來，更加擴大並鞏固其民族統一戰線，以與其不共戴天的大敵人，日本帝國主義，作決死的鬥爭！不僅如此，我更希望中國和朝鮮兩民族，在這神聖的民族解放戰爭中，要努力聯合一切國際上的戰友，共同奮鬥，走上人類光明的前途！

中韓兩大民族的互信

管雪齋

胡漢民先生說：「互信不立，共信不生；共信不生，團結不固。」這一次日本帝國主義拚命的想完成牠的大陸政策的迷夢，正是給予中韓兩大民族，結成聯合戰線的一個絕好的機會。兩大民族，怎樣的由各自努力進一步的共同努力，才能使戰線聯合，以達到打倒共同的敵人的目的，這是兩大民族每一個同志都應該深刻的認識的。

不過，爲了敵人平日深恐兩大民族結成聯合戰線，而隨時隨地對雙方以疑似之詞，造謠離間相互間的情感，到了侵略戰，發生以來，更變本加厲了。或者所謂「鮮軍」，被中國軍隊俘獲之後，以面假冒，自承爲韓國人，於是中國人便相信敵人軍中有「韓軍」了。同時在强佔中國的區域內（從前在租界內也是一樣）託稱韓國浪人走私販毒，而更多數的日本浪人，一樣的來作此勾當，中國人都把這筆帳寫在韓國人的身上了。由此二點，便引起了中國人對韓國人的歧視，——最低限度是懷疑，其實，這都是日本人的罪惡造成的。

現在，既然需要一個聯合戰線，打倒共同的敵人，那麼，就應該先有互信之心，然後才能經過共信，而成立一個堅固的團結。記得朝鮮民族戰線聯盟致中國國民黨臨時代表大會函，曾提出：「確認朝鮮民族爲中國民族必可靠的同盟者」的要求。脫離不遠，我們要免掉像韓國民族在最近三十年來所受的非人的殘酷待遇，我們當然要打倒日本帝國主義，更希望同屬於被壓迫者，站在一條戰線上同共努力，這是絕無疑義的。但要如何使每一個中國人都能明瞭每一個韓國人今日所處之地位，以及希望中國的援助，而對中國的抗日，表示十二萬分的同情，在此時期，中韓的智識分子，似乎都要努力先作共同的宣傳，這個責任，固然是「朝鮮民族戰線」半月刊諸同志，和一般韓國志士所不可辭，而在中國負有宣傳任務的人，也當要注意的。

敬愛的朋友們：

自從我們神聖的，正義的，民族自衛戰爭開始以後，得到了世界上愛好和平的國家各方面的贊助和同情，這使我們更加强了抗戰到底的決心和爭取最後勝利的信心。

我們要爭取最後勝利，不僅要使我們國內的統一戰線鞏固和擴大，動員全國人民都積極參加抗戰工作及求得世界愛好和平國家的積極的物質上的援助和精神上的安慰外，更需要日本國內的勞苦大衆起而反戰，响應中國的反法西戰爭，和被踏踐在日本帝國主義鐵蹄下的找國民族獨立運動相配合。只有這樣，才能很快地粉碎日本帝國主義。同時中華民族的解放和朝鮮民族的獨立，是有着極密切的關聯。所以說朝鮮兄弟們今天的幫助中華民族，同時就是幫助了自己的獨立和解放。

正在我們中華民族全民抗戰展開的過程中，突然一顆亮星——朝鮮民族戰線出現在我們的眼前，這真是一件值得中國人民歡欣的事，當然，它也是我們全中國人民所愛護和擁護的。我們希望它跟着中國和朝鮮的獨立解放一天天長大起來。

全朝鮮的兄弟們！站立起來！我們緊緊地握着手，共同奮鬥，打倒日本帝國主義，求得民族的獨立和解放！

敬致

抗日勝利的最敬禮！

中國青年救亡協會宣傳團謹上

五月十二日

抗戰中的中韓民族聯合問題

羅青

一　一個口號的提出

一提起了朝鮮，一提起了那在我們偉大瑰麗的祖國山河之東北角，孤懸在浩瀚淼的太平洋中的一個半島的朝鮮，那和我們中華民族，數千年生死相依且屬同一種族的朝鮮民族，在我們的感覺上，立刻就壓下一重慘淡悽厲的陰影，這個陰影，掀起我們的憤怒，挑起我們的仇恨，激起我們的同情，提起我們的警惕！是的，朝鮮，被日帝國主義亡了國的朝鮮和奪去了生存的自由的朝鮮民族，它，使得所有具有民族的自尊心，人類的正義感和種族的血緣觀念的中國民族的人們，都不能忘懷，不能淡視，都不容疏忽，不容捨棄而不顧。特別是當中國民族正在進行着改變自已民族和全人類的命運的抗日戰爭的現階段的歷史行程之中，對於朝鮮問題，是應該而且需要作爲我們民族解放鬥爭運動中的主要課題之一來加以考慮和處理的。

跟着，這里便出現了一個口號和要求，就是「中韓民族聯合起來」。這一個口號和要求，不是在今天才出現的，過去早已被歷史所啓示和規定着了，我們記得，中華民國的國父孫中山先生曾經說過：「我們對於弱小民族要扶持他」。中國國民黨第二次全國代表大會宣言上這樣說『凡民族革命運動，必須明瞭共同之敵人爲誰，對於共同敵人，而共同奮鬥，自助與互助，初無二致。所以世界上一切被壓迫民族之革命運動，有聯合戰綫之必要』。所謂扶持弱小民族，所謂被壓迫民族革命運動有聯合戰綫之必要，都足以說明我們同朝鮮民族的革命關係，都足以說明『中韓民族聯合起來』的這一口號和要求是具有深固的歷史根據，也就是說，這個口號和要求，已經歷史的命定着存在着，尤其需要我們統一在現時偉大的血的革命實踐之下。

二　什麼阻止了中韓民族聯合問題的發展？

可是，從九一八事變，日帝國主義通過和以朝鮮爲根據地而開始向中國東北三省進行侵略戰爭的那一天起，歷史的可能和必然的發展，已經指出了具有世界意義的中國民族革命解放戰爭爆發的前途，而很奇怪的是在中國的一切反日份子與社團之間，對這個問題的感覺性和注意力，卻表現得異常的遲鈍，冷淡和不足甚至可以說根本的缺乏。也就是對於中韓民族聯合抗日的問題，沒有配合着中國國內抗日救亡的浪潮而開展，我們沒有在任何一種刊物上報紙上，看到一篇關於這一問題的言論和文章，縱然有，也都是朝鮮的革命同志偶然發出的很孤獨的呼聲罷了，這不能不說是一個很大的疏忽和缺陷。

較遠的話且不必說，單從八一三民族抗戰發動以後來講，情形又怎樣呢？除了中國共產黨在所提出的抗日救國十大綱領中，明白規定『聯合朝鮮台灣及日本國內的工農人民，反對日本帝國主義』及在中共的領袖毛澤東王明周恩來諸先生的言論中，提到聯合東方弱小民族，共同奮鬥的意見以外，對這問題簡直就沒有見到怎樣廣汎和具體的反映與表現。當然，這里顯然的至少有幾個重要因素，阻止了這一問題的發展，就是：第一，中國民族自已內部的抗日聯合戰綫的建立過程相當的艱苦和紆緩；一方面還沒有餘裕去考慮到這一問題，一方面也就因此影響到朝鮮民族各個黨派間的合作運動的開展；第二，朝鮮民族內部的黨派之紛歧，對立，不僅沒有在過去的獨立運動與解放鬥爭中，逐漸的自行統一與團結起來，並且，在中國民族抗日聯合戰綫已經形成與生長的過程中，朝鮮民族抗日聯合戰綫，也還表現着相當的落後性，薄弱性，鬆弛性和內部的動搖性。因爲這個原故，使中國方面，覺得無從與整個朝鮮民族，建立聯合戰綫。第三，朝鮮因爲是亡了國的民族，目前所有的各個政黨和派別，不管它是標榜代表全朝鮮民族抑是實際代表某種階層的，都是在朝鮮國外，尤其是在中國境內的爲多，這些黨派，一方面多半是純幹部性質的組織，一方面是或多或少的同國內的廣大群衆脫離的，換句話說，至少都是沒有直接的群衆基礎的；這一方面使各個黨派不能在反應羣衆要求的條件下迅速的堅決的聯合起來，統一起來，一方面多少也就削弱了它在客觀上的重要性；第四，日帝主義國內反法西反侵略的人民陣線沒有很順利的取得公開的發展和勝利，正與中國民族統一陣線之建立過程一樣，在過去沒有提供朝鮮民族各個黨派的合作以客觀的有力啓示與刺激，也就是這方面的精神的鼓勵與促成的力量不够；這都是不容否認和不可掩飾的事實。

三　中韓民族聯合戰線的歷史因素與任務

不過，我們嚴格的考察起來，這些並不能成爲中國民族不趕早與朝鮮民族建立抗日聯合戰線或在抗日事業上相互合作的絕對理由，因爲：第一，中國民族抗日統一戰線的建立，其客觀的促成力量，固然直接的由於日帝國主義瘋狂的侵略，危害到中國全民族的生存而統一了各階層的利害矛盾的原故，但是由於（1）英美法在華勢力與利益之遭受嚴重威脅和剝奪，促起了它們，特別是在中國政治上經濟上起着支配作用和決定作用的英國對中國內部對立問題態度之轉變，以及法國與西班牙兩國反法西的人民陣綫之發展與勝利。（2）德義日三個法西侵略强盜之反動軸心的成立和英美法蘇和平陣綫形成的幾個國際因素的推動和影響是相當重大的；那末，中國是東方弱小民族國際的一個領袖，特別是對朝鮮的關係，格外密切，我們不管中國民族自已的抗日統一陣線建立得怎樣，我們單就保衛中華民族，保衛東方與世界和平，必須與日帝國主義者作決死的鬥爭的這一點說，對於朝鮮問題，早該加緊的有所佈置了，換句話說，早該先從扶植和促成朝鮮民族內部的團結，黨派的統一，力量的集中的一個作爲響應抗日與共同抗日的前提條件的完成着手了，那能等待我們中國民族的抗日統一戰線結成以後才注意到考慮到這個問題呢？第二，朝鮮民族的各個黨派，過去所以不能在血的鬥爭中統一起來團結起來的原因，在本質上固由於階級矛盾與成見之未能很好的加以克服，以及正如前面所說由於各個黨派受了環境的限制，脫離了直接的羣衆基礎，不容易和不能有力的反映各層羣衆的要求所致而有形無形之中，中了日帝國主義挑撥離間的詭計，也是最大的因素之一。中國國民黨第二次全國代表大會宣言上說得好：「帝國主義，爲遮斷其本國內大多數人民與東方被壓迫民族聯合，則倡黃禍之論，以爲恐嚇；爲遮斷東方被壓迫民族中各階層間之聯合，則倡赤化共產之論，以爲恐嚇。此種恐嚇手段，能使革命勢力，歸於離散」。這是一點不錯的，帝國主義，特別是日帝國主義的這種恐嚇的陰謀，無疑的在朝鮮民族內部起了很大的作用；不僅朝鮮民族如此，就是中國民族內部亦復如是，一直到今天，這種壞的影響仍然或多或少的起了作用影響團結。自然，再加上中國內部的這一因素，反映到朝鮮民族各個黨派方面，便難免不加重其相互合作的困難性了。我們必須明白這點，朝鮮各階層各黨派不願做奴隸牛馬的人們和一切民族鬥士更該明白這點，明白了這點以後，中國方面，更應該幫助朝鮮民族從速克服其抗日聯合戰線的一切障礙弱點和缺點，而很快的鞏固起來，擴大起來，發展起來；第三，朝鮮民族的各個黨派的羣衆基礎和力量雖然不够，但是(1)這既是過去的歷史環境造成的現象，這種現象相信在今後的抗日鬥爭的深化，日帝國主義內部的矛盾與危機逐步加深，對於國內及殖民地統治力量的動搖的過程中，可能而且必然很迅速的加以克服的。(2)朝鮮民族各個黨派的這種缺陷，並不能成爲不配，或不足以使我們同它聯合的理由，相反的更使我們有加以扶助和聯合的很大的必要。因爲，朝鮮民族現時在中國或在其他國度內的各個黨派，都是朝鮮民族各階層的優秀份子，我們只有首先從扶植和聯合這些優秀的幹部份子並促成他們相互的聯合與團結開始才有辦法，因爲，如果朝鮮民族各階層的革命幹部能够團結起來聯合起來，這對於號召，發動和領導朝鮮全民族起來響應與參加偉大的抗日鬥爭是具有非常深刻的作用和意義的；第四，朝鮮民族所以不能如中國一樣，建立起强有力而具有雄厚的羣衆基礎的黨，不能有計劃的去組織，策動，指揮其國內的抗日民族革命解放鬥爭的原因，是完全受了他們亡了國的政治與經濟文化諸條件的限制，但是，這並不是絕對的不能克服和補救的問題，倘使中國方面，能够儘可能的有計劃的特別是在經濟上政治上軍事上給予援助，以朝鮮民族過去三十年間前仆後繼，英勇奮鬥的光榮的革命傳統說，他們一定能够站立起來和我們共同對日帝國主義作戰，担負起來很堅實的歷史任務的。

四　克服中韓民族聯合的心理障碍

那末，話既是這樣說，何以中韓兩民族對公開的具體的抗日聯盟一直還不能建立起來呢？甚至過去還沒有人注意到這個問題呢？我以爲這是而存在着幾個比較特殊的原因：第一，中國是一個半封建的國家，中國社會沒有經過工業化的過程，中國人民的民族思想還沒有正當的養成和發達起來，還多少沉醉在歷史上傳統的，妄自尊大的觀念當中，這種觀念一直還很強烈的支配着一般人的心理，於是便不能意識到旁的民族的存在和地位，對於朝鮮總覺得以往是我們的藩屬，在今日是一個亡了國的弱小民族，似乎它的存在不關重要，從而覺得朝鮮的問題可以安心等待中國問題的解決就不解決而解決了，這是很不正確而且是含有毒素的心理；可是就因爲有這種心理的存在，朝鮮民族的應有的國際地位就被我們忽略抹殺和遺忘了。第二，過去，關於日帝國主義之挑撥離間和驅使播弄，在中韓兩民族間，的確也造成了不少的隔閡和壞感，尤其是中國人，幾乎只要一提起了朝鮮人，立刻就會聯想起所謂『朝鮮浪人』的可怕的面目和可厭的姿態來，一般人在不知不覺中，的確對於朝鮮民族和朝鮮兄弟，總缺乏一種正常的友愛心，鞏固的信任心，總不能建立起很好的政治諒解來，這在朝鮮民族和所有的鬥士，實在是一個很大的悲哀！而同時，也實在是我們中華民族的一個恥辱！我們有什麼權利，對我們數千年比鄰而居先我們受着苦難而今日正同一命運的兄弟民族懷疑呢，誤解呢，不信任呢？第三，一般人儘管信仰三民主義，但對於三民主義的民族主義的意義卻理解得不夠，民族主義固然一方面對外求自己民族的獨立解放，一方面對國內的一切民族一律平等，同時還要求他人之解放與平等。中國國民黨第二次全國代表大會宣言這樣指出：『有與我同在帝國主義壓迫之下，期相努力，以打倒帝國主義者，如一切殖民地半殖民地之被壓迫民族是。……故民族運動與國際運動實爲相須，而民族主義與國際革命主義，非內容許爲一致，惟其如是，乃能與以不平等待我之帝國主義作殊死戰』。因爲大家不理解民族主義的國際意義，因此，對於自己民族以外的朝鮮民族問題，也就加以淡視和擱棄在民族革命的實踐日程之外了。第四，一般人覺得我們自己就是一個弱小民族，我們自己還在處處仰仗外力的幫忙，所謂自顧不暇，那裏有力量去幫助別人？這是非常錯誤的見解，這見解的來源，(1、由於根本的忽視了朝鮮和朝鮮民族在中國抗日戰爭中的戰略上的重要地位，甚至可能發生的決定作用；(2）把援助朝鮮的問題，看得太困難太嚴重，其實，對于朝鮮，我們如果要他能夠起着戰略上的作用，所需要我們擔負的並不致超過我們現時能力許可的範圍。我們同敵人作戰，尚且在間諜工作上，要不惜支付相當的代價，我們就把朝鮮當着我們在敵人後方和敵人根據地的民族單位的間諜來看待，也應該而且更加需要去建立有力的聯系而予以必要和可能的幫助。我們就是退一步說，縱然把它作爲是一種政治冒險和國際投機事業來做，也不妨對朝鮮民族問題，嘗試一下，究竟有無效力和作用？我們認爲，朝鮮民族的革命條件是不成問題的早已內在的成熟着具備着的，問題只待外力的引燃而已，而且要去引燃他也不是什麼太費力的事情：況且，即使我們對朝鮮的這一企圖和努力而萬一歸於幻滅與失敗，然而這對於我們依然只有好的影響而絕無不利的結果和損害的。因此，我們對於朝鮮問題，不是力量條件的夠不夠，時間條件的可不可的問題，而完全在我們對這問題的認識與誠意夠不夠，決心與魄力足不足的問題。同樣的，中韓兩民族的聯合戰線問題，不必要和不一定要基於各自的民族統一戰線的建立及健全與否的條件，而實是在革命的對象和利益方面，根本上有着共同的需要。換句話說，中韓兩民族的聯合合作與中國對朝鮮的扶助是一個絕對問題，而其餘都是相對的問題，這些相對的成爲問題的問題，是可能和必然在中韓兩民族聯合戰線的實踐中解決的，這是我的一個基本認識。

五 過去中韓民族革命關係的批判

有人一定要說，關於中韓兩民族的合作及中國援助朝鮮的問題，早已是一個既成事實，今日無須再提出來討論和作任何的號召的必要了。比如，第一，當一九二六年的北伐時代，中國國民革命軍中，就有着不少的朝鮮革命同志的參加；第二，從北伐以來，在中國的政治或軍事機構內，容納着朝鮮的黨人如民族黨和獨立黨的領袖與幹部等等；以及無黨派的相當多的人材；第三，從九一八事變以後，在東北的義勇軍和抗日人民自衛軍中，更參加着不少的朝鮮的戰士；第四，在中國的政治文化等團體或組合內，也有着朝鮮籍的成員與活動，這些，在經濟生活上，大半是仰靠中國的供給而在工作上是完全不分彼此的合作着的，那末不就是一種聯合戰線的形態和中國幫助朝鮮的事實麼？然而，上面這些所謂合作的形態和幫助的事實是很不夠的，第一，這種合作的形態，至多只能說是一種自發的自然的原始的形態，而不是一種有計劃的和組織性的合作形態；第二，這種合作與幫助是社會性和個別性的而非政治性和民族性的；第三，這種合作與幫助容觀上是收容，豢養和僱用式的而不是平等互助與聯合性的。尤其是朝鮮同志，僅僅以一個寄生異國的技術人員，或精神勞動者的姿態和資格來出現罷了。這，第一，對於現時的中國，只有技術上的服務與幫助而發生不出任何政治作用與意義：因爲(1)不能增進中韓兩民族廣泛的政治諒解；(2)不能幫助提高中國人民的民族意識，政治覺悟，抗戰情緒與勝利的信心。第二，對於朝鮮民族，只是解決了少數人及某幾個政黨的幹部的生活與工作問題，而也不能發生任何的政治作用與影響。也就是(1)不夠使朝鮮的黨派去號召，發動，組織和領導起自己國內的反日鬥爭；(2)不夠提供朝鮮國內被壓迫求解放的人民大衆以有力的啓發與鼓勵；(3)不够建立中韓兩民族廣泛的政治信任和革命的同盟關係。第三，對於國際，(1)不能顯示出中國民族革命鬪爭的國際意義；(2)不能擴大中國民族革命鬪爭的國際影響，爭取更廣泛的國際同情；(3)不能作爲建立起東方弱小民族的聯合戰線的基礎。

六 建立中韓民族聯合戰線的步驟

那末，我們同朝鮮民族，究竟應該和需要如何的聯合與如何的幫助才對呢？我們以爲，這裏至少應該確立幾個基本的原則：

(一)必須平等合作，統一領導。所謂平等合作，就是要保持朝鮮民族在抗日運動中相當的獨立性與自主性而不是附庸式與從屬性的；但，中國因爲種種比較特殊的歷史，政治，經濟等等條件的關係，無疑的對東方弱小民族解放運動，應該居於領導地位，對於朝鮮，自然要担負起領導的責任來了。

(二)必須是民族單位的聯合與政治的聯合而不是個人的部份的與單純的經濟的社會的或技術關係的結合。

(三)必須是由上而下與由下而上以及全面的有計劃有組織的聯合和互相幫助互相合作共同奮鬥共同發展。

基於這三個原則，我們考慮中韓聯合抗日的具體步驟，應該是這樣：

(一)在政治上，(1)以中韓兩民族各黨派的代表共同建立一個聯合戰線的經常聯系的組織；(2)在中國政府的機構內，設立經常處理朝鮮民族問題的部門。

(二)在軍事上：(1)組織朝鮮民族革命軍中韓抗日同盟軍；(2)設立經常訓練朝鮮軍事幹部的訓練班——包括政治訓練。過去中央軍校雖也收容了一部份的朝鮮青年，然而數量太少同時其訓練科目與內容又太普泛和一般，缺乏專門性和獨立性。

(三)在外交上，(1)中國政府，應向關係各國及國聯公開作中韓民族聯合抗日的外交聲明，提高朝鮮民族的國際地位；(2)應以中韓聯合戰線的名義發表告全世界各國政府，政黨與人民的文告或宣言，公開宣佈中韓聯合抗日的意義目的與其歷史使命。以擴大國際政治影響。

(四，在經濟上(1)劃出一定的經費充作中韓聯合軍的軍費；(2)供給朝鮮聯合戰線以宣傳，組織發動援助其國內人民武裝暴動及一切抗日行動的經費。(3)以中韓兩民族聯合戰線的名義向全世界要求作物質的經濟的援助

(五)教育文化上，(1)實施抗戰教育時、在各級學校或訓練班的課程內，加入朝鮮民族與東方弱小民族問題的研究科目，必要時或設專門的研究部門；2)創立中韓聯合抗戰的機關刊物；(3)在一切文化工作內備辰聯系及中韓民族聯合抗日問題。以建立中韓民族廣泛的政治瞭解與信任。

七 最後的呼籲和建議

日帝國主義對中國的瘋狂侵略，已經一天比一天更加嚴重；同時，日帝國主義對於國內工農大衆及殖民地的壓迫搾取也一天比一天的更加緊迫和殘酷，中國四萬萬五千萬不願做奴隸牛馬的黃帝子孫，已經掀起了民族解放的革命的鬪爭浪潮，已經在爲自己的民族，爲東方弱小民族，爲全世界的人類的和平正義而流着最英勇最光榮的血！可是，整個世界是不可分割的，正如和平之不可分割一樣，被壓迫民族的解放鬪爭的運動同樣是不可分割而也不容分割的，那末，無論站在中國民族或朝鮮民族解放鬪爭的立場及全東方全人類的自由解放的立場上，今日在偉大的歷史鬪爭中的中國民族，無疑的是需要首先和其兄弟民族的朝鮮民族緊密的携起手來，建立起抗日鬪爭的聯合戰綫，用人類正義和世界和平的名義，滌底粉碎世界法西侵略强盜之一的日本帝國主義，奪回我們的自由，爭取全人類的光明，保衛全世界的文明，因此，我們很有理由和很有權利，向中國當局，向全中國及全朝鮮的同胞與黨派呼籲和建議：第一，在中國方面，應加緊鞏固和擴大自已民族的成爲世界和平陣綫有力的一環的抗日統一戰綫；第二，在共同鬪爭實踐過程中，一方面幫助和促成朝鮮民族抗日聯合戰線的發展和强壯，一方面建立和鞏固中韓兩民族抗日的聯合戰線以奠定東方弱小民族革命的基石和世界革命的有力支柱。這個任務並迫急得不容些許的遲疑了，同時，這個任務最近已原則的被規定在領導抗日的中國國民黨的抗戰建國綱領之內，我們試看在『(乙)外交』項下：『三，本獨立自主之精神，聯合世界同情於我之國家民族，爲世界和平與正義，共同奮鬥。』又『五，聯合一切反對日本帝國主義之勢力，制止日本侵略，樹立並保障東亞之永久和平。』這是很能反映中國民族內部對於聯合弱小民族的傳統的合理的正確的要求和意志的，同樣，也就是能够證明了我們對於朝鮮問題的呼籲和建議是合理的正確的符合中國革命的傳統精神的。聽吧！時代已在爲我們奏着悲壯雄邁的戰號，中韓兩個民族的兄弟們，我們踏着堅實勇敢的步子並肩前進，把太平洋變成了血的海洋，把全東方用我們光榮的血去加以激成的怒濤，在這一地佔着地球的一半的廣大的土地和五之一的大洋之畔，巍峨的矗立起創造起我們兩個光明自由的新國家新生活罷！最後；

根據抗戰建國綱領的偉大原則，迅速的建立起中韓民族抗日聯合戰綫！

中韓聯合戰線建立的開始就是日帝國主義崩潰，中國民族抗戰勝利和朝鮮民族解放的開始。

中韓民族聯合戰線是東方弱小民族解放鬪爭的大本營和世界和平的新的堡壘！

一九三八，五，二十一日於漢口。

中韓民族聯合戰線的革命的意義

奎光

一・引言

中韓兩民族聯合抗日的問題，在中國還未發動抗戰以前，是很少人加以注意的。即或有人提出這個問題來討論，也未免有些「時期尚早」之感，而不能成為可實現的實際問題。可是到現在，由於中日戰爭的擴大和深刻化，特別由於中國方面堅定了「抗戰必勝」的信念和「抗戰到底」的決心，這個問題已經成為最現實的政治問題了。最近在各種中韓文刊物上，中韓人士已經很普遍地提出這個問題來加以探討，特別值得我們注目的是：在中國各主要政黨的抗日政綱上和諸抗日領袖們的言論中，都很明確地提到了這個問題。

那末所謂中韓民族聯合戰線是什麼呢？對這問題的回答，說起來是很簡單的。就是說：中韓兩民族同樣地遭受日本帝國主義的侵略和壓迫，他們為了打倒這共同的敵人，就有聯合起來的必要了。這樣的解釋，自然是對的，然而是不夠的。我們必須更進一步去認識這一聯合戰線所負起的歷史的革命的任務。

二・中韓民族聯合戰綫是中國抗日革命政策的主要一環

大家都知道，這次中國的抗戰，決不是兩個對等國間爭奪某種利權的戰爭，而是被侵略的半殖民地中國反抗侵略的帝國主義日本的革命戰爭。這種戰爭在軍備上不能不比侵略者處於劣勢，但在政治上反而比侵略者佔優位的。因此中國的抗戰，單單靠軍事力量是不行的，必須積極動員國內及國際的一切政治力量，以配合劣勢的軍事力量。正因為如此，中國自抗戰以來，積極實現全國各黨各派的統一團結，以便實行全民族的政治總動員，同時積極聯合英美法蘇等擁護和平，反對侵略的國家，以增強國際的抗日政治勢力。

不過，在這種抗日政策中，對於日本殖民地民族問題的政策，特別對於朝鮮二千三百萬反日民族的政策，應當佔最主要的地位。當然在目前，聯合英美法蘇以及全世界反對侵略的國家及人民，共同反對日本的侵略是非常主要的工作。實際上他們已經開始熱烈地援助中國的抗戰，無論在精神及物質上增加抗戰力量着極大。不過這還祇是「援助」而已。至於日本帝國主義壓迫下的朝鮮民族，為了在這次戰爭中爭取他們自身的解放，而當作中國民族最可靠的同盟軍而出現。雖然他們沒有什麼物質可以援助中國，但他們能夠拿出生命來替中國民族和為自己解放而與敵拼命的。聯合這一支可靠的同盟軍，無疑地是中國抗日革命政策的主要任務。

本來，聯合被壓迫民族共同奮鬥乃是中華民國的創造者孫中山先生的革命原則，也就是中國國民黨的主要政綱。中山先生說：「我們對於弱少民族要扶持他，對於世界的列強要抵抗他。」中國國民黨第二次全國代表大會，根據中山先生的遺教，在對外政策決議中明白規定「……聯合世界上一切被壓迫民族……共同奮鬥。」這種政策，到現在已進到了進一步實現的階段。中國民族領袖蔣介石先生素來關心和扶助朝鮮民族解放運動，到最近更誠懇表示關於朝鮮民族問題的意志。特別在這次中國國民黨臨時代表大會所通過的抗戰建國綱領上明白規定：

「(三)本獨立自主之精神，聯合世界上同情于我之國家及民族，為世界之和平與正義，共同奮鬥。」

「(五)聯合一切反對日本帝國主義侵略之勢力，制止日本侵略，樹立並保障東亞之永久和平。」

中國共產黨及其領袖們，對於這種政策的意見也是一樣的。毛澤東，朱德，周恩來諸先生的言論中，也曾屢屢提到聯合東方被壓迫民族共同奮鬥的意見。尤其在中國共產黨抗日救國十大綱領中，更明白規定：「聯合朝鮮台灣及日本國內的工農人民，反對日本帝國主義。」

這樣看來，建立中韓兩民族抗日聯合戰線，無疑地是目前中國抗日政策的具體任務。

三・中韓民族聯合戰線是朝鮮民族解放運動的基本政策

其次，我們要從朝鮮民族解放運動的立場，來觀察中韓民族聯合戰線的意義。

誰都曉得，朝鮮是東方最强大的帝國主義日本的獨占殖民地。朝鮮民族要得到根本的解放，單單靠自己的力量顯然是不够的。這因爲過去數十年間日本帝國主義繼續在向上發展過程之中，牠對殖民地的統制力格外加强，而朝鮮民族的一切孤立的自力的解放鬥爭，都被敵人所鎮壓下去了。換言之，敵人之力量太强大，而我們的力量太弱少了。因此朝鮮革命運動的主要戰略，第一是全民族的一致團結，第二是聯合一切國際的反日勢力。

所謂國際的反日勢力，在朝鮮看來，主要的是蘇聯和中國。這兩個國家不僅在目前遭受日本的壓迫和侵略，而且在過去半世紀以來，結成了對立鬥爭的關係。因此聯合這兩大國家共同打倒日本帝國主義便是朝鮮革命的基本戰略。正因爲如此，朝鮮民族始終以中國和蘇聯民族看作最可靠的友軍或同盟軍。無數的朝鮮革命者跑到中國和蘇聯來活動，並且直接參加這兩國的一切革命鬥爭，更努力和這兩國的政府及人民建立密切的關係。

自從中國政府及人民毅然發動抗日戰爭以後，朝鮮民族和中國民族聯合抗日的戰略的任務，已經進到具體實行之時期了。於是乎全朝鮮革命團體及個人，異口同聲地主張全民族的統一團結，同時積極展開反日援華獨立的鬥爭。最近在國內已很普遍地發生反戰，反徵兵的鬥爭和騷動，在國外的革命者間，已經發起了民族統一戰線運動，成立了朝鮮民族戰線聯盟。特別是在中國的朝鮮革命者直接參加中國的抗戰。這就是說明，朝鮮民族解放運動的基本戰略在於聯合中國民族，在中國抗戰中要以鬥爭來援助中國，同時爭取自己的解放。

還有，朝鮮民族戰線聯盟所發表的鬥爭綱領中關於中韓民族聯合抗日問題的規定，是特別值得指出的。

『(14)在國內實行倭敵的後方擾亂和武裝鬥爭，在東北參加抗日反滿鬥爭，在中國關內直接參加中國抗戰。

(15)中國民族，台灣民族及蘇聯爲最大的反侵略，反日勢力，必須與之切實聯合。』(參看本號末頁。)

四・中韓民族聯合戰線是要實現東亞的永久和平

我們要建立中韓民族聯合戰線的目的，不僅在於確保中國抗戰的勝利，又不僅在於朝鮮民族的獨立解放，而更進一步要實現東亞的真正的永久的和平。換一句說，中國抗戰的勝利，可能招致朝鮮的獨立，朝鮮的完全獨立，可能實現東亞的和平，但主要的前提就是要建立中韓兩民族的聯合戰線。

稍具一些政治眼光的人，誰都可以明白，朝鮮的獨立或敗亡，對於東亞和平有着決定的關係。朝鮮在政治地理上處於中俄日三大國之間，好像歐洲的巴爾幹半島一樣，誰先佔了牠，誰就能够把持東亞的覇權。因此在過去這三大國的政治勢力均衡發展的時期中，朝鮮民族是可以獨立的，相反的，祇有確保朝鮮的獨立，這三國才能保持在東亞的均勢，才能保持東亞的和平。

自從日本開始併吞朝鮮以後，東亞和平開始破壞，也就是種下了目前中日大戰的禍根。過去的清日戰爭和俄日戰爭都是因朝鮮問題而發動的。戰爭的結果所謂朝鮮問題並不以『獨立』的形式來解決，而是以『被併吞』的形式來解決。從此以後日本帝國主義者就以朝鮮爲侵略大陸的架橋，開始進行併吞整個中國的侵略計劃。遂引起了『九一八』以來繼續發展的中日戰爭。

可是到現在，情形便完全不同了。第一，蘇聯是强大了，第二，中國也站立起來了，第三，日本帝國主義倒走上沒落之路了。第四，朝鮮民族始終沒有給日本人同化，始終爲自由獨立而鬥爭。在這種情勢下，中國發動了抗日戰爭，而這戰爭所負起的歷史的任務是很重大的。即

第一，要把日本在華勢力肅除淨盡，收復一切的失地。

第二，要援助朝鮮獨立，並加維護。

第三，要實現並保障東亞的永久和平。

不過，要完成這樣偉大的歷史的任務，必須要和朝鮮民族建立强固的聯合戰線。

五・結語

總括起來說，在目前中國的抗戰已進入第二期的時候，建立中韓民族抗日聯合戰線是極其重要和必要的工作。可是到現在爲止，還沒有具體地把牠實現出來，這不能不引爲很大的缺憾。我們應當曉得在目前，『中韓民族聯合起來』的問題，決計不是一個空洞的作爲『政治號召』的口號，而要急當運用於實際抗日鬥爭的一種革命政策。我們對於這一問題，固然要展開更廣汎，更綿密的理論的探討，但同時必須急速地把牠實現出來，以擴大和加强實際的抗日鬥爭，以保証抗戰的最後勝利。

對於中韓民族同盟抗日的一點意見

健雄

一．中韓民族的共同任務

十九世紀末葉以來的人類歷史，是帝國主義列強更加侵略和壓迫殖民地民族及國內勞苦大衆的歷史。同時殖民地民族和一切勞苦大衆更加反抗帝國主義的歷史。

朝鮮和中國民族，是最受帝國主義侵略和壓迫的殖民地及半殖民地民族，同時是最能反抗帝國主義的英勇革命的民族。

最近半世紀以來，中韓兩民族的生活，是一頁最慘痛，最壯烈的反帝國主義鬥爭的紀錄，同時爲了民族的解放和人類的和平而流血的最光榮的歷史。

今日是侵略的法西斯戰綫和民主的反侵略和平戰線對立鬥爭的時代。

今日的中國和朝鮮民族，是全世界反侵略的和平陣綫的最堅强的生力軍，是同全世界爲着和平和自由而鬥爭的偉大民族及國家站在一條戰線上，携手並肩，向着光明的世界前進的最進步的革命的民族。

最反動，最野蠻的東方侵略者法西斯日本帝國主義，是今日中韓兩民族唯一共同的敵人！

歷史的階段已到了中韓兩民族負起共同任務，進入同一個戰場的時期。

目前日本帝國主義實行瘋狂的對華侵略戰爭，朝鮮民族在戰時的絕對統制和壓迫下，已經到了最後死滅的境地。中國的東北各省，平津京滬等中心都市及沿海各地被敵佔據。千千萬萬的中韓同胞正在日寇鐵蹄下，做了最痛苦的牛馬奴隸。在這種情形下，中韓民族除了全體動員，堅決實行抗日戰爭外，再沒有第二條生路可走。

一九三六年綏東抗戰，不僅改變了中國「九一八」以來對日步步退讓的政策，又不僅打破了日本帝國主義者建立傀儡蒙古的企圖，同時掀起了中國以及東亞被壓迫民族反日革命高潮。特別是中國雙十二事變得到和平解決以後，繼而成立全國各黨各派的抗日統一戰綫，而在最高領袖蔣介石先生統一指揮下，發動了英勇堅決的全面抗戰。朝鮮民族在國內外各地實行更廣泛，更深入的反日革命鬥爭，尤其促進了全民族的反日統一戰線。日本國內工農大衆反戰反法西斯革命運動更見高漲，全世界主持正義的人士們反對日本的侵略行爲而同情中韓民族的解放鬥爭。這一切都是證明中韓民族的反日革命高潮已經到來。

目前中韓兩民族的共同任務，就是要切實地團結起來，建立中韓兩民族抗日聯合戰線，更進而聯合日本國內工農大衆及全世界爲自由與和平而鬥爭的人們，很持久，很堅決，很廣汎地實行抗日戰爭，以完成民族解放，實現人類和平。

二．中韓兩民族革命的歷史關係

自從一九一〇年朝鮮被日本併吞以後，朝鮮民族就很深切地感覺到自己的命運和中國民族的命運是唇齒相依的，因此他們熱烈地注意和參加中國的革命運動。自從民元以來，在每次中國大革命中，朝鮮革命分子沒有一次不參加其間。例如一九二六年北伐時代，有千餘名朝鮮青年參加活躍，「九一八」事變後在東北有數萬名朝鮮武裝隊伍同中國民族共同對日作戰，以及「一二八」滬戰時尹奉吉烈士的壯舉等等，是朝鮮民族曾經參加中國反帝反封建的民族解放鬥爭的犖犖大的事實。

可是在過去，由於中韓兩民族的政治覺悟不够，特別由於種種的環境關係，朝鮮人參加中國革命，並沒有一定的計劃和辦法，因而無論在政治影響上或實際戰鬥上，都不能够充分發揮其應有的能率。詳言之，過去朝鮮人參加中國革命，都是以個人資格參加的，同時中國方面也把牠當作個人事件處理。這結果在兩民族間並沒有建立徹底的政治理解和民族的聯合。最不幸的是，當中國民族內部發生意見，停止對外鬥爭而實行內戰的時候，朝鮮人有的失望退却，有的跟着參加不應該的友軍的內戰，這點雖然是很少的，並且已經過去的事，但在朝鮮革命者看來，是非常痛苦的教訓。

到現在，中韓民族聯合戰綫問題，已經成爲各方面所注意，所提出的政治問題了，不論在報章上，各人的言論上，各黨派的宣言及綱領上，都可以看到關於反日民族聯合戰線的僅論和條文，然而在實際上，中韓兩民族聯合抗日的問題，還沒有得到全面的具體的解決。

到今日爲止，所謂中韓民族的革命聯係，除了東北人民革命軍在一定的共同綱領下共同對日抗戰以外，只有個人和個人間或黨派和黨派間之少數物質上的同情關係，而沒有建立兩民族間的全面的政治的理解和同盟關係。這自然有其所以然的歷史的原因，主要的是中國和朝鮮民族在過去並未能一致團結而各黨各派分裂對立所致。可是到現在中國民族統一戰綫已經完成，在民族領袖蔣介石先生領導下實行全面抗戰的時候，單單那種個別的或局部的同情關係顯然是不够的，必須建立兩民族的全面的政治的同盟關係。

三·中韓民族應有的認識和努力

今日朝鮮民族應當認識和努力的是：

第一，促進社會各階層及各黨各派的一致團結，鞏固和擴大全民族的反日統一戰綫。

第二，清楚認識中國四萬萬五千萬民族爲最可信賴的同盟軍，粉碎一切敵人的離間，中傷政策，切實地聯合起來，共同奮鬥。

第三，清楚認識這次中國的抗戰不僅決定中國民族的生死存亡，同時決定日本帝國主義的最後命運。在這戰爭中，努力克服任何重大的困難，並準備一切必要的犧牲來支持這個戰爭，以爭取最後的勝利。

第四，在華朝鮮同胞應當直接參加各項抗戰工作，除因工作上的需要而担任個別工作外，全體青年，尤其是受過軍訓的青年，和中國青年聯合起來，組成獨立的武裝隊伍，舉起中韓民族同盟的旗子，以民族集團的方式參加抗戰。這種武裝隊伍，以（一）保持朝鮮人的團結，（二）適合中國抗戰的需要，（三）提高國內外政治影響爲原則。特別對於朝鮮國內各種革命運動，盡力予以援助。同時對於中國內部的任何摩擦或政治意見的分歧，採取嚴正中立的態度，堅決保持朝鮮民族的特殊立場。

今日中國民族必須認識和努力的是：

第一，加緊鞏固內部的統一團結，動員全國一切力量，抗戰到底。

第二，確認朝鮮民族爲自己最忠實的同盟軍。更須認清建立中韓民族的抗日同盟是打勝日寇爭取最後勝利的主要條件。

第三，中國政府對於抗戰中如何發動朝鮮民族革命的問題，應該樹立統一的具體的計劃或政策，予以施行，並設置經常研究及處理朝鮮民族問題的機構。

第四，中國當局須運用最實際的辦法，幫助在華朝鮮革命團體，使之推進朝鮮國內的反日革命鬥爭。特別馬上解決在華朝鮮人直接參加抗戰工作問題，而在實踐的行動中，建立起中韓兩民族的聯合戰綫來！

以上就是我個人對於中韓民族聯合抗日問題的一點意見。這意見是否正確？又是否可能實現？倘待中韓同志們的不客氣的批判和指正。我本想寫到目前具體的中心工作問題，可是因爲篇幅關係，只好寫到這裏就作爲一個段落。

編輯後記

本刊此次爲了出「中韓民族聯合戰線專號」，「特別虔誠的徵求中國各界人士的意見，以相探討，以促中韓民族聯合戰綫的實現，結果，竟然很光榮的收到了好多的偉論大作，使得這一個小小的刊物，琳瑯滿目，得到了空前的充實，蓬勃和生動，這不僅反映出中國的一般覺悟，對于我們的崇高無比的友誼，而且尤足以象徵出中韓兩民族聯合戰線的光明偉大的前途。因爲我們深深的覺得，這樣的友誼，是基於兩民族悠久深遠的歷史感情的淵源，同時，這樣的友誼，有很大的保證可能與必然的將發展爲兩民族之堅固的互信，合作與革命的同盟的基礎。因此，我們感到莫大的興奮，更感到共同的職做！

此次爲本刊執筆的諸位先生，有的是在黨政方面負有重大任務的，如黃琪翔，劉爲章，任覺五，陳此生，王芃南諸先生；有的是在文化界有地位有權威的，如穆木天，李公樸，柳湜，胡秋原，袁孟超，王瑩蘭，管雪齋，張慶泰諸先生；有的是在抗戰救亡工作上担當任務的，如沈鈞儒，羅青先生等，大家處於這個民族革命解放鬥爭極度緊張的時候，特別爲我們抽出寶貴的時間和精力，來給我們寫稿，這是我們要致以無上的敬意和謝忱的！

尤其値得感謝的，這次得到于右任先生及李任仁先生的題字，並蒙新疆回族代表艾沙先生，蒙古代表吳雲鵬先生爲本刊撰文及題字，使得本刊格外的生色，並此致謝！

朝鮮民族戰綫聯盟綱領

（由朝鮮文譯成中文）

甲　基本綱領

一、打倒日本帝國主義，建立朝鮮民族的真正民主主義的獨立國家。
二、確實保障國民的言論，出版，集會，結社，信仰之自由。
三、沒收日本帝國主義者及賣國賊，親日派一切財產。
四、改善勤勞大衆的生活。
五、以國家經費實施義務教育及職業教育。
六、在政治，經濟，社會上確保男女的平等權利。
七、對於同情或援助朝鮮民族解放運動的民族及國家，締結同盟或友好的關係。

乙　鬥爭綱領

一、根本撲滅日本帝國主義的統治勢力

（1）組織全國的總暴動，準備實行軍事行動。
（2）用暴力驅逐倭敵的移住民。
（3）沒收朝鮮內倭敵的一切公私有財產。
（4）根本撲滅朝鮮內倭敵的政治，經濟及其他一切支配勢力。

二、建立全民族的反日統一戰綫

（5）朝鮮民族，除少數親日派，走狗外，不論各政治團體，群衆團體及個人，一致團結，建立全民族的反日統一戰綫。
（6）積極排擊一切反對全民族的反日統一戰綫的傾向。
（7）全民族的反日統一戰綫須採取民主集權制。

三、全民族實行革命的總動員

（8）動員全國農民，展開驅逐倭敵地主及其移住民的運動和拒絕納稅的運動。
（9）動員全國工人，特別動員倭敵的軍需工場，水電，礦山及各種交通機關中被傭工人，展開怠工，罷工及破壞倭敵的一切工業設施的運動。
（10）動員學生，知識層及文化人，積極發揚民族文化，撲滅倭敵的奴隸教育。
（11）動員全國各宗教團體，使之參加民族解放鬥爭。
（12）動員全國婦女，使之參加民族解放鬥爭。

四、積極展開軍事行動

（13）聯合國外各地的民族武裝部隊，組織統一的民族革命軍隊，實行民解放戰爭。

五、參加中國抗日戰爭

（14）在國內實行倭敵的後方擾亂和武裝鬥爭，在東北參加抗日反滿鬥爭，在中國關內，直接參加中國抗敵。

六、聯合世界上一切反日勢力

（15）中國民族，台灣民族及蘇聯為最大的反侵略，反日勢力，必須與之切實聯合。
（16）對於一切反侵略陣線國家及世界反侵略運動會，取得緊密的聯絡。

七、肅清自治運動妥協主義親日派等內奸

（17）撲滅自治運動及參政權運動。
（18）撲滅親日派所組織的時中會，亞細亞協會之類的一切反動團體
（19）剷除倭敵的一切走狗
（20）肅清中國境內的走私業者違禁毒品商等不良份子。

朝鮮民族戰線社出

朝鮮民族戰線

一九三八年六月廿五日出版　本刊已呈請登記中

半月刊

編輯人：金奎光　柳子明
發行人：韓一來
通訊處：漢口郵局信箱第十九號
印刷所：新昌印書館　小濟家一巷
特約代售：生活書店　交通路六三號
零售：每冊四分
預定：半年四角　全年八角（郵費在內）
每月十日二十五日出版

第五六期合刊

敵內閣改組與政治動向

子明

一

五月二十六日，日本近衛內閣突然改組，當日新入閣者爲二陸軍大將宇垣一成，荒木貞夫，及一財閥領袖池田成彬；追後入閣者爲陸軍中將板垣征四。這樣近衛內閣的現閣員中有三個陸軍魁首及兩個海軍魁首，計共五個軍人分擔重要的職務，而且他們都是各有特色的家伙。除海軍担任陸軍米內担任海軍外，末次之担任內政，宇垣之担任外交，荒木之担任教育，即是非常時期中之非常辦法，而有特別的意義在。這在半世紀日本憲政史上並無前例的將界。這樣近衛內閣完全在軍人支配之下，其形式上雖即表示：軍閥與財閥之合作，陸軍與海軍之合作，老軍閥與少壯軍閥之合作，政黨與軍部之合作；其實不過整個的日本是在法西斯軍人日本刀下屈服的表示，是戰神支配着一切的証明，而且日本到了最後關頭的徵象。

今年所舉行的七十三日本議會中，已經証明了日本一般政黨議員完全失去了其意義與能力。在枉負盛名的執袴公子近衛文麿主持之下，七十三議會除通過了那歷史的總動員法及四十八萬萬五千萬元臨時軍費追加預算案外，所通過的新法律案是達八十七件之多，這正是日本國會有史以來空前之收穫，但這並不是議會主義政治家近衛的政績，而是右派軍閥的代言人近衛的政績。同時一般政黨議員們除完全替法西斯軍閥舉手，及說些無關緊要的體面話外，並沒有替人民講過一句正經話。

這顯然是議會政治瓦解的表現，而被一般錯認爲保衛憲政的柱石的近衛，於國會閉幕之後，便即表示消極。同時政友會及民政黨等既成政黨都要動搖起來，所謂新黨運動隨之發生，這新黨運動亦即分爲兩派，一派是主張由政民兩黨共同一致，並包括各小黨派在內，重新結成一個强有力的大政黨；另一派是主張由政民兩黨中選拔革新分子相爲聯結，並同社會大衆黨，國民同盟，稱昭和系，以及其他小黨派中之革新分子聯合起來，重新産生一個所謂「選拔革新政黨」。前者爲維持資産階級憲政政

本期目次

黨的系統，後者爲樹立法西斯統一政黨的企圖，尤其值得注意的，就是社會大衆黨的轉變，社會大衆黨本來是左翼政黨，但自去年十二月全國評議會及日本無產黨之大檢舉案，及今年二月以大學教授爲中心的第二次大檢舉案發生以後，社會大衆黨內人民陣線派便陷於束手無策的境地，於是麻生久的「革命國民戰線」派乘機取勝，遂自任爲「國民戰綫」的先鋒，這就是日本政黨體系轉變爲法西斯化的經緯。

二

近衛內閣的改組與日本政黨的動向相爲反映。會在七十三議會中討論總動員法案的時候，有些議員指摘過：「這個法案的精神有點法西斯獨裁化的要慮」，議會中爲之起了一種暗淡的空氣，於是近衛文麿由稱病中銷假出馬，便否認此說云：

『日本決不會發生法西斯獨裁政治，而且不可使之發生於日本』，但其理由不過是：『上有聖天子在，並有欽定憲法儼然存在』。但這不過自欺欺人的政治辭令。近衛自己也應該明瞭要實施總動員法及策動已經精疲力竭的窮困人民，再去負担四十八萬萬五千萬的臨時軍費，非用強制執行的方法不可。但要強制執行這個政策，不但不合於自己在會議上所說的漂亮話，而且當時內閣的力量還不够實施這個政策。所以近衛在國會閉幕後，便即表示消極，稱病多日，但在心力與物力總動員之原則下近衛終是不好下台，唯有改組內閣支撑難局之一途。

這次改組的近衛內閣，無疑的是一個強力內閣，但其重心當在少壯軍閥的勢力。宇垣之担任外交殊出意外，然其眞正的作用却在對內的調和上面。因爲他與政民兩黨及財閥都有密切的關係，所以在實施國家總動員法上他的入閣是有較大的意義。至於他將採取的外交路線如何，則不一定如一部論者所推測一般，完全與廣田外交相反，而放棄親英政策。或者採取對蘇強硬對英妥協的政策，企圖造成一個新局面也未可知。因爲日本的財閥及既成政黨都在希望而且需要與英美妥協的原故。

荒木之担任教育，比宇垣之担任外交，更可啞然失笑，荒木曾一時受過一般少壯軍人的擁戴，而被認爲日本法西斯領袖人物，但在如日本一樣以「皇統」萬世一系自爲矜誇的國度裏，要作一個像墨索利尼和希特勒一類的專制領袖是差不多不可能的，所以荒木還是要提倡那一套「皇道主義」，以期實現挾天子以令諸侯的勾當。但他的所謂皇道主義不過是「大和魂」，「武士道」一類的簡單得可笑的武人哲學罷了。「九一八」事變當時，他即以陸軍大臣的資格，極力推動其政府積極侵略中國，那末就是屠殺幾十萬三島的子弟的血債也應該同他算賬，而這次他又出任「文部大臣」，要他去負起精神總動員的責任，他就興高采烈地對其第二世國民（這是第二批預備被屠殺者」）第一次的訓話，開口便說『我被任爲文部大臣的五月二十六日，就是我的誕生日。我是以「不忘天，不忘親，不忘子，不忘神」的感想來視此誕生日。這是我終始不變的信念』。這大概是他的皇道主義的全部內容，荒木又曾經對於新聞政策發表過其愚策得可怕的意見，據他的意思：『關於政治經濟的評論與消息，不應該讓許多背景不同的報紙去發表，除指定唯一的機關新聞去專門負起此項責任外，其他所有的報紙應該一律禁止此項記載，只讓他們去專門負起養成國民思想的責任。』由此可以推測荒木之教育政策與文化政策將如何固陋。

池田成彬爲三井系之一財界領袖，前後三十年在日本財界負有盛名的老資格者，他眼看團琢磨之被殺，「五・一五」事件及「二・二六」事件等的迭次爆發，心中有所懼忌，曾一度隱退財界，但於前年復應前財相結城豐太郎之請，出任日本銀行的總裁，自近衛組閣以來，即以內閣參議的名義，對賀屋的財政政策及吉野的產業政策並沒有表示過異議。這次他出任財政並兼攝工商，便即表示今後的財政政策是唯有強化統制之一途，這就是日本財政已到了最後關頭的表示。在實際上「國家總動員法」已經到了實施的階段，池田的任務也不過在既定方針的實踐罷了。

三

總而言之，這次近衛內閣的改組，具有最後的性質。內政，外交，財政，產業，教育，文化一切政策，都具有絕對的性質。在速戰速決的主意之下，預備着長期戰爭。這長期戰爭不僅是對中國的，就是以英美法蘇爲對象，預備作最後的掙扎，這也是出於不得已的。中野正剛是在日本的政黨議員中，被一般認爲法西斯理論的領導者，他在中日戰爭爆發後，即以一個「國民使節」的資格，遊說歐洲各國而回來，盡情鼓吹積極進行侵略戰爭，並主張對英法表示強硬的態度，最近敵人佔領廈門，狂炸廣州的瘋狂發作，此次內閣的改組，與此等傷心病狂的政客的鼓吹，都是相爲反映的積極政策的表示。日本軍閥，財閥，及法西斯帶政客們的獨佔中國，獨霸東亞的迷夢還沒有清醒，可是他們的末路是已經到了，他們正在中國挖着自己的墳墓，要割腹的不止是荒木，宇垣，近衛，池田，中野之輩。我們要拭眼看着。

朝鮮民族反日革命總力量問題

奎光

一

中國的抗日戰爭正在猛烈進行的時候，同樣遭受日本帝國主義的掠奪和壓迫的中韓兩民族，建立抗日戰鬥聯盟是非常重要，而且必要的事情。正因爲如此，自從抗戰以來，許多中韓人士都很深切地注意這個問題，同時熱烈地期望着這個被壓迫民族的聯合戰線，能够早日實現出來。

可是在這兒我們必須知道，所謂聯合戰線決不是什麽空洞的作爲政治號召的東西，而是要實踐，要鬥爭的一個戰鬥聯盟。沒有實踐和鬥爭的聯合戰線是不會存在，而且不應該存在。相反地只有在實踐和鬥爭中，才能够鞏固和擴大聯合戰線。因爲是這樣，所以當我們要建立兩民族的聯合戰線的時候，首先正確地估計對方的戰鬥力量，是很必要的。

朝鮮民族的革命力量到底有多少呢？這原是很值得研究和討論的問題。朝鮮民族自從亡國以來三十年間，在日本帝國主義的無限制的壓迫和搾取下，無論物質生活或精神生活，都遭受極度的蹂躪和破產。這樣的民族還有多少力量能够抵抗日本呢？對於這個問題，各個人都不免有『見仁見智』之感。但我覺得對這問題，固然不應該估計太高，同時不應該估計太低。我們需要有一個正確的估計。

不過我們要曉得，所謂革命力量並不是拿數字來可以表現的東西。牠不僅有物質的因素，而且有精神的因素。牠不但有表面的力量，同時有潛在的力量。牠不是靜止的死板的，而是生動的發展的。牠不是單純的孤立的，而是複雜的關聯的。我們要估計這樣一種力量自然是不容易的，但也不是完全不可能的事。我們不妨從以下兩方面去觀察朝鮮民族的反日力量。即第一從歷史的反日鬥爭方面去觀察，第二從現實的生活方面去觀察。

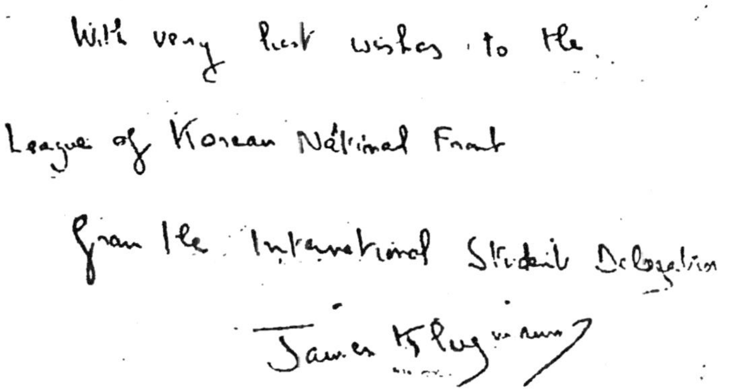

With very best wishes to the
League of Korean National Front
from the International Student Delegation
James Klugmann

（世界學聯代表柯樂滿先生題）

二

首先，我們用歷史的眼光去考察朝鮮民族的反日鬥爭的時候，就可以知道這個鬥爭，自亡國到現在三十年間不僅沒有一時一刻停止過，而且繼續猛烈的發展下去的事實。換言之，朝鮮民族的反日戰鬥力量不但沒有絲毫減弱，反而更加繼續地增大和發展。許多不瞭解朝鮮革命運動的實際情形的人，只看到日本統治力量的不斷增强和朝鮮民族生活的日益破產，就認爲朝鮮民族反日力量也在不斷地減弱下去。但這是表面的浮淺的看法。實際的情形是與此相反，正因爲日本統治力的增强和民族生活的破產，所以朝鮮民族爲生存而奮鬥的力量便不得不更加强固起來。關於這問題，我們可以從以下三方面去觀察牠的歷史的發展傾向。

第一是軍事鬥爭方面，朝鮮民族的反日武裝鬥爭在過去三十年間不但沒有停止，反而更加發展和擴大。亡國前後在國內發動的義兵鬥爭繼續到八年之久，最後由於武器的不精良和給養的無辦法，終於敗退。可是退到滿洲國境方面重新建立朝鮮革命軍事根據地，繼續不斷地和敵人作戰，直到現在沒有停止。特別到『九一八』事變以後，得到中國義勇軍的響應和合作，朝鮮革命軍事鬥爭的力量便急激地强大起來。現在在東北抗日聯軍中的朝鮮人隊伍及其他武裝部隊已有數萬之衆。此外在蘇聯遠東紅軍中也有兩個朝鮮人師團。又在中國關內及蘇聯方面還有不斷養成出來的多數軍事幹部人材。這些都是朝鮮革命運動的基本軍事力量。這種力量在今後由於中國抗戰的進展和蘇日對立的尖銳化，一定能够得到中蘇兩國的積極援助，而建立强有力的朝鮮革命軍。

第二是政治鬥爭方面。朝鮮民族的反日政治鬥爭也同軍事鬥爭一樣，不論在形式上或內容上都有不斷的進步和發展。大家都曉得，一九一九年『三一』大革命是朝鮮獨立運動飛躍發展的時期。在『三一』以前，許多愛國志士們亡命海外，有的籲請列强主持公道，有的號召國人起來反抗，又有的暗殺敵魁以快人心。可是他們的政治意見極不一致。或主張軍事救國，或主張外交救國，又或主張民族的自力更生。這種以少數志士們為中心的初期運動，自然不能够建立統一的指導理論和統一的革命集團。

但是在『三一』大革命運動以後，朝鮮革命運動遂行三個主要的發展。第一把從來的以志士為中心的運動移到大衆中間來。特別由於新興社會主義運動的發生及發展，工農大衆及青年學生的反帝反封建的鬥爭日益擴大，而把運動的基礎安放在廣大的大衆鬥爭上面。第二積極展開革命運動的理論鬥爭，徹底清算從來漠然的忠君愛國主義以及一切不正確的政治見解，同時吸收現代的民主主義及社會主義思想，開始建立正確的革命理論。第三不論在社會運動或民族運動方面，把從來分散的，自然發生的以及宗派主義的革命團體，不斷地予以陶汰或取消，開始建立現代的革命政黨。

『三一』以後，朝鮮革命運動的主要特徵就是社會主義運動和民族主義運動的對立的發展。可是由於朝鮮產業工人的急速增加和國際社會主義運動的突飛猛進，前者的發展比後者更為迅速而普遍。一九二四年在京城召集全國民衆運動大會時，全國社會運動團體總數已超過一千。其後在朝鮮共產黨指導下成立的全國勞動總同盟，全國農民總同盟，全國青年總同盟等，所屬人員總數達二十餘萬人。這些團體在『九一八』事變後雖被解散，但他們的組織的活動仍然存在着。全國到處不斷發生的罷工，抗租，罷課等鬥爭，可以說是由社會主義所指導發動的。這運動在朝鮮革命運動中已佔着主要的地位是不待言的。

至於民族主義運動在國內雖然沒有像社會主義運動那樣表示出積極的行動來，但牠所保持的潛在的反日革命力量却是很大的。朝鮮民族主義運動的大部分，以宗教界的活動表示出來，這是很值得注目之點，例如『三一』大革命，可以說完全以宗教為中心而指導發動的。不僅當時的民族代表三十三人中宗教信者佔絕對多數，而且在參加示威暴動的大衆中，大多數為宗教信徒。這樣到現在還在相當保持反日性的宗教有天道教，基督教，佛教及儒教等，這些宗教擁有數十萬的教徒，還有青年會，學校及教會等社會事業機關，吸收廣大的青年學生。這些宗教信者在平時生活上，自然是很消極的非革命的，可是一到反日革命高潮到來的時候，他們都可以動員起來，參加鬥爭，而且可以發生偉大的力量。

民族主義運動的大衆基礎在於宗教方面是有原因的。因為在朝鮮一切集會結社等自由全被剝奪，民族運動團體更不能公開存在。所以許多有志人士都參加宗教團體，藉着宗教的掩護而進行民族更生的事業。故安昌浩先生所領導的興士團及青年修養同盟也正是藉着基督教的掩護而活動。

民族主義運動在海外有着很強固的基礎。在『九一八』以前，滿洲的正義府，統義府，參議府等都是民族運動的大本營，在美洲的國民會，同志會等都是有相當歷史的民族主義集團。最近數年前由五個團體成立的朝鮮民族革命黨和韓國國民黨是在中國活動的民族革命團體。這些團體無疑地是民族運動的前衛。

這裡特別值得指出的是，一九二六——七年中國的國共合作時代，在朝鮮也成立了民族運動和社會運動的協同戰線團體『新韓會』。會員共有三萬餘人，全國到處有一百五十餘支部。一九二九年以光州學生事件為契機而爆發的全國學生反日大示威運動，可以說完全由新幹會領導的。這團體因種種原因，遂於一九三一年至於解體。可是這三萬餘的反日積極分子在種種形式的社會組織裡面仍然在推進反日運動。尤其其後產生的秘密團體反帝國主義同盟替代了新幹會的任務。

最後，一九三六年中國的全民族的統一戰綫運動開始以後，尤其到中日戰爭爆發以後，朝鮮民族的反日政治鬥爭也踏進了一個新的階段。這個階段的主要任務，就是一方面要建立全民族的反日統一戰線，另一方面要建立中韓兩民族的抗日聯合戰線。為了遂行這個歷史的任務，在海外首先成立了朝鮮民族戰綫聯盟。我們堅決相信，在這次中日戰爭中一定能够發動全體民族的反日大革命鬥爭，以爭取民族的解放。

第三是大衆鬥爭方面。朝鮮民族的歷次的大衆反日鬥爭是比任何殖民地民族的反抗運動更為激烈，更為廣泛，而且這種鬥爭在質和量方面都有繼續的發展。在亡國後數年間，只有全國義兵的武裝鬥爭，而一般民衆的反日示威及暴動還沒有爆發。可是到了一九一九年三月一日發動了空前壯烈的全民族的大示威和大暴動。主持這運動的民族代表三十三人，本來的計劃是動員幾個中心都市的青年學生，舉行反日示威，單單提出『朝鮮獨立萬歲！』這一個口號，並規定和平示威的辦法。但是這運動從發動的那天起，就馬上發展成全民族的大示威，以所謂和平辦法變成了大衆的徒手暴動。這種示威和暴動在全國到處每個鄉村中都是猛烈的進行，一直繼續到八個月之久。全國被動員的民衆達二百萬人，被犧牲者達四萬餘人，特別值得指出的是，平時被看作親日派走狗的官吏，警察及憲兵和助手等也自行脫掉敵人的服裝，參加示威。

一九二九年發動的全國學生反日總罷課總示威運動也是充分發揮了朝鮮民族的團結力和戰鬥力的偉大。這原是以光州地方的朝鮮學生和日本學生間小小的衝突爲契機而爆發的運動發展起來成爲全國學生的反日政治鬥爭。牠的中心口號是『反對奴隸養成敎育政策』，『反對韓日學生的不平等待遇』等。全國公私立學校的朝鮮學生實行總罷課，同時熱烈地舉行反日示威。參加學生超過十五萬人，就是連小學生也都起來加入這個運動。

一九二六年發動的『六十』運動，也是大規模的民衆反日示威，可是在軍警的武裝彈壓之下，不能發展成全國規模的運動。不過這運動在朝鮮共產黨的領導及策動下發動的這點上，有牠的特徵。此外還有無數次的工人及農民的罷工抗租等鬥爭和暴動。在這裏應當把牠列舉出來，一一加以說明，但因篇幅關係，不得不割愛，只好待到別的機會再說。

總括一句說，在如上的大衆鬥爭中，我們可以看出，朝鮮民族不僅沒有被日本人同化，相反地，對日同仇敵愾的情緒便一天天地高漲起來。同時可以看出，他們有偉大的反日動員力量，有不可克服的民族意識，更有偉大的民族的團結力和戰鬥精神。

三

朝鮮民族的反日革命力量，不僅要從他們的歷史的鬥爭上面去觀察出來，而且要從他們的現實的生活關係上面去觀察出來。

朝鮮民族所以能夠發揮像上述那樣偉大的反日戰鬥力量，主要的是由於他們的現實的生活關係所有以推動，有以迫成的，換言之，他們的現實的生活關係是對於他們的反日鬥爭有着決定的作用。

大家都曉得，朝鮮原是封建的農業國家。自從亡國以來，在日本帝國主義侵略資本的猛烈侵襲下，強制地走上了資本主義化過程。而且這樣形成了半封建的社會形態。在這個國度裏有日益增大的現代工人階級，有日趨沒落的中小資產階級，又有無限制被剝削的廣大的農民大衆。這些階級在日本資本的壓迫和搾取下，保持着強烈的反日革命性。此外還有所謂民族資產階級及『民族地主』，也同樣遭受日本資本的壓迫，不僅沒有發達的前途，反而更走上沒落的過程。據最近統計，全國資本的八八%，全國耕地面積的六〇%及其他主要產業機關，都歸爲日本人的公私所有。由此便可以看出朝鮮民族資本家及地主的可悲的命運。他們也爲着生存，非走上反日這一條路不可。

在這兒我們把朝鮮民族各社會階級的現實的生活關係，加以分析和硏究，以估計他們可能發動的反日革命力量。

首先，在這些社會階級中，反日情緒最高而戰鬥力最強的便是工人階級。在日本帝國主義的朝鮮工業化運動中，朝鮮工業日益發達，而這些工廠都是日本人的公私資本所開辦的。在這種情勢下工人階級便急激地增加起來。據敵方的統計，全國工人總數已超過二百萬人。他們的大多數都是破產的農民。他們在鄉村中經過[illegible]日本的地主及高利貸業者的無限的剝削而至於破產。跑到都市進廠做工，也要遭受日本人的絕對的壓搾。他們的每日平均工資四角乃至五角，工作時間超過十小時乃至十二小時。不但沒有罷工，示威的權利，而且沒有集會，結社的自由，拿着鞭子的工人監督可以隨便加以毆打，加以刑罰。他們好像牛馬一樣只有服從和驅使，而不得反抗。可是他們決不是日本人的奴隸，而是有着四千餘年悠久歷史的文化民族，只要有反抗的機會和辦法，便馬上起來反抗。在過去歷次的反日鬥爭中，他們都起來參加，尤其隨着社會主義運動的發展，工人的罷工及怠工等運動，在各處不斷地爆發，而且這種鬥爭更加有組織有計劃地進行着。

『九一八』事變以後，日本帝國主義者爲準備對華侵略戰爭起見，更殘酷地搾取朝鮮工人階級的最後一滴血。他們首先強迫解散全國工人總同盟，絕對禁止一切罷工及怠工等行動，以便加速增進他們的所謂國防工業的效率。在這種壓迫條件下，他們更加引起全民族的同仇敵愾的情緒。我們相信，在目前偉大的中國民族解放戰爭中，朝鮮二百萬工人大衆一定能夠發動最有力的反日革命鬥爭，以執行他的朝鮮革命基本隊伍的任務。

其次，廣大的農民大衆也保持着強大的反日革命力量。朝鮮原是以農立國的國家，農民佔全人口的八十%。在朝鮮變態的資本主義化過程中，農村破產格外急激地進行。在日本帝國主義的繼續掠奪和收買政策下，全國土地的三分之二已歸爲日本人所有。他們爲着更多的搾取農民大衆，在農業方面仍舊採用封建的超經濟的搾取方法。例如地租，高利貸，賦役及其他苛捐雜稅等沒有一個不是封建的剝削方式。朝鮮農民在遭受日本人的苛斂誅求而在餓俄線上彷徨的時候，一方面深深地追憶亡國以前安居樂業的往時生活，另一方面對於日本強盜的無理掠奪引起無限的憤怒。他們早已明白，爲爭取他們的生存，也只有走上反日獨立的一途了！因此朝鮮農民在過去的種種反日運動中都很熱烈地參加，特別在『三一』大革命中，可以說全國農民都被動員，積極參加反日示威和暴動。其後隨着農村破產的日益加深，在各地不斷地發生農民大衆的抗租，抗捐等鬥爭。據敵人統計，全國農民抗租鬥爭，每年平均有三百餘件之多。這就是朝鮮農民的慘苦生活和白熱鬥爭的表現。

『九一八』事變以後，日本法西斯強盜們一手舉起『建設滿洲天國』的招牌，欺騙和誘惑農民，威脅和驅逐農民，使他們到滿洲荒野去開拓荒地，同時作爲侵華後備隊，另一方面把日本的『過剩』人口移到朝鮮來，作『鵲巢鳩居』的勾當，日本強盜的這種政策，在過去數十年間可以說是得到相當的效果。現在在朝鮮的日本移住民已達六十萬人，在滿洲的朝鮮僑民已經超過百萬。可是在另一方面朝鮮農民移到滿洲來的結果，更加增強了滿洲朝鮮獨立軍隊的大衆的基礎。而且更加提高了他們的反日情緒。

本來朝鮮農民是有着光榮的歷史的革命傳統。一八九三年發動的所謂東學黨暴動，就是農民大衆反抗李朝專制壓迫的大革命運動。亡國當時的全國義兵運動也是農民大衆的武裝抗日鬥爭。又如上述，『三一』大革命的基本隊伍也就是農民。他們有執拗的民族意識和頑強的反日感情，在每次反日鬥爭中發揮出最強大的革命力量來。無疑地他們是和工人階級一塊，成爲全民族反日統一戰線運動的最基本的戰鬥隊伍。

再其次，朝鮮的中小資產階級，即小規模的商工業者，小地主及其他小市民等，也在日本資本的壓搾下，日益走上沒落的過程。他們在歐戰時期的普遍景氣時代，曾經抱着一攫千金的雄心，而在日本資本的大量流動中企圖建築向前發達的基礎。可是這種雄心終於變成美夢。在日本經濟的週期恐慌中，特別在一九二九年以後的慢性恐慌期中，由於日本資本向殖民地民族開始了空前侵奪，許多小規模的產業及商業機關紛紛倒閉。今日的所謂中小資產者，到明日就會變成無產者了。他們只有在資本集中的法則下，好像牽入屠場的羔羊一樣成爲無力抗爭的犧牲品。

可是我們必須知道，在這一社會階層中，包含着許多聰明的知識份子。例如教授，新聞記者，作家，醫生，牧師，青年學生等。這一批人們不僅形成了朝鮮民族文化的一種力量，而且不論在過去和現在，朝鮮民族解放運動中起着非常重大的作用。他們在目前的中日戰爭中，清楚認識這是朝鮮民族爭取解放的唯一機會，而要站到中國這邊來，共同打倒日本帝國主義，是沒有疑問的。

最後，民族資產階級及『民族地主』，雖則他們的力量是很微弱，又雖則他們還在夢想着在日本資本的卵翼下打開一條新的出路，但同時他們仍然並沒有完全放棄打退日本資本而獨覇朝鮮的雄心。在過去的歐戰景氣時代，他們也曾有過光榮的發達，企圖和日本資本對抗一下。一九一九年『三一』大革命，無疑地是朝鮮民族資產階級所領導的反日運動。所謂民族代表三十三人其實是他們的代表者。可是這一運動失敗以後，他們便一蹶不振了。在日本資本的重重壓迫下，他們不得不踏進繼續破產和沒落的過程，然而這不是說他們已經完全失去了反日獨立的精神。相反地他們在這種破產和沒落過程中更加深刻地認識到自己的出路除了民族的獨立外便沒有第二條可走的路了。在這一點上我們深信在目前全民族反日統一戰線運動中，他們一定能夠參加進來，而且能夠執行他們所負起的歷史的使命。

四

朝鮮民族到底有多少反日力量這個問題，自然不是容易解答的。我在上面所解釋的，未必就是完全正確，不過在大體上說，關於朝鮮民族在過去發動過的以及在今後可能發動的反日力量，都有相當的分析和估計。我提出這個問題的用意，端在使中國人士們注意和研究這問題，更進而正確地認識朝鮮民族問題，而在目前中韓兩民族抗日聯合戰線結成過程中得到認識上的幫助。

原來關於這個問題的估計，中韓人士的看法固有所相異，即使在朝鮮人間也未必就能完全一致。有的人是把工農大衆的革命性作過高的評價，而對於民族資產階級的革命性評價得太低。又有的人則與此相反。我認爲站在民族統一戰線的立場上說，過左或過右的評價都不正確的。我是始終相信，在『打倒日本帝國主義，建立眞正的民主共和國』這一目標下，只除了親日派韓奸外，全體民族，不論是屬於什麼階級或什麼黨派的人，都要起來參加反日革命鬥爭，是沒有絲毫疑問的。

中國抗戰與朝鮮民族問題

一來

一

中國與朝鮮，在地理上，隔着圖們鴨綠兩江的一衣帶水，綿延數千里相接的國境，決定了兩國民族政治，經濟以及文化生活上不可分離的關係。

歷史是這樣的告訴我們：一五九二年，日本爲了要侵略中國，便假道朝鮮，也從征服朝鮮入手，在朝鮮首先引起了所謂『壬辰倭亂』的八年戰役。一八八〇年，淸俄日三國，曾經以爭奪朝鮮，爲各自外延勢力的決勝點。一八九四年日本發動淸日戰爭，先驅逐滿淸在朝鮮的勢力：一九〇四年又發動對俄戰爭，結果排斥了帝俄的東漸勢力，他的着眼點，無非在於攫取朝鮮，以便更進而併吞中國。

日本對朝鮮所採取的手段，不外是威脅，利誘，以維獲獨立爲釣餌爲幌子而作爲吞併朝鮮的階梯，更進而爲侵略中國的準備與根據。我們試看，朝鮮不幸而亡國以後，日本的侵略魔手，首先便伸入中國的東北部的廣大的領和利權上去，反之，假如朝鮮不亡，日本强盜就很本無從染指中國。

這些，特別從九一八以至七七蘆溝橋事變而到今日，偉大的中國，遭受了日本强盜的殘暴的侵略的苦痛與慘痛歷史現實，鐵一般眞實的說明了中國與朝鮮兩民族『休戚相關』，『生死與共』的命運與關係，而這一點，尤其値得今日在準備展開着兩民族共同對日作那無情的解放鬥爭的鬥士們，所該深深記取和認識的。

朝鮮民族戰線社屬

共同努力

李濟深題

二

已經不容否認，中國與朝鮮，在共同反抗日本帝國主義侵略的一點上，是眞正不可分離的利害關係的，可是，我們試一檢討，在朝鮮亡國以後，日帝國主義的暴行與野心，日益增長與展擴以後，中國的先見的政治家中，固然不會有遠識之士，從而大聲疾呼，一方面以朝鮮的覆轍爲殷鑒，一方面積極作援助朝鮮獨立與復國運動的圖謀，然而，在過去，中國的執政當局，始終對于中韓兩民族的關係，沒有明確的認識，對于朝鮮問題，也仍一直的沒有樹立一貫的堅固正確的政策，我們試來一看中韓過去關係：

1.中國的東三省地方，有一個時期，曾被當着是朝鮮革命的烽火台，特別是武裝運動，自亡國以後，直至九一八前後，還是繼續不斷的進行着，而當時的東北當局，頂多只是採取了消極的放任態度，可是在日寇的要挾與移民問題的糾紛的雙重苦悶下，對於朝鮮的武裝運動，無可諱言的，往往不能勇敢的給予有力的援助與順利發展的環境。

2.一九二五年中國大革命的前後，中國革命當局，曾經給予朝鮮革命青年以參加軍事教育與北伐戰爭的機會，並在廣州武漢兩地，組織東方被壓迫民族聯合會，團結並援助包括朝鮮在內的全東方弱小民族的革命力量，可是，因爲寧漢的分裂及廣州事變的發生，中國內部的思想上的鬥爭，不可避免的牽涉到朝鮮的革命份子，影響所及，終于不幸的給拉下第一次兩民族聯合的序幕。

3.一九二二年在湖南長沙，有中韓協會的成立，一九二八年在南京有所設東方被壓迫民族通訊處；一九三二年在上海有中韓民衆反日大同盟等團體的組織。這些團體與組織，特別是中國方面參加者，都係同情朝鮮革命之少數人士，同時，因爲經費的無着和環境的窒礙，僅止於局部的感情聯絡而沒有發生若何實際作用。

4.一二八戰爭告終，中國當局痛定思痛，想到於民族自衛戰的準備，就從那時起，才按月支撥一定數目的金錢，資助在京滬一部的朝鮮革命黨人，并給予朝鮮青年以受軍事訓練的機會，但是，引爲缺憾的是：第一，這一種資助的工作，並沒有統一起來做，同時第二，對於朝鮮革命青年的訓練，也未能較普遍較大規模的做，所以沒有收到預期的効果。

根據上面四點，我們可以從歷史的事實的觀察，知道中國同朝鮮兩民族，在革命關係上雖相當密切，但在關係的發展和運用上是很不够的，這無論站在朝鮮或中國的立場上，總是一個很大的缺陷，而今日也須加以克服的。

三

這裏我們要相當的檢討一下：中韓兩民族的關係，為什麼不能有進一步的發展呢？我以為至少有下面兩大原因：

第一，日本從併吞朝鮮，直到蘆溝橋事變的前夜，中間雖然發生和表現出經濟的恐慌與內部矛盾對立的尖銳化，然而，它總是第一次世界大戰以後一個新興的資本帝國主義的國家，殖民地的革命運動，無疑的在領主國的繁榮過程中，不容易取得多大的發展的，由于這種客觀條件的限制，朝鮮革命運動，便相當的帶有內在的脆弱性，從而也就或多或少削弱了中國民族進一步相與聯合的要求。

第二，國民政府成立以前的中國，是一個封建割據與軍閥混戰的局面的延長的歷史，統一大業，一直未能完成，這個時期自然無暇顧及其他民族革命問題；在一九二七年以後，一直到西安事變以前，又由于連連不斷的可悲的內戰，同時因國防建設的空虛，對于攘外抗日，始終在準備的過程當中，以致對于朝鮮民族問題，不能進一步的加以考慮。

可是，如今的情形卻完全兩樣了：一方面，中國在國共兩黨精誠合作的基礎，形成空前的大團結，在最高統帥蔣介石先生的領導下，進行起偉大的民族自衛的革命戰爭，經過十一個月艱難苦鬥的結果，中國國家的抗戰及國防力量，飛躍的在增長和加強，將成為不可屈服和戰勝的勢力；他方面，日本帝國主義在中國民族英勇堅決的抗戰和全世界反侵略反法西斯蒂的勢力的抨擊，抵制以及其國內矛盾的激化工農大衆的反抗之下，已在執行着自掘墳墓的任務了，因此，無論在客觀和主觀方面，中國和朝鮮民族的聯合抗日的條件，總已經具體的成熟着存在着了。

四

朝鮮民族，自從陷入日帝國主義殘暴的壓迫和無情的榨取之下，失去了自由，失去了生存的權利以後，不僅始終沒有忘記謀取獨立解放的企圖，並且民族的鬥爭，更一天天的加緊和增激起來。

最初是義兵運動，其次是有名的『三一』運動，再次是根源于殖民地民族經濟之加速的破産而發生的社會主義運動，復次是配合着中國及全世界的新的政治潮流而逐漸形成的統一戰線運動。

講到朝鮮民族的力量，如今在國內，有着三百萬以上具有組織的民衆；在中國東北，有着數萬的武裝義勇軍，在中國關內，有着具有領導機能的革命團體與若干受過優秀的軍事訓練與政治教育的革命技術人員，這些，無疑的都有機的成一種偉大的力量。

抗戰中的中國，不可忽略這個力量，應該發動起來這個偉大的力量。

要發動這個力量：

第一，須要建立兩民族的全面的聯合戰線，通過這個聯合戰線以統一兩民族的對日作戰與鬥爭的戰略戰術及行動；

第二，須要統一的援助朝鮮民族統一戰線，一以促成朝鮮民族各個黨派的團結，一以使朝鮮民族統一戰線，在朝鮮國內組織廣泛的深入的反日鬥爭與運動；

第三，須要以在中國內的朝鮮青年軍事幹部為基礎，組織獨立的或混合的抗日武裝，給予他們以朝鮮民族革命軍或中韓民族抗日同盟軍的旗幟，直接參加中國抗日戰爭。

這樣，朝鮮民族在國內與國外的革命力量，馬上很快的便像洪流一樣相互的滙合起來，在中國民族解放抗戰過程中，執行着裏應外合與內外線配合作戰的最足以粉碎與致敵人死命的抗日任務，同時，在打倒日本帝國主義的總任務中，遂行了把朝鮮民族自己由日帝國主義體系內分離與解放出來的歷史使命。

賢明的中國當局和各個黨派各個階層的同胞們，我們朝鮮民族的兄弟姐妹在熱忱的伸着千百萬的巨手準備着同你們緊緊的相攜前進！

朝鮮婦女與婦女運動（續）

林哲愛

二、朝鮮婦女運動

（一）

朝鮮在封建制度還沒有打破以前，便爲日本帝國主義所蹂躪，而在日本資本主義獨占勢力之下被迫走上資本主義之路，所以朝鮮的婦女是在日本帝國主義與封建制度兩重勢力壓迫之下，像在一般資本主義國家所發生那樣的女權運動也沒有發生的機會，這是已經在前文中說過。因爲在這種殖民地的特殊環境中，所以朝鮮的婦女運動是和全民族的解放運動同時發生，而跟着全民族解放運動的發展而發展。

一個鎖國主義的封建國家，一旦爲異族資本主義國家所蹂躪，舊的一切生活紐帶爲之鬆散或瓦解，另一方面朝鮮民族反抗的烽火是遍達全國，繼續八年的義兵鬥爭，及安重根義士的射殺伊藤博文，李在明烈士的刺李宗川，田明雲烈士的刺殺須知分（是一美國人，被伊藤博文買收而担護日本的併呑朝鮮）等英勇鬥爭轟動了一世。在這時期中，久在封建制度下喪失了活動能力的朝鮮婦女，並沒有獨自發揮能力的餘地，但她們的愛國心是很純眞而熱烈。她們當然不願意當倭奴的奴婢，更不願意讓她們的可愛的兒女們去作奴婢，即在全國民族反抗運動中婦女的內助的力量是不可忽視的，譬如担任義兵給養工作，或徵募軍用資金，或担任聯絡交通等是在民族鬥爭中佔着重要的任務，尤其是婦女對其兒女們，用歷史的傳說與故事及種種激動的話去激發愛國心與民族意識，是在遺留給第二世國民以民族意識上，有着很重大的意義。不過這是一種潛在的力量，是一種無名英雄的鬥爭，並不能說是一個公開的婦女運動。

朝鮮民族戰綫
爲正義而奮鬥
關麟徵題

（二）

一九一九年三月一日的獨立運動，是朝鮮民族各階層總動員的大革命運動，這正當朝鮮亡國後第十年。第一次世界大戰方纔告終，威爾遜提倡民族自決及正義人道，俄國起了社會革命，世界被壓迫民族的解放運動與帝國主義列强國內社會革命的兩大巨潮，普遍於全世界，朝鮮民族在這樣環境之下，也舉起自由獨立的旗幟、與日本帝國主義搏鬥，於是朝鮮婦女也英勇的參加這偉大的民族解放鬥爭，而始成爲民族解放鬥爭的一支生力軍。在「三一」運動開始的那一天，京城的全體女學生也整隊參加大示威運動，與男學生一樣當着運動的先鋒，能與日本帝國主義的武裝軍警相與英勇抗爭，自是以往，婦女參加革命的運動普遍全國。這就是朝鮮婦女公開參加革命運動的歷史的記錄，多數婦女的被捕入獄，受拷訊與酷刑，被虐殺，以及受野蠻的凌辱等，均與男子沒有分別。在這鬥爭中就發生愛國婦人會，女子決死隊等婦女運動的組織。積極進行，募捐，宣傳等工作。

三一運動的指導精神是民族自決，人道正義等包含廣泛的民主主義的民族的主義。「三一」運動的代表者三十三人，差不多都是天道教，耶穌教，佛教等宗教的領導者們，這一件事實就可以說明「三一」運動的指導精神是甚麼，在這個時期婦女運動的中心思潮也是一樣爲民族自決的民族主義，及廣泛的民主主義所支配着。這樣朝鮮婦女經過了「三一」運動的大風潮，才由消極的舊生活中擺脫出來，轉爲積極活潑起來，努力於組織運動，教育運動，雖在敵人重重壓迫之下，也很快的踏着進步的路前進，這就是朝鮮婦女思想的啓蒙運動的開始。

（三）

「三一」運動以後，朝鮮的情勢是起了很大的變化，日本帝國主義對朝鮮的初期的武斷政治，雖在表面上改變爲文化政治，但其對朝鮮民族的搾取政策是愈趨愈組織化，是在變本加厲的進行，使落後的朝鮮民族經濟在日本帝國主義獨占資本勢力下，完全被破產而無餘。大多數朝鮮民族被迫在飢餓綫上彷徨，而朝鮮無產階級是急速的成長起來，進而發展到意識的自覺，一面世界的革命思潮不斷的灌輸到朝鮮革命運動綫上，於是朝鮮革命運動也漸趨組織化，而漸入勤勞大衆的生活鬥爭中。這樣到了一九二五年前後，網羅全國各種勞働團體的勞働總同盟，網羅全國農民團體的農民總同盟，及集結全國青年團體的青年總同盟等統一的鬥爭機構於以創立，這就是朝鮮革命運動進入一個新階段，同時婦女運動也到了一個新的階段。在這一年產生『朝鮮女性同友會』，這就是朝鮮婦女解放運動組織化的先聲，而在各地方亦有同一性質的婦女團體產生，同時農工婦女的經濟鬥爭也是猛進。但在這裏值得注意的，就是勞農大衆的經濟鬥爭的急速發展與一般社會運動的普遍發展，是在朝鮮革命運動綫上起了一種分化作用，民族運動與社會運動的對立便是。即在婦女運動線上亦分爲兩種不同的潮流，一個是代表一般有產階級及宗教徒的改良主義的傾向，另一個是代表一般工農大衆的社會主義的傾向，這在朝鮮婦女運動史上，當爲第二期發展階段。

（四）

一九二七年的中國北代革命的偉大發展及高漲的世界革命潮流給予朝鮮革命運動的影響與教訓是很大的。於是朝鮮革命運動也是由民族運動與社會運動的對立而轉入爲民族統一戰線的結成，『新幹會』就是這樣的目標與努力所產生的。同時朝鮮婦女運動也進展到統一組織的階段，於同年所產生的「槿友會」就是網羅全國各階層的女性而組織的統一團體。亦與「新幹會」採取同一的步驟，而開始更高的鬥爭。

一九二九年及一九三〇年是朝鮮工農大衆經濟鬥爭達於最高峰的時期，元山工人的總罷工，釜山紡織公司工人的總罷工，及平壤十二個工廠的聯合總罷工，是爲朝鮮勤勞階級的偉大的鬥爭記錄；而釜山紡織公司罷工與平壤橡皮工場罷工，都是女工鬥爭，尤其是釜山紡織公司的總罷工，是以三千女工爲主力，而堅決英勇的鬥爭，究竟貫徹了其所提出的要求條件，并援助響應「十一，三」光州學生運動。

一九二九年十一月三日所爆發的光州學生運動，乃是「三一」運動以後最偉大的運動，這運動發生的動機，是因於光州地方的一個日人中學生對一個朝鮮女學生說出一句撥凌的言辭，而朝鮮學生與日本學生之間遂起了大衝突。但日本警察機關及學校的日人教師都袒護日人學生，採取不公平的處理。以此朝鮮學生之反日運動便即遍達全國，繼續了三個多月的鬥爭，到了第二年正月，在京城舉行了熱烈的示威運動，在「朝鮮獨立萬歲」，『打倒日本帝國主義」，「撤廢奴隸教育」，「釋放光州被捕學生」等口號下，展開英勇的鬥爭了。在這個運動中全國女學生也一致的參加起來，遺留着光榮的戰績。

（五）

光州學生運動發生的時期，也就是日本法西斯，瘋狂的準備進攻侵略中國的戰爭，所以在「三一」運動以後所實施的所謂文化政策，再轉變爲極度黑暗和殘忍的法西斯高壓政策，這樣到了「九一八」事變的前夕，即到了一九三〇年以後，勞働總同盟，農民總同盟，青年總同盟，新幹會等所有民族鬥爭的團體根本沒有活動的餘地，於是在無形中一律被迫停止其活動，就是婦女運動的團體『槿友會』也在解散之列。

於是朝鮮的一切運動又復進入於一個新的階段，自是以往，朝鮮的所有鬥爭分子，就開始了地底下的秘密運動，深入於農村及工廠的大衆裏面，積極推進大衆的鬥爭，但從這個時期，有些不徹底的機會主義的分子，由革命陣營脫離也是事實，婦女運動從此就進出於真正的革命運動，就是說婦女運動也在反日本法西斯帝的民族統一戰線旗子下，開始了廣泛的大衆的反日鬥爭。

這時期在朝鮮婦女的革命鬥爭中，值得在這裏提出的，就是一九三二年所發生的濟州島海女暴動事件，這一事件是因於日本帝國主義者獨占漁業權及實施殘忍的搾取漁民策政而發生。起初海女五百名爲爭取自由漁業權及抗稅，對日本官廳開始反抗鬥爭，但因日本警察的殘忍壓迫，而終變爲反日的暴動，終將日本警察署破壞，因此多數英勇的婦女鬥士是光榮的犧牲了。

（六）

自從中國的全面抗日戰爭開始，我們都認識這一次中國的抗戰不僅爲中國民族生存的防衛戰，而且是爲東方被壓迫民族解放的戰爭，我們朝鮮民族應該明瞭這是爭取祖國自由的時機，我們朝鮮的革命婦女所將遂行的任務也是很明白了，我們僑居在中國東北的婦女同胞，已經參加中韓抗日聯軍的游擊戰，正在進行英勇的鬥爭，也是一個顯然的事實。我們革命婦女要一致團結起來，參加神聖偉大的民族解放戰爭，爲恢復祖國自由而戰，爲東亞和平而戰，爲人類正義而戰！

我們要重視蘇聯的友誼

敬啓者：　玆奉上中央廣播講詞一份，希
賜登貴刊，以促進中蘇之互助，共同打倒日本法西帝國主
義，爭取東方各民族之解放，爲幸。
此頌
鋒安
張西曼啓。
六．八年

蘇聯是個「社會主義」的國家。從中國政治哲學立場來看，「社會主義」正合於東方文化的「王道精神」。這絕不是一種「牽強附會」，而是一種「眞理」和「事實」。我們正當民族解放的神聖戰爭的大時代，就這國際民族問題一方面求個合理的解決，很知道一部份狼慾未饜的法西國家，正在企圖「殖民地的再分割」，利用國際的「自私和矛盾」來犧牲弱小民族的生命，構成所謂陰狠毒辣的「法西侵略集團」來毀滅世界的人道，正義與和平！我們回想以往歷史上一般漢族的英明君主，對於其他文化落後的民族，至多不過發揮了他們「好大喜功」的心理和能事，絕對沒有任何滅絕人道的舉動。「遠人不服，則修文德以來之」——甚至還要做到「興滅國，繼絕世」的仁義功夫；這就是中國聖賢所發揮「治國平天下」的偉大計議，也就是促進「世界大同」的福音。　至於蘇聯呢？他自從一九一七年建立社會主義的勞動革命政權以來，始終就反對帝國主義對弱小民族的壓迫，剝削和侵略。他始終主張以人類平等爲原則的「民族自決」，認爲就是不幸的弱小民族也賦有獨立自主和神聖不可侵犯的生存權利。　他不但不斷的向世界及國聯會議席上努力作正義有效的呼號，主張制裁一切侵略，而且在蘇聯國境內使大小一百五十餘民族同得解放。　這種民族間相互平等和偉大團結的精神，就在世界最光榮最幸福的「斯達林憲法」中表現出來（請參看中蘇文化協會出版部譯「蘇聯新憲法」）！我們　總理所倡導的「民族主義」，對外在求中國國際地位的自由平等，對內在使國內各民族在政治，經濟，以及文化地位的一律平等。我們中蘇兩革命國家所主張和實行的民族問題的合理化，就可證明社會主義和那由王道精神所演進而具體化的三民主義的最終目的并無二致。記得民十三年冬總理北上，經過神戶時，爲日本各團體講演「大亞細亞主義」，對於友邦蘇聯的立國精神推崇備至。他老

國內消息

一．天道教幹部被捕

天道教爲朝鮮特殊的宗教，於一八二四年，由崔濟愚創立，以「人乃天」爲其宗旨，而「建設地上天國」爲其目的。一八九四年（甲午）的朝鮮東學黨大革命運動即是天道教前身東學黨領袖全琫準所發動的，又一九一九年三月一日的獨立運動領袖孫秉熙即爲其第三世教主，全朝鮮內信徒達十餘萬，該教有一種特別的咒文，使信徒朝夕誦念。敵對當局對該教從沒有好感，時常除破密監視外，並用種種離間中傷及利誘不良分子，盡可能破壞其團結爲能事，這是不僅對天道教如此，就是對耶穌教與佛教亦然。

今玆又聞：天道教幹部金在桂，崔俊模，韓順會，金東成，洪順義等五人突然於二月十七日被敵警檢舉，玆據其案件的眞相如下：（一）金在桂等懷抱朝鮮獨立之志，已自五年已來，繼續進行，并作成咒文隱含「驅逐日本，完成獨立」之意思，使信徒每日誦念，藉以訓練教徒。（二）自從去年八月十三日上海中日戰爭發生，金等便以此爲朝鮮獨立之絕好機會，遂即決議募集特別義捐金，以充運動資金，分朝鮮全國爲四個區域，而着手募捐。（三）金等領導信徒時常舉行特別祈禱，而其主旨即爲脫離日本的統治以恢復祖國的自由。

二．革命志士安在鴻被拘

朝鮮革命志士安在鴻（民世），曾於「三一」獨立運動時，爲發刊「獨立新聞」而被捕，與民族代表三十三人及崔南善等，同受敵人的苛酷的判決，經過多年鐵窗生活，刑滿出獄後，在朝鮮日報社

人家說：「蘇聯要講仁義，措德，不要講功利，强權。它極力主持公道不贊成用少數壓迫多數。…………所以要來和東方攜手！」中國要完成本身的自由平等，蘇聯要扶持弱小民族完成民族自決，有東西兩大革命聖人的攜手合作，構成「革命的合流」，厲行政治與民衆結合而奠定北伐勝利的偉大機運。這却首先遭了日本帝國主義的忌嫉。它久把中國看做任它操縱宰割的禁臠，那能够儘眼巴巴地讓中國來自由獨立的呢？它本來要拏「大亞細亞主義」的圈套來誘惑總理加入，好把中國民族革命意識完全陶溶消滅，漸漸變爲高麗台灣一類的奴隸。那知我們堅忍不拔的偉大革命導師却公然讚美着蘇聯大道正義的立場，好像一個大無畏的勇士對着咆哮的猛獸的饞吻上打了一拳似的。野獸自然要發動獸性，力圖報復，所以極盡挑撥離間的陰謀，破壞了革命的統一陣綫，和國際互助的結合，隨着又造成濟南慘案而阻撓北伐的進展，助長中國的內亂而破壞中國的統一和建設，造成中東路綫的衝突而打破有利東北國防的國際均勢（當時主要反蘇份子丹榮寶張景惠等，都是九一八事變中的主要漢奸，可見這類反動勢力總要藉口反對赤化而掩飾賣國和反三民主義革命的罪惡），利用我國孤立無援而乘廿年長江大水災之危，由朝鮮半島席捲滿蒙大陸而造成中國不部。但是每次在它吞食大塊土地而不能完全消化的時候，它就臨時提出不平等的和議，所謂「塘沽協定」，「淞滬協定」等等都是玩人于股掌之上的拿手好戲，結果是中國一再被它所愚弄，侮辱、宰割！現在寇深事急，國家民族已到危急存亡的嚴重關頭，決不許我們再事旁皇歧路而要從速恢復三民主義的革命國策以力自振拔了！

倭寇自一九○五年俄日帝國主義戰爭以後，已有三十年的充分休養和準備。它那大陸和海洋政策的第一對象，是在滅取全中國，不許中國變成一個與它對立的强盛的民主國家。它窺破了英國被牽制在歐非兩陸的切身利害上和美國孤立政策的弱點，斷定英美決不能聯合以雙五比率的海軍力冒險來攻倭寇單五點（實際已打破華會的限制）的防禦攻勢。假定此種情勢有可能的話，（絕對不可能）英美勢必要犧牲同等的力量才能殲滅倭寇的海軍。如是，美國剩了二點五，還可痛定思痛的退回去自保。英國所剩的二點五，就不能維繫擁有廣大殖民地的海上霸王的威權了。以中國局部利害問題來拚一個「窮措大」，反而促成東方民族的解放運動，這是老謀深算的大英帝國所不甘自掘墳墓的。即使倭寇轟炸了巴納和瓢虫兩艦，佔領了國際殖民地的長江下游和與緊華南也不足引起任何正面的衝突，祗要倭寇所要的手段來得巧妙一點罷了。

倭寇最感恐怖和苦痛的，就是蘇聯國力的日趨强盛，可以隨時使它大陸政策的迷夢化爲一個「迷夢」。去年倭寇發動七七蘆溝橋事變，同時又造成東西法西强盜互相聲援的「反共」煙幕，互相掩飾着對一般民主和平國家的威脅，牽制而急圖吞滅弱小的鄰封。爲的是要取到內外夾攻的大效，倭寇更利用漢奸反動勢力破壞中國內外統一團結的好轉，以期加速中國內在崩潰的危機，——這却是値得我們革命領袖和革命羣衆所深切注意而要早加糾正和肅淸的重要工作！

西方法西國家爲甚麼死力替東方海盜撑腰呢？因爲法西侵略陣線，已經由各個窮兵黷武國家向外擴張的國策而凝成一個國際共同狼狽爲奸的集體行動。個別的對弱小民族示惠，完全是人面獸心的騙

主持幹政數年，至於一九二七年「新幹會」之創立，安君之力亦多，君與前年在敵獄中逝世的申采浩先生及現在漢城的洪明憙等，爲朝鮮輿界之泰斗及革命論壇之領袖。最近安君又被敵人拘捕，於四月二十七日在京城敵法院被宣判二年徒刑。至於被拘的理由，即爲介紹兩個青年給現在中國的某一革命同志，而該青年等當過國境時被捕，便在其身上發見安君之介紹信，因此就被認爲觸犯所謂治安維持法及保安法。

三．社會主義者金熙星等十人被拘

「共產主義團體」之組織者金熙星，白渭赫等十一人曾於前年十一月被捕，久在京城法院受訊中，今茲終了預訊期間，將於最近舉行判決。茲將被捕者姓名列下：金熙星（二三歲），白渭赫（二七），朴仁善（二七），崔鍾稷（二五），李秉德（二八），尹淳達（二五），朴寅椿（二四），朴泳（二四），文庸瑢（二二），李丙穆（二一），崔泰主（二九）。

四．中韓聯軍的活動

盤據在平安北道國境對岸的抗日聯軍數千名，最近活動甚力，於去五月中曾一度分三路圍襲桓安縣並擬進攻朝鮮國境之一要鎭滿浦鎭，守衛國境的敵軍及敵警，爲之異常恐慌，敵之戒備頗爲嚴重，飛機亦曾出動。但我們的抗日聯軍突於五月十四日又出現於外岔溝方面。予敵以意外的打擊後，安然退回原根據地。

五．朝鮮志願兵制及志願者

今年二月，敵人在朝鮮；頒布志願兵實施制，關於這個消息已在本刊第二期發表。但現已經過三

予作用。我們已經上過不少的當了！我們革命的理智，絕對不許我們再上大當，而使國家民族淪于萬劫不復的境地，我們不但見到法西強盜充分接濟它那同盟的倭寇人力和物力和承認僞組織的無恥，還聽到他們公開的表示著希望倭寇侵略的絕大勝利！這是不是明明白白對于我們數千年的文化歷史和四萬萬五千萬大民族的獨立和人格表示萬分的侮辱和輕蔑嗎！

法西國家極願壓迫中國半途的屈降或是扶助倭寇迅速決對華侵略的勝利，目的就在使倭寇抽出身來牽制蘇聯於東方，便利他們威脅英法作種種讓步或取捷克西班牙爲附庸。然而英法，法蘇，蘇捷，法捷間的精誠諒解，精誠團結，精誠互助的偉大力量日益加強，決可粉碎敵人「各個擊破」的陰謀！這不是我們的良好榜樣麼！大敵當前的今日，我們祇有恪遵 總理遺教，恢復「聯俄政策」，建立國際反侵略陣線，以粉碎東方海盜各個擊破的陰謀！

可是倭寇自從我們全國上下表示了「抗戰到底」的決心，已陷於進退維谷的窘境。寇軍愈深入中國，地，人民反抗力愈堅強，三民主義革命領導組織愈見發揮光大，世界人類的正義和同情愈見加強廣被，同時日本，高麗，臺灣等地的革命羣衆，蘇聯的忠勇紅軍均在準備斷絕這個法西惡魔的後路，這不是日本帝國主義崩潰的末日而何！

我們既了解其他民主國家聯合自衞及鞏固和平的立場，和感謝它們正義的支持中國抗戰，同時也可想像到具有共同深切的利害的蘇聯必不能袖手旁觀的。所以去年八月中蘇互不侵犯條約簽訂以後，蘇聯更又給予我們絕大的援助：

（一）加強了遠東軍事佈置，牽制了倭寇三分之一的精銳武力，使它不能全力貫徹對中國的侵略。

（二）在迢遠而險峻的西北大道上，尤其是當隆冬風雪之際，不避艱苦險阻和土匪的襲擊，源源接濟軍火。同時要注意的，它獨能顧全國際道義，絕不售與倭寇半粒子彈。

（三）蘇聯的軍事技術人材，一本民十三犧牲服務精神在最高統帥指揮之下，一致爲中國國民革命而努力；而且本年一月間二百蘇聯友人遠離幸福富強的祖國和家庭前來投效中國的空軍義勇隊。他們經過香港對答路透社記者訪問時，曾鄭重表示「三民主義不但可以救中國，並且可以促進世界的和平！」，於此可見蘇聯革命羣衆信賴我們三民主義時代使命的熱誠了！

（四），還有關係非常重大而爲一般人所忽視的一點，就是倭寇的進攻中國，同時要利用中國政治，民族或宗教上的隔閡而厲行分化作用，以便造成指揮如意的漢奸鷹犬組織，西北方面醞釀甚久而不能隨着內蒙賣國賊的勾當而爆發，一方面應歸功於地方當局（如甘肅朱主任紹良，新疆盛督辦世才，河西馬軍長步青等人）的得力疏導和鎮制，一方面也因爲蘇聯機械化武裝的雄姿活躍於××國道上，懾伏了無恥漢奸的野心。假使沒有革命領袖的當機立斷，坐使賊勢也在西北蔓延起來，那麼，黃河流

個月的招募期間，行將受驗入伍，茲略述其大概的情形如下：（一）招募總額爲四百名，第一期入伍定額爲二百名，由朝鮮總督府通令十三道知事，由各道廳分別招募，應募者必受當地日本警察的嚴密的調查與保證，始得報名於各該道廳，再由各道廳經過嚴密的考試，合格者必由知事担保，又復經過陸軍的嚴密檢查，始得入伍。（二）全國志願者總數已達相當額，敵當局已於五月二十日至二十五日之間，分別舉行嚴密考試，選擇二百名，將送至總督府「陸軍兵訓練所」受訓，而六月十五日爲入伍期，但所謂「陸軍兵訓練所」尙在新築中，故暫定京城帝國大學區內爲訓練所。

記者按：日敵作養朝鮮，于茲已三十年，從未敢給予朝鮮人以武裝的機會。但現在敵亦已到最後關頭，不得已於朝鮮實施志願兵制，然其數額極爲少數，不過四百名，即壯少額亦分兩期招募之，可見其誠意的程度如何。至朝鮮青年應募者之知識水準，多係小學畢業程度，年齡以十七歲者最爲多數。朝鮮的志士中，「者以此當爲我民族的一恥辱，」這當是一種崇高的民族意識的發露。但記者以爲不妨敵人替我們多訓練一點青年，多給我們一點武裝。這些受過軍事訓練的青年及武裝，將爲我們必有用處。不設別的，就是自「三一」運動以來，成千成萬的最勇敢的革命青年，何嘗不是受過日本的奴化教育？

又於近日在中國的報紙上，不時看到「敵陣中有朝鮮兵參加」等消息，我們知道大概是因於情報的不確，而以訛傳訛。不過在朝鮮人中亦有流氓地痞或因生活所迫，受敵人的誘惑與威迫，混入於敵人的後方，或作韓奸的，或買白麵鴉片的，或作軍用品生意的，或營普通商業的在所不免，在兩月以前在北戰場由遊擊隊所俘獲來漢的八個朝鮮人亦係這一類。但這些與武裝的軍人應該是兩樣。在某種意思上這些比武裝軍人更壞也是事實。尤其是要作敵人後方工作的政治工作同志們，應該要明瞭這一點，如果不明瞭這一點，那末其所作的工作，有時等於無的放矢，不免爲徒勞而無功的原故。

域早就整個動搖了，臨時國都所在地的四川也就不能閉劍閣夔門而苟延殘喘了……

至於蘇聯出兵共同剷除日本法西軍閥的事，我們自然要期待我們兩個革命國家有更進一步的結合，詳密訂定一種互助協定。時代的進展，我們由這次抗日戰爭的火綫中鍜煉了獨立自主的精神，爭取中華民族以及日本韓，臺等民族的解放！蘇聯能够扶助我們達到這個神聖的任務，建立一個眞實民主和平的太平洋，就可由中國扶助蘇聯進一步的鞏固世界民主和平的陣綫，以殲滅整個法西强盜的局面！

我們要理解九一八事變後次殖民地的全體民衆，同樣受着法西强盜的摧殘。除掉一般漢奸變態的賣國心理，沒有人不理解日本法西强盜是在進行毀滅中國民族精神和生存能力的。法西强盜和膺犬惟恐中國抗戰勝利，卻無時無地不在製造蘇聯赤化中國的卑劣空氣。

我們還記得一九三六年斯達林先生對美國霍華特社長談片中，表示過：「……「輸出革命」是全無意識的事。……如果你以爲蘇聯人民要用武力改變其周圍國家的面目，那你就大錯特錯了！……」「事實勝過雄辯」！蘇聯政府對于中國民族解放運動，始終寄以偉大的同情。對于中國共產黨的態度，卻和對其他各國共產黨一樣，認爲這是中國內部的政治問題，應由中國本身作個合理的解決。它從來——即在民十六國共分裂以後，——沒有接濟過中何任共軍火。反而蘇聯當中國國民黨造成革命的統一陣綫時，無論是在民十三以後以及去秋以來，總是以全副的熱情，友誼和實力來扶助中國革命政權。這是絕對不許歪曲的事實和一貫扶助中國國民黨統一革命創政權的鐵證！蘇聯絕對不願看到中國革命力量的對立和對消，陡然促成中國革命本身失非相法西强盜的進攻。它始終願和「東方攜手」，扶助中國日本等民族的解放。民十六的殺儆，斷不許我們再受敵人的奸計而重蹈。我們要謹記「兄弟鬩于牆外禦其侮」和「吳越同舟共濟」的明訓，擁護「抗戰建國綱領」，犧牲「小我」而成就「大我」所以我們始終要以國家民族的利益爲前提，代表國家民族雪恥自强的集體意識，爭取全民族的解放。同時爲多加保全國家民族的元氣起見，所以要積極制裁法西强盜和其膺犬聯合反革命份子，對於中蘇國交和民族革命的統一陣綫的挑撥離間，加緊整理政治軍事的陣容，進而締結中蘇兩個革命國家的眞誠，諒解的互助條約，併力剷除東方法西强盜，然後可以避免許多迂廻路綫中的犧牲，奠定中華民族光榮復興之路！

如此立定脚跟努力做去，才不愧爲三民主義的革命信徒，我更深信我們革命先鋒所負的國民革命的偉大使命，必能於最短期間徹底完成！

中國最高革命領袖蔣先生萬歲！

三民主義革命勝利萬歲！

中蘇互助條約萬歲！

東方民族解放萬歲！

全回族反呂統一戰線成立

最近成立「中國回民救國協會」，該會爲時子周，王靜齋，劉鐵庵，唐柯三等九人所發起，在獲得中央政府之准許後，即邀徵分散各地之回民同志，經過二三月短期籌備，即於上月下旬正式成立。理事人數，規定爲廿七至卅五人，監事人數規定爲五至九人，現已推出理事有白崇禧，時子周，唐柯三，馬鴻逵，馬鴻賓，馬步芳，馬步青，艾沙等三十二人，監事有堯樂博士，達浦生，王靜齋等八人。並推定白崇禧爲理事長，時子周，唐柯三兩人爲副理事長。在工作上，已擬定一綱領，包括下列八項：（一）建立全回族的反日統一戰線；（二）武裝回民參加抗戰；（三）融洽回漢感情，實現全國各民族的大團結；（四）訓練與組織回教靑年，充實抗戰力量；（五）向國際宣示中國各民族的統一，并與一切回教國家取得密切之聯絡；（六）救濟回族被難同胞；（七）肅淸回奸及倭寇的一切走狗；（八）組織在淪陷區域內之回民保衛祖國。根據此綱領，在內部組織上，業已成立組織、宣傳、調查等部，以及敎育，靑年訓練，救濟等特種委員會，並決定最近之工作，着重於組織回民與武裝回民二項。至於在國外從事於宣傳工作者，則有該會理事王曾善，張兆理，馬天英等人，分佈於印度、埃及、土耳其，敘利亞等回敎國家，均與國內取得密切之聯系。據云：過去回民雖亦有許多組織，但均非全國性者。自抗戰後，敵人曾在東北設立黑龍會，在華北設立華北回敎聯合會，用盡種種方法，企圖破壞中國各民族間感情。此次全中國回胞大團結，即爲對敵人此種無恥手段之最好答覆。

朝鮮革命軼事

瑾

金益相與朝鮮總督府的炸彈案

一·兩顆怪炸彈

這是已經十七年以前的事，於一九二一年九月十二日上午十時，朝鮮總督府突然發生了炸彈案，在秘書室及會計室，轟然爆發了兩顆炸彈，全總督府內，上自總督總監下至衛兵走卒莫不是驚慌失措，敵人立即下緊急動員令，發動全漢城的警察憲兵及守備隊，大事搜索，但「犯人」是渺如黃鶴，不知去向，朝鮮內各新聞特別發出號外，全朝鮮爲之轟動一時。

本案發生當時，一般人以爲這里有幾個神秘的點。當時距「三一」運動不過兩年，全朝鮮半島正在革命潮流高漲之中，南北各地不斷發生驚人的案件，朝鮮青年的鬥爭情緒也正熱烈，敵人的神經爲之極度銳敏，國境方面的出入門戶，及全國各主要市鎮的所有車站，碼頭，都密佈以憲兵警察與便衣偵探的警戒網，況且在朝鮮總督府的大門口，常有武裝整齊的衛兵及警察守衛，警戒極爲森嚴，除非同府內的大小人員，萬不得以隨便出入，但竟有人携帶炸彈，於白晝突入而未經被阻，是第一個難解的點；即使有一個膽大如天的人，僥倖避免衛兵的視綫而得入其內，然於炸彈爆裂之後，原沒有安然脫險的可能，且於此時憲兵警察立即蜂擁而至，迅速地包圍現場，但終不得拿到一個嫌疑犯，是第二個難解的點；又即使投彈者乘敵人慌亂紛擾之際，僥倖脫免於被捕，然於事後，敵即下總動員令，一面大事搜索全漢城及附近山野，一面封鎖國境，嚴重警戒，以防「犯人」之逃逸海外，但終久找不到「犯人」，而且連事件的端緒也沒有找到，這就是第三個難解的點。這是在此嚴密迅速自誇的日本警察史上並無前例的。

但一直到了第二年三月二十八日，在黃埔灘碼頭狙擊田中義一計劃不幸失敗，金益相吳成崙兩人被捕之後，這個怪炸彈案的眞相才得明白了。

二·金益相的遠征記

這兩顆怪炸彈，乃是「朝鮮義烈團」團員金益相所投擲的。這里有一段令人欽佩不已的英雄的行狀。

於一九二一年九月十日，義烈團舉行機密會議，決議粉碎敵人侵略機構的中樞神經，由金益相負起這個任務，他單身携帶兩顆炸彈，與一般同志慷慨告別，毅然由燕京起程，這時的光景，眞是不無『壯士一去兮不復還』之慨。其路程是由京奉鐵路先到瀋陽，由瀋陽改乘南滿鉄路的安奉綫到安東縣，再由安東縣經過一個有名的鴨綠江鉄橋，就到朝鮮的新義州。所有朝鮮出入國境的，到了此處，必定要受嚴密的調査，甚至要受身體的搜索，又須要携帶護照，如果沒有携帶護照的，就不得通過。但益相既沒有護照，又携帶兩顆炸彈在身上，豈不是萬分危險？那時他身上穿着學生服，一個炸彈是緊貼在兩個大腿的中間；另一個是放在衣帶裏，以備萬一遇到危險的時候隨便可以擲將出去，隨時可以換到相當的代價。幸而，火車還沒有到國境以前，他在車中遇然發見了一個年青的日本女人，獨自抱一個小孩坐着。益相便坐在她的傍邊，漫漫同她談起話來了。一個年青的女人在異域的旅道上，獨自帶一個小孩，不但是孤寂，而且是很辛苦的，在這樣的時候，遇到了一個話伴，已經可以受到安慰；況且他是一個懷抱大志的青年英雄，他的日語是純熟得同日本人一樣。他雖然暗地打算藉她討一個便宜，但並沒有一點不純的動機在。於是二人應酬的態度，絕對不像一個陌生人一樣。這樣當到國境的時候，檢査乘客的警察偵探們以爲他們是夫婦二人帶一個小孩子旅行的，所以不但免受檢査，而且連一句話也沒有給他們盤問過。這樣一直到了漢城南大門火車站下車的時候，益相就把那個小孩子抱在懷裏，站在那個女人的前面出站，得以避免警察的眼綫，安全脫險而入京。

金益相本來是漢城人，那時他的家還在漢城城裏，一位年老的伯父，一個兄弟，和益相自己的夫人是在家裏。他一到了家裏，一家人都先歡迎他意外的回家，同時也很恐懼日本警察知道他回來，所以大家都很担心。但到了晚上，益相便鄭重說明：這次暗行回國的使命．於是全家都不能舉目直視，當夜他睡在家裏，但兩顆炸彈始終帶在身邊。

明日早上起來，他就毅然離家，直向在南山後麓的朝鮮總督府去了，他到了目的地的時候，大概是上午十點鐘的光景，他就毫不躊躇的由總督府的後邊門進去。那時衞兵當他是一個在府裏當差的，所以一點也沒有注意到．他進了門口，直到大樓上，

朝鮮滅亡之日紀實

陸丹林

「韓中兩國，唇齒相承，韓之亡，非中國將亡之先聲乎？吾國人懵然不之覺，吾將以死醒之。」

這是潘子寅（名宗禮，順天府通州人。）留學日本回國路經仁川港，目睹日本侵滅朝鮮，憤懣填胸，投海而死的遺言。當時直隸總督袁世凱曾作文弔唁云：「吾子已矣，同胞奈何！諸君勉之，匹夫有責。」又附挽聯云：「可憐志士輕生，竟代怒濤撼大海。願結國民團體，共爲砥柱挽狂瀾。」

朝鮮的滅亡，係在一九一零年，卽夏曆庚戌七月十八日，至今只有二十八年，然而世界地圖，爲之變色，時到今日，中日發生劇烈的戰爭，尋根探緒，原因固然很多，但是唇亡齒寒，深足爲吾們的殷鑑。

常調元「太一叢話」對於日韓合倂之日，韓國舉行御前會議，曾有詳載：「庚戌中曆七月十八日，爲日韓合倂閣御前會議之日。是日也，韓國內閣總理大臣李完用，趙農相，朴內相，高度相，皇族代表者興王李載勉，中樞院代表者金議長，以及日本人小宮宮內次官，國分參與官，齊集仁政殿。未幾，韓皇隨尹侍從高禮式課長出御，李完用趨前奏言：『臣觀世界之大勢，韓國之現狀，爲韓國國民福利計，莫若舉韓國土地獻於日本。數月以來，閣臣愼重處理，敢代奏陛下裁下！』韓皇閉目嗟嘆半晌方言曰：『所奏已明白了，萬事憑卿等善爲處置。』言罷，淚涔涔下，左右亦爲之悽然。然韓國氣數，已盡此數分鐘矣。」

會議之後。韓皇跟著下了一道詔令，佈告四方。這一道詔令，可以說是韓皇最後的詔令，在歷史上地理上都佔很重要的位置，今把它錄下：

「朕以非德，承業艱難。自卽位迄今，凡關維新政令，雖未曾不亟圖備試，而積弱成痼，疲弊達極，無從挽回。夙夜焦慮善後之策，亦茫無頭緒。如任此支離倍甚，則恐致終局不得收拾，莫若託大任於彼，俾出完全之方法，奏確實之效功。朕於此瞿然而省，恪然而斷，茲將韓國統治權讓與向來所親信提攜之大日本皇帝陛下。外圖東洋平和，內保八域民生。惟爾大小臣民，共深察乎國勢及時宜，分安其業，勿得煩擾，惟服從日本帝國文明之新政，以享幸福。朕今日之舉，惟爲拯救爾有衆而起，非忘爾等也，爾臣民共體朕意。」

同時日本也頒布所謂安民詔書，文云：

「朕向以維持東洋平和於永遠，保障帝國安全于將來爲急務。又有鑒於禍萌常釀于韓國，故曩者令朕之政府與韓政府協約，置韓國於我帝國保護之下，以期杜絕禍源，確保平和。邇來朕之政府銳意改良，韓國政治迄今閱四年有餘，雖政治成績，尙有可觀，而韓國現行制度，未足確保治安，致人心之危疑，充溢乎全國，民不安堵，至此方覺，如欲維持公共之安寧，增進民衆之福利，非改革現制，卽不能朕與韓皇陛下俱有觀於是事體，更覺舉韓國倂日本帝國，以副時局之不得已。茲決計將韓國歸倂

就把一顆炸彈擲到秘書課裏去；另一顆是擲到會計科，兩顆都轟然炸裂，全總督府內爲之振動。至於益相則旋卽從容下樓，剛到樓梯的最後一段階的時候，兩個日本憲兵在慌地跑將上去，此時益相就抑着手喊聲道：『喂！不要上去，樓上有炸彈──危險！危險！』兩個憲兵夢也想不到他是一個投過炸彈的「犯人」，所以竟不致疑的放過去了。此時，他是從大門泰然自若地出來，憲兵和警察等是從後門追跑搜索犯人去了，這是一個萬分危急的場面，倘若膽量稍微一點不夠，而態度稍微不自然一點，那就不能免難的。可是益相是不慌不忙的到了黃金町的十字路口，這是電車三面交叉的地方：往東面去可以到「往十里」；往西面去可以到「西大門」；往北面去可以到「昌慶苑」；炸彈炸裂的地方是在十字路口的東南角方向。益相是首先坐上了往西面去的電車到「西大門」下車；由西大門再坐上往黃金町去的電車折回原處，又在黃金町十字路口下車；由此改換電車到「昌慶苑」下車；由昌慶苑再坐往黃金町去的電車，又折回原處，在黃金町十字路口下車。在電車上已經很明白的看到了市內警察慌忙的動作，他們都向南面跑，把一個在總督府後門外的鍾南山緊緊的包圍起來了。於是，益相在附近的日本商店，買得一套日本木匠所穿的衣裳，及一個木匠所用的曲尺，再坐上到「往十里」去的電車，到「往十里」終點下車，一直到漢江邊去洗澡，就把元來的學生服掉在河中，換裝木匠服，手裏拿着木匠的曲尺，沿着江邊大路，晏步到了龍山火車站，遂乘坐到「新義州」去的火車，當天就離開漢城。

他在這樣萬分危險之際，竟晏然脫險。如果不是一個智勇兼備的，由此可以直達鍾南山，鍾南山

日本永遠統治；韓皇陛下及其宗室於合併以後，亦可享相當之優遇，其民衆則可直接立於朕綏撫之下，增進其幸福，產業及交易，亦於治平之下，更可期顯著之發達。然而東洋平和之基礎，由是倍固，則朕之所信而無疑者也。朕茲特設朝鮮總督，令朕命統率陸海軍並總轄各項政務。百官有司，其體朕意，一切設施，緩急合宜，以期使衆庶永賴治平之惠，朕有厚望焉。」

馬關條約締結之後，三韓的風雲，一天比一天的緊急，當時有點國際常識的人，都知道朝鮮三千里的疆土，五千年的國脈，不是李氏能夠保守得住的了。但是當時的韓皇受了日本威逼與慫恿宣布獨立，估就是金城湯池般的鞏固，子孫帝王萬世之業，也可確定，於是自加徽號云：

天運維極敦倫正理光義明功大德堯峻舜徽禹模湯敬應命丕紀至化神烈巍勳洪業啓基宣曆乾行坤定英毅宏休大皇帝

皇是的四十九字徽號，可說是有聲有色，怎知過了十餘年，由大皇帝降爲李太王了。我們把日本冊封韓國皇族之詔和他自封徽號同時來讀，更是很有趣味的文字呢。日本冊封韓國皇族詔云：

「朕爲弘天壤無窮之丕基，其國家非常之禮數。茲冊立前韓國皇帝爲王，予號昌德宮李王。嗣後奕世奉此隆封，俾奉宗祀。前皇太子及將來世子號王世子，前太皇帝封爲太王，號德壽宮李太王。各妃號王妃，太王妃，王世子妃，并待以皇族禮，特加殿下之稱。至世家綏遵之道，朕應另定機宜，使李家子孫，奕葉依此，永享休祀。茲宜示有衆，以昭特典。」

「韓亡子房憤，秦帝魯連恥」，在保護韓國條約成立時，一般忠臣義士，見着三千里的疆土淪於異域，二千萬的同胞淪爲奴隸，五千年的國脈從此中斷，目擊心傷，初呢，是盡言規諫，繼着是自殺屍諫，可是聚九州之鐵已鑄成大錯，還能有什麼回天的力量呢。但是他們節烈的氣慨，是光耀着宇宙之間，深入人心裡永遠的活躍着而沒有一點磨滅，如閔泳煥趙秉世洪萬植李相哲金奉學宋秉璿 李建等等是也。今摘錄閔泳煥（曾任駐俄英法德義奧等國公使）臨死時的遺書如下：

告國民遺囑：「嗚呼，國恥民辱，迺至於此。噫我人民，行將剿滅於生存競爭之中。大要生者必死，期死者得生。泳煥不肖，不能裨補國家，僅以一死，謝我二千萬同胞兄弟。苟死而有知，必助諸君於泉下。望我同胞，勿忘國恥，堅忍努力，同心同德，以捍外侮，復我自由獨立，則泳煥死獨幸矣。」

告友邦駐京公使函：「泳煥爲國不善，國勢民生，危至於此，今以一死，報我國民。茲進最後瀝告于貴公使，請尊重公義與人道，實告貴政府與人民，援助我民族之獨立，死猶榮矣。茲聊重言明者，日本之於韓國，橫暴不法，非獨貴公使所目睹，抑亦天下所共認。請閣下勿輕視我大韓，須認識我民族之竭其英勇，爲國奮鬥而血戰焉。」

亡國之音哀而思，真是血淚交織的文字，還是一九零五年保護條約之後，有點國家觀念的已是力盡聲嘶的進諫，甚至自殺的屍諫，及至後來日併韓時，激於義憤不願做亡國奴隸而自殺的更是恆河沙數，沒有一天中止過，這種舉動雖是慘酷，實在也是悲烈啊。

「殷鑑不遠」，事隔了廿八年，吾們今日撫時感事，真有無限的感喟呢。

是一個偵城的名勝，建設了一個規模宏大的自然公園，蒼松鬱密，其範圍很廣，四季遊覽的人很多。在炸案發生後，敵方以爲「犯人」必定從後門出去逃入這個山中，所以立即下緊急動員命令，發動警察，憲兵，及守備隊，重重包圍這個山，盡日大事搜索。夢也沒有想到：「犯人」是由正門堂而皇之的走過憲兵的面前，便混進於萬人波動之中，旋復悠然滌身於流浪之水，而從容地迴轉了南山的一個人外圍，遂得晏然脫出警戒網了。但益相當襲擊總督府時所穿的衣裝是黑彩門衿的學生裝，他們即以此爲搜索的目標，所以當日遊覽於南山公園者中，所有穿着黑彩白襯的，一律被捕，都受過很嚴重的拷掠。

益相當既就到了平壤下車，投宿於一個朋友的家裏，待其明早托其朋友代買新義州的車票，在火車中看到了許多乘客都看當天的新聞，車內的空氣頓時異常緊張，他便由一個坐在傍邊的日人乘客借到一張號外新聞在手，一看被炸現場的攝圖及投彈後的一般情形，無不詳細記載。於是他就假作憤怒之狀，拍膝厲聲道：『豈有此理！「不逞鮮人」又鬧亂子了！渾蛋！』（日人常指朝鮮革命黨人稱爲不逞鮮人——筆者註）這時，誰能知道這個假裝木匠就是個「亂子」的主腦？

他到了新義州下車，就要步行過鴨綠江鐵橋，剛到了橋口的時候，守衛的警察便攔住盤問道：『你是那里人？』他就厲聲答道：『你不曉得我是那里人嗎？你是一個日本「帝國」的警官，還不曉得一個「帝國」的臣民嗎？』這樣這個警察也只得認錯，就放他通過了。

他到了安東縣，再坐南滿鐵路的火車，到了瀋陽，換乘京奉路的火車到了天津東站下車，在天津等待的同志們，這時的愉快，若非自己親身經過的，決不能想像到的。他自離京起程以至重返天津爲止，共爲七天。

敵國內戰時新聞

日本軍閥無端掀起侵略戰爭，將近一年于茲，他們起初抱着速戰速決的幻想，動員最大限度的兵力，消耗最大限度的物力來積極進攻中國。但於南京淪陷之後，敵才感到戰爭之結束是遙遙無期，於是近衛內閣舉行了所謂歷史的御前會議，便決以長期戰爭的方針，代替速戰速決的口號，同時，七十三議會通過了總動員法案，藉以企圖其國家所有物力心力之極端統制化。這樣戰爭給予政治，經濟，財政，產業，言論，教育，以及一切人民生活上的反映，是日益暗淡而深刻化。此將日本國內戰時新聞數則略述於下，以供關心敵人後方情形的讀者參考。

一．談戰事消息就有罪

據由日本電台所播音的消息，日本法庭最近有一種歷史的判決例，就是兩個人談戰事消息也有罪的。事實是這樣；有一個人在火車上，偶而同一個友人對目前的戰事消息有所談到，但談時的聲音並不高，只兩個人細聲作談的，適值此時有一個青年服務團一類的人在其傍邊偷聽二人的談話，小題大作的立即告發於在火車上警戒的警察說：『這裏有兩個反戰運動者』，警察一聽就說『那還了得』，並趕緊將兩人捕去，押解法庭審判，法官遂將其判決二年有期徒刑，被告殊感冤枉，遂哀然忿然對法官訴述．「這是冤枉極了」，我本來是很愛國的，談雖然談過戰爭的消息，但並不是在衆人中大談特談，同我的友人隨便談談，毫無反戰宣傳的意思，」法官就駁回被告的理由說：「你雖然不在衆人之中談過，但就是兩個人談戰爭消息，也有擾亂人心之要，所以還是有罪的，你沒有上訴的理由」。這就是六月十五日晚上所播音的，敵當局把這種判決例廣播給其人民聽的用意也不過有警告的作質，由此可見敵政府當如何恐懼其民心的動搖。

二．用催淚毒氣禁止報告戰爭

「社會大衆黨」，本來是日本議會運動中之左翼政黨(現在是已經轉變爲右翼的先鋒)，於本年四月間，在大阪中央公會堂舉行戰時議會報告講演會，屆時多數羣衆踴躍參加。但突於開幕前，有法西斯「大日本青年黨」黨員數人，撒布催淚毒氣，及反對宣傳品，一時全場爲之陷於混亂狀態。羣衆遂掃興而散

三．日本商人偷稅的方法

敵政府爲一百二十萬萬的巨額預算無法辦出，除強迫實施人民之節衣縮食及郵政儲蓄以期增加政府的收入外，並實施物品買賣稅之徵收，按物品之種類及物價之多少而規定一定的稅率，徵收賣價百分之十及百分之十五不等。因此一般商人不僅其收益大減，而且市面爲之日趨凋敝，於是商人偷稅之方法愈趨巧妙，譬如一雙鞋子值價四元以上，就要抽百分之十五的稅金，但把一雙鞋子拆開當兩件東西賣，即可以免稅，這種商人偷稅手段亦愈出愈奇，敵政府即爲取締，此等商人甚感棘手。

四．汽油及鋼鐵饑饉

日本的汽油與鋼鐵是多半仰給於國外，自從侵華戰爭開始，對此兩項重工業品就發生恐慌，雖爲大量產生此等重工業品而積極努力，致使其他和平商品的貿易及生產大受影響，但仍供不勝需，所以自今年以來，敵政府實施汽油與鋼鐵的統制規定汽油票及鋼鐵票制度，極端限制其消耗量，而東京市內卡車的轉用木炭者已達千餘台。而且一般使用鋼材的建築工事，均爲被迫停頓，譬如正在新築中的大藏省(財政部)爲鐵骨水泥的大工事，亦於最近突然停工，但該建築總費爲六百四十萬元，開始工事已有兩年之久，即不無爲山九仞功虧一簣之概，但此即爲鋼鐵饑饉影響一般和平工事之最顯著之一例。

五，敵在占領區實施經濟搾取

敵在佔領區內，積極進行經濟掠奪，尤其在京滬一帶的工廠，均已決定由敵資本家分別投資經營，茲將各工廠分配情形列下。

（1）紡績（紗廠）工廠——於四月初舉行第一回支配，又於五月初舉行第二回分配，在崇明島及南通兩處的紗廠均已分配完畢。

（2）製糸工廠——決由日本之製系業者收買

江南各地之產韴以經營之。

（3）江南造船廠——中國政府所有的江南造船廠，決由三菱重工業經營。

（4）洋灰廠——龍華洋灰廠由小野田洋灰公司經營，龍潭洋灰廠由磐城經營。

（5）製粉工廠——在上海的五大製粉工廠，由日本，日清兩公司經營。

（6）硫酸廠——浦口大硫酸廠由東洋高壓公司經營。

（7）肥皂工廠——南市大肥皂工廠，由日本油脂公司經營。

（8）煙草公司——由東亞煙草公司經營。

六．敵在長江下游着手採掘鐵鑛

敵在蕪湖新設華中公司，計劃開發鉄鑛，於五月十二日，該公司之開發先發隊已抵蕪湖，事務員磯谷與顧問久留島亦於五月十五日到上海，其鉄鑛開發之計劃約如下。

（一）事業計劃——第一期事業還以安徽省當塗縣內南山，凹山一帶，及鐘山，小姑山一帶為中心。鑛石之出積地點為馬鞍山及太平兩地。

（二）資金——暫定為二十萬圓，最短期間更可增資，並擴大事業。

（三）從業員——監督及事務員為日人六十名，工人均係中國人，但鉄路復務工人一百名，鉄山二千五百名，挑工五百名，共計三千名。

（四）事業開始——五月二十日建設材料運到，六月一日着手修復鉄路，約過一個月半待鉄路完工，開始採鑛。

（五）採鑛量——南山，凹山方面，一日可採三百噸，一個月計九千噸，鐘山，小姑山方面，一日四百噸，一個月計一萬二千噸，兩地共計一個月二萬一千噸。

西戰場上被捕的一個朝鮮汽車夫

這是一個朝鮮革命同志在西戰場方面對一個被俘獲的朝鮮人汽車夫訊問的記錄，在此登載以供一般關心朝鮮人參加敵軍情形的讀者參考

問 你是什麼名子？

答 我是金文洙。

問 你家裏還有什麼人？

答 只有兩親，沒有兄弟姐妹，父母已經年紀很大。

問 你過去在什麼地方做什麼事？

答 我是博川人，離家鄉很久，在大連開十年汽車

問 你家裏生活情形怎樣？

答 是很苦，我在大連每月只有數十元收入，按月只能幫助家鄉的老父母二十元，以維持他們兩位的生活。

問 你這次為什麼參加日本軍隊呢？

答 大連警察署，找我五次到警察署去，要我參加軍隊到前線去，但我每次都拒絕它，最後一次是恐嚇我，假如我再要拒絕它，警察署認為我是有不良鮮人的嫌疑，難免遭受意外的危險，因此不得不答應了。

問 你受過教育嗎？

答 小學畢業，因為家庭很困苦，不能再昇學。

問 何時到大連？

答 就是十年以前。

問 你何時參加日本軍隊？

答 去年十一月。

問 你何時被中國軍俘獲？

答 今年三月底，日子記不清楚。

問 你把參加日軍以來的經過告訴我！

答 （他反問我）參加日軍以來的經過？（而默默不答）

問 你由何地出發經過何地來山西？

答 我們是經過熱河——多倫——大同——太原——而臨汾——至蒲縣。

問 你來的路線上，有沒有遭過中國軍隊之襲擊？

答 有，不過有幾次小襲擊。

問 路上有沒有日軍護路？

答 有，假如沒有護路，根本不能通過，鉄路也時常被截斷，有時候來不及修。

問 你把被中國軍俘虜的經過說一說！

答 從臨汾出發經過蒲縣向大寧進軍至午城鎮不到幾里路地點，遭受山上的猛烈射擊，我們的汽車隊就停止前進，掩護我們的前進部隊，抵抗不久就下令退却，因為路不好，而且大家急得慌，前頭一部汽車已經受傷開不動而阻路，後

面的四十多輛汽車開不過去，已經飛彈如雨，有的伏在汽車底下，有的跑上山頂，有的死在路上，我也是向山上跑的一個，跑到山上在石頭底下伏着的時候，一個拿小槍的先跑過來，摇着小槍，喊不殺你們，優待你們，但我不能相信他而想再跑，但在山底下被我後面的汽車碰傷了腿，跑不到幾步就倒下坡上讓他打死了，但他始終喊不殺你，帶我到後方去交給別個了。我心裏還充滿着被殺的恐怖，押我送到一個地方去，一定殺掉的，我在日軍隊裏，時常聽說；被俘虜之後押送到後方去就打死。過黃河以前我覺得非常的恐怖，非常的悲痛。過黃河到延川住醫院醫治我的腿的時候，才知道中國軍不殺俘虜，在日軍隊裏時全然不知道，假如已經知道中國軍不殺我們，決會這樣跑的，由延川來此巳經兩個多月，很受優待，前幾天讓我開汽車到西安去，我去西安回來才沒有幾天了？

問 日本士兵想不想回鄉。

答 都想回去，都不願打，因爲士兵都很想同鄉，士兵當中有的開玩笑的喊出「再過三個月就能回鄉」的口號，那麼大家都無言中相信這個口號了，其實等到三個月還不能回鄉！

問 日士兵打仗的時候肯打不肯打？

答 他們打仗的時候是拚命的，因爲打也死，不打也被中國軍俘虜後打死，要不死，打退中國軍後也許不會死！

問 你的汽車隊，是屬於那一個部隊？

答 我們是儲人部隊直屬於華北駐屯軍。

問 一個部隊有多少汽車？

答 一個部隊，有十二個中隊，每個中隊有五十輛汽車。

問 那麼一個部隊有多少汽車？

這次日軍的汽車隊，華北，華南合起來有六萬輛。華北的汽車隊除我們儸儲部隊外還有現役部隊

問 儸儲部隊隊長是誰？

答 宮本犬佐。

問 參加日軍的朝鮮人有多少？

答 除了汽車夫外沒有，駐太原的一〇六師團，一〇九師團，還有二〇師團，還個二〇師團是原駐朝鮮龍山的，這師團裏沒有看過一個朝鮮人，還有在消縣的七七聯隊也是原駐朝鮮平壤的，但沒有看過朝鮮人，聽說由朝鮮來的汽車隊裏面二分一的汽車司機是朝鮮人，我們滿洲來的汽車隊裏也有五分一的朝鮮人，軍隊裏當通譯的，現在不用朝鮮人，都用滿洲人了。我在大連聽說在朝鮮實施志願兵募集，但沒有人參加了。

問 日士兵對中日戰爭都怎麼說？

答 他們都說假如俄國不出兵日本能打勝！聽說日本向中國提出停戰協定幾次，中國不接受了，日本軍官常對士兵說，中國接受停戰的條件，我們就能回家，我在太原，要求回家去看父母的時候，一個官長告訴我攻佔徐州後就締結停戰協定，勸我停戰協定後大家一齊回家！

問 你現在想不想回家？

答 很想回家看父母因爲父母年紀太老，沒有我他們兩個老的沒有辦法。假如沒有父母這樣老，或者有弟兄，我不回去，在這裏作獨立運動。

問 有人來同你談過話沒有。

答 有的，上一次一位會日語的來過的這是我第一次和他談說的內容。

五、廿九。於延安。英

編輯後記

編完之後，照例要向讀者們說幾句話，但這不是常套話，實在有兩件事是非說明不可的。

頭一件是，在這個月中，本社同人們有的因事離漢，有的是忙於別的工作　因而本刊第五期不得不脫了期，於是乎，把牠作爲五六期合刊而出版了！關於這，我們向愛讀本刊的讀者們表示深深的歉意。

另一件是，在本期中，有柯樂滿先生李任潮先生關麟徵先生之題字，又有張西曼先生陸丹林先生的大作，使得本刊格外生光，格外充實，尤其克樂曼先生特爲本刊題字，可說本刊和歐洲的朋友發生聯繫的嚆矢。我們不能不向各位先生表示熱烈的謝忱！

朝鮮義勇隊通訊

第三號

一九三九年二月五日出版

編輯兼發行：朝鮮義勇隊

通訊處　桂林桂西路新知書店轉

定價　每份國幣三分

社評

慶祝中國國民黨五中全會的成功

奎光

正當着日本法西斯強盜侵佔武漢廣州以後更進而準備進攻西北及西南的時候，尤其當着敵相近衛發表所謂對華聲明以後汪兆銘氏公然發出妥協電文而一時眩惑了國內外視聽的時候，於一月廿一日中國民族的前衛中國國民黨在偉大領袖　蔣總裁領導下開了第五次中央全體會議。這個會議的結果如何，不僅對於目前中國的抗戰將給與決定的影響，同時對於全世界政治局勢也要起重大的作用。因此全中國人民以及全世界關心中國問題的人士們都很密切的注視着這個會議的成果。

現在有着這樣重大意義的五中全會，經過了十日之議事日程，通過重要提案凡十六項。於一月卅日得到了圓滿的閉幕。同時發表會議的宣言，嚴密地檢討過去十八個月的抗戰經驗，正確地估計目前的國際政治情勢，以樹立長期抗戰的國策。特別是向國人勸勉加強團結，積極奮鬥，加緊建設等抗日建國的三大任務。總之，這次會議是得到了偉大的成功。

首先，這次會議的結果，對於日本法西斯強盜的新的進攻，給與了強有力的反攻的回答。敵人佔領武漢廣州以後的一切軍事進攻和政治陰謀，在這次會議的加強團結和長期抗戰國策之下，將被粉碎，是沒有疑問的。

其次，這次會議的結果，不僅更加鞏固了國民黨內部的團結一致，並且更加堅定了全國人民的抗日建國的信念。特別對於一般悲觀，動搖，妥協的份子，給與了決定的打擊。汪兆銘氏發出豔電後的政治的眩惑現象，經過這次會議而得到了一個明朗！於是全國民衆對於國民黨的信念和期待便更加深厚而殷切起來！

再其次，這次會議的結果，對於東方各被壓迫民族乃至全世界愛護和平的國家及人民，重新宣示了中國國民黨領導全國人民徹底反抗日本強盜的決心。於是乎全世界愛護中國的國家及民族，將要更加集中他們的力量，以援助和支持中國的抗戰。

總而言之，這次會議是成功了！中國國民黨的這一偉大的成功，不僅要決定中華民族解放戰爭的最後勝利，同時要決定日本帝國主義統治下的被壓迫民族及人民革命鬥爭的最後勝利！在這裏，我們朝鮮義勇隊代表全朝鮮二千三百萬同胞，謹以朝鮮民族的名義來慶祝中國國民黨五中全會的偉大成功！同時向偉大的中國民族領袖　蔣介石先生及國民黨諸同志，致最熱烈的革命敬禮。

▼朝着光明的路上走！

賴少其作

十日時事

丁東

在這十天以內，國際的整個局勢看來，可以說，和平陣線和侵略陣線兩方面的發展，是越來越尖銳了，我們也可以分開由兩方面來觀察！

在侵略陣線方面看，曾有這樣的傳說，就是德義曾重訂新約，這自然是可能的，其實，這種新約，就是在西戰緊急，意大利準備更積極地威脅法國的時候，希特拉和墨索里尼怎樣平分秋色而已，所以，主要內容是：希特拉盡全力支持墨索里尼在都尼司等地設立非武裝區域的主張，而墨氏則以德國在西班牙國內得到一切行動之自由爲報答，對於法意關係，則在三十日希特拉的演說里，有着更確定的說明，希氏這篇演說里，除了像前在捷克事件那一般的狂吼，對各種暴行爲加以辯護外，一方面，向英國暗示，德國有貫澈殖民地要求的决心，一方面，對法國威脅說，若果任何國家一和意大利開戰，德國必無條件地援助意大利。對於這一演說，墨索里尼表示了無限的欣喜，而這事又恰在西班牙國民軍得了一點勝利之後，所以，他們認爲是羅馬柏林軸心進一步的鞏固了。

德國一方面這樣狂吼，另一方面他已無法掩飾他內部的危機，在演說里，希氏已公開承認經濟上的困難，此外如戈林和外交人員間的意見分歧及沙赫特之免職等，都充分地顯出德國色厲內荏的實況來。

而德意關係的强化，影響於和平陣線方面的，則是和平陣線的國家，對於和平的努力，更爲積極，首先，法國外長龐萊，在演說里面，曾宣示外交方針云，定與英國互相援助，對於西戰，决不能讓意大利暢所欲爲，法國爲了保持領土安全起見，决不許其他國家在西駐紮軍隊，同時，於蘇聯方面，仍保持友好關係，至法國土地，决不能寸土讓人，對九國公約，法决與英一致擁護其條約之神聖。英國在法國表示態度以後，曾有張伯倫之演說，亦强調英法互相援助之說明，並云，若法國受延害及土地，英國决盡力援助之，以保其土地之完整，而美國呢，羅斯福總統亦於二月一日發表演說，鄭重申明，德國若果索取殖民地，則各關係國决不承認。這足以表示和平陣線方面，是正確固着，而作爲表現力量的事實，如英法海軍會操，美在關島設防（並欲由夏威夷至關島爲止的各島嶼，皆妥爲設防，决以六千萬元來達此項設防工作。）以及美英整頓軍備等，莫不給予侵略陣線以嚴重的警告。

至於西戰，墨索里尼大呼「法西司勝利了」，這自然是國民軍在意大利直接指揮之下，佔領了巴塞隆納之故，然而，這並不足以表示西班牙政府之最後失敗，西政府發表申明，由巴城撤退，乃是保留優良部隊，以便繼續抵抗之故，由最近政府軍在加泰隆線擊敗國民軍，就足以證明還不是叛軍高歌的時候。由於西戰而引起的，在國聯，通過了决議，認爲國民軍之轟炸西國人民，乃違反國際公法之事，英工會及艾登等先後公開猛烈地斥責張伯倫對西戰之縱容政策。而在美國，則引起了撤消軍火運西的呼聲，西戰結局，將爲何如，現在還不可貿然斷定的。

至於國際援華，在這十日內，特別踴躍．英國以金鎊貸華，美國史汀生等主張禁止軍火運日，不准日本在夏威夷發行公債以打擊其戰時經濟，在太平洋建立海軍根據地以威脅日寇等等，足以證明國際情勢，於中國抗戰是越來越有利，其補助也是越來越實際！

至於日寇內部，則各方面日漸發生恐慌，因二十五日海相米內申稱：若英美在太平洋不保中立態度，日本决不顧及第三國之利益云云，以致引起日寇外交上的捉襟見肘，到處碰壁，而其國內，亦復不靖，如常人對「不隱分子」之檢舉，陸軍派與海軍派之不睦等等，都表示了他內顧之憂，他除了因高呼攫取香港而更形惡化了英日關係而外，於蘇日關係，亦難阻止其破裂傾向之發展，二月二日，在蘇「滿」邊境，又繼續發現衝突，在對華戰爭日漸處於困境之中，這足以使日本帝國主義感覺到他末日之將到罷？

在中國國內，政治方面，最爲有重大意義的，是五中全會之决議，這次五中全會，通過了十六項重要决議，對於長期抗戰各方面之改善，已有具體規定，尤於內部之團結，與乎抗戰建國之决心等等，後由全會宣言鄭重宣稱，其於國內黨派問題，則明白宣言曰：「全國同胞，不問其過去政治見解與派別之如何，凡願實行三民主義而參加本黨，以國民革命之神聖事業者，無不誠摯歡迎」云云，而於長期抗戰，則曰：「自今以往，必須共矢忠誠，在最高統帥領導之下，絕無保留，絕無猶豫，勇往邁進！」這給予一般主張妥協的反對國內和平的人以無情的打擊。

至於戰局，十日以內，仍是相持局面，在北方，敵軍毫無進展，而滬杭一帶，我軍游擊隊，極爲活躍，敵軍應付不暇，至於廣東方面，則漸見緊張，敵人在東北兩江方面取守勢，在西江方面，則作取攻勢，並復以二師團分向欽縣高雷進犯，測敵之意，欽縣之目的，蓋在奪取南甯，而高雷之敵，其目的則在奪取貴縣，但，此則我軍於廣東戰場之控制，可謂絕對有把握，西江方面，已加嚴佈防，必要破壞之公路，亦已破壞，敵人决難以進攻，現我軍在廣九路上節節勝利，正前進中。

論文

我對於朝鮮義勇隊的希望

—本隊成立時，賀耀組先生對本隊全體同志的訓詞—

賀耀組

青年的朝鮮革命鬥士們，你們自己組織了朝鮮義勇隊，直接參加中國的正義的抗戰，在朝鮮義勇隊成立的時期，對於諸君的民族鬥爭的長足的進展，在這裏我謹以中華民族的感謝和東方革命同志的熱烈的欣慰來與諸君致詞，我是感到非常的榮幸！

「七七」以來中國的正義的抗戰，決不僅是為了日本帝國主義鐵蹄下的東方被壓迫諸民族的解放與獨立，而且要鞏固世界的和平。四萬萬中華民族在　蔣委員長的領導之下，團結一致，負起這種神聖的歷史的世界的使命，這不僅為諸君所熟知，最後勝利之屬於我們也早為全世界所公認。在我們向着神與的抗戰邁進的時候，朝鮮革命鬥士們，不僅了解中華民族正義的神聖的抗戰的意義，進一步的組成朝鮮義勇隊，參加中國正義的抗戰，以爭取最後勝利的完成，我們是有無限的欣慰和感謝！

中國與朝鮮兩大民族的親密與合作，和平的歷史是非常深遠，兩民族的關係是如兄弟般的親密。可是日本帝國主義者不僅不顧見兩民族的攜手，他反而希望所有的東洋諸民族對立與傾軋，從而利用此種對立與傾軋，以進行他的侵略與壓迫異民族的傳統政策。

但是日本帝國主義的侵略政策的橫行，反使被壓迫諸民族覺悟到民族獨立與自由的幸福：而使其發展起廣泛的反日本帝國主義的鬥爭。

中國　孫先生的三民主義與民族革命的偉大事業，今天在我們是已經在蔣委員長的指導之下，踏上了反攻日本帝國主義的第一步。中國的抗日戰爭是和朝鮮的民族革命鬥爭齊頭並進的，今天由諸君組成了義勇隊，這在朝鮮民族革命史上確是劃期的，踏上了反攻日本帝國主義的第一步，也就是到達了日本帝國主義必然崩壞歷史階段。

朝鮮義勇隊成立的意義，不僅有如上述的歷史的國際的意義，同時對於朝鮮民族解放也有着重大的任務。

「朝鮮合併以來到今日的朝鮮民族革命運動，不管是怎樣困難，由於革命鬥士不斷的發生，到今天是依然勇敢而深刻的進行着。

義烈團，新幹會，ML黨等的鬥爭，對於諸君的革命的力量與熱意，我們是非常欽佩。民族團結的鞏固，是因為萬歲事件及有名的元山總罷工等，而[illegible]所熟知。

諸君的革命的力量有這樣革命的傳統，我是欣然的與諸君相結合，同時我已深深的期待着諸君有比這更進一步的偉大的民族革命鬥爭的開展。

但是，革命僅僅勇敢是不能成功。同時要十分知道自己的缺陷，克服缺陷應該是革命鬥士的任務。

朝鮮民族革命是勇敢的歷什麼趣的在進行着，我是佩服的，可是不能說沒有缺點，我對於諸君第一的希望，是今後絕對的停止從前朝鮮民族革命運動的致命的缺陷底「派爭」，因為「派爭」的原故，使許多次的革命組織崩壞，使許多次的革命鬥爭失敗，這是已為諸君所深知的。「派爭」是發生於李朝以後，今日的革命鬥士之間，依然在繼續着。我敢於說，「派爭」是封建時代的腐敗的政爭。諸君如果克服了「派爭」，諸君革命的進展是倚馬可待的，其次諸君目前，革命是民族革命。諸君進行民族革命是應當無條件的配合民族的一切反日本帝國主義的要素與要求，決非排斥各黨各派的鬥門主義，或者排斥他黨異派的革命大衆的活動。過去的朝鮮革命鬥爭看來，却不免有這樣大的缺點，我不得不指出分裂主義的宗派主義的重大的偏向。現在在華朝鮮人革命團體是不少，甚至有僅僅由數人而組我的，這些是阻害了諸君的統一團結。

在今天諸君最緊要的是為了打倒唯一目標的日本帝國主義，各黨各派的不同的主義與主張，應當無條件的統一起來，而有力的進行協同鬥爭。諸君的主張與主義如果正確，當然是有包括他黨他派的力量。我相信　孫先生的三民主義與偉大的革命活動是可以給諸君很大的教訓。

朝鮮義勇隊，我深深的期待着一定能夠實現我述的希望，朝鮮義勇隊之成立，定有相當的發展，那就是我非常滿足的。現在義勇隊雖不是戰鬥編制，但是可以說是在華朝鮮革命的統一團結，已經走上正常發展的第一步。

同志們！

你們的任務是重大！而你們革命的光榮是偉大的，同志們！切望着你們向着這個任務與目的邁進！我及中華民族將不斷的予諸君以支持。最後期待諸君，在你們傳統的革命歷史上，寫下光明的一頁！

歡欣和希望

文治

「朝鮮義勇隊已經組織起來了，並且，已將四月于茲，」這是一個關心朝鮮革命問題者必有的口吻，當他得到了這個消息，而向第二者傳播的時候。這是歡欣的口吻：因為他關心朝鮮革命，所以這樣歡欣，這又是希望的口吻；因爲他關心朝鮮革命，所以又這樣希望。

歡欣的是什麽？他道：

中韓兩民族自古以來就保持着極密切的關係，蓋處在東亞的主要國家中蘇日三者之間，朝鮮已成爲這三國，尤其是中日兩國間，政治軍事經濟文化以及其他各方面唯一的聯繫點了，而她又是三面環水，一面帶陸的純半島的國家，宛如由中國大陸伸出於太平洋西部海面的一隻鐵掌，一方既以中國爲其屏障，一方亦所以爲中國東北角之門戶，其有近代所謂緩衝地帶之性質往昔，中國的文化，曾經通過了她而輸入至日本三島；現時，日本的勢力，亦已通過了她而伸張到中國大陸，經過了朝鮮，中國賜與了日本文明；而朝鮮同受其惠，經過了朝鮮，日本還報中國以野蠻；而朝鮮共遭其患，是以同樣是一個朝鮮，她的存在怎樣，不但決定了她自身的命運，同時還影響到東亞大局的安定。在這裏，我們可以說：能安定東亞大局，及決定朝鮮自身命運的，當然還不是朝鮮；但東亞大局的安定或否，以及朝鮮自身的命運，卻可在朝鮮的存在如何中卜之。

朝鮮民族，在亡國的狀態下存在了已二十九載，這不但使朝鮮人民備嘗奴隸生活的痛苦，就是中國，也因而遭受到亡國的威脅，因爲，日本侵佔朝鮮，就是她踏上大陸的第一步，一方而滅亡了朝鮮，一方面再積極侵華，以見其大陸政策的實現，中國爲確保其主權領土的獨立完整，必須將日本勢力驅出大陸之外；而朝鮮因欲恢復其國家民族之自由解放，亦必起而推倒敵人之統治，所以中國的反抗侵略，與朝鮮的獨立運動，似屬二事，其實則一依據三民主義之立國精神，我們應該援助朝鮮的獨立運動，而使其能早日達到復國的目的，同時另一方面，要使中國的革命迅速完成，並確保其將來永遠富强繁盛，則朝鮮民族的自由解放，獨立生存，也是必要的條件。因此，朝鮮的獨立運動，可視作中國革命事業的一部份；其復國的成功，就是中國革命的勝利，一樣的值得我們的關心，一樣的值得我們歡欣的！

然則，——朝鮮義勇隊已經組織起來了，並且，已將四月於玆。——

希望的是什麽？他道：

這裏是一片平靜無浪的止水，突然，從中空飛來了一粒豆樣大的石子，「撲通」一聲，起花帶沫的落下了水去，隨後，在石子下水的所在，起了一個圈子，順勢向外推着開去，這時，水的中心，又恢復了平靜狀態，方才怒躍着的水花，早已躲避無蹤，而那水圈卻仍一圈圈的擴大開去，直至到達了它的目的地始止。——誰都知道，這是一種自然的現象。

目前，朝鮮民族在其國內有三百萬以上具有組織的民衆，此種組織在日本帝國主義統治機構裏，表面已助其發育，實際確隨時能制其死命，無疑的[illegible]，待朝鮮解放戰爭整個展開的時候，他們將成爲打倒敵人主要的動力。在東北，有不計數的武裝部隊，與很多受過初等軍訓的壯丁，他們在組織統一步伐整齊以後，即將在鮮滿邊境，擔任擾亂工作，而揭開其武裝鬥爭的序幕。在蘇領沿海洲省，有二師以上的軍隊，附屬在遠東紅軍裏頭，一旦時機到來，他們一定會引起而響應其祖國的解放戰爭，在中國關內，更有很多歷史悠久的革命黨的青年，在努力工作，凡此種種，都是朝鮮潛伏的革命力量，所以目前的情景，只期待一石之落於水面了。

然而——朝鮮義勇隊已經組織起來了，並且，已將四月於玆。——

的確，每一個關心朝鮮革命的同胞，對於這次朝鮮義勇隊的成立，必然會意識的歡欣着，同時更合理的希望着，我們深信，在這偉大的反侵略戰爭中，朝鮮義勇隊的成立，（一）其對於中國，一定能推進兩民族間廣汎的政治瞭解，從而提高其民族意識，抗戰情緒，與勝利信心。（二）其對於朝鮮民族，一定能，一，通過了朝鮮的各革命黨，去號召發動組織和領導起其國內的反日鬥爭；二，提供朝鮮國內被壓迫求解放的大衆，以有力的鼓勵；（三）其對於世界能，一，顯示中國民族鬥爭的國際意義；二，擴大中國民族革命鬥爭的國際影響，爭取更廣泛的國際同情；三，作爲東方弱小民族聯合奮鬥，共同解放的起點。——在中韓兩民族互助合作的條件下，這不僅是理想，且將成爲事實！

贈給朝鮮義勇隊戰士們

矯漢治

蘆溝橋畔的炮聲，振動了四萬萬中華男兒的心弦，他們都認識清楚了，中華民族已到了最後關頭，每一個都是在睜大着眼睛，提緊着拳頭，各就各人的崗位猛烈對準了敵人向前衝去！在這個時候，留華的朝鮮革命志士們，爲了要達成其遠大的革命志望，而參加中國的神聖抗日戰爭，大家一齊起來，組織了朝鮮義勇隊；他們英勇颯爽的英姿，是顯出在東西各戰場上，努力其殺敵致果的工作。我們知道，這一批一批的革命戰士們，蘊蓄着多年的民族積憤，懷抱着滿腔熱血，銳不可當的針對着萬惡的法西斯侵略者突擊！進攻！我們深信，這般青年革命戰士的努力，會得着意想不到的收獲。

朝鮮淪亡的慘史，已有三十年了，二千三百萬的朝鮮民衆所受日帝國主義壓迫的程度比較別的弱小民族所受到的壓迫特別嚴酷；這三十年來朝鮮國內的勞苦大衆在日本帝國主義者殘忍的剝削之下，他們，生活眞是痛苦達於極點了，他們一年間辛辛苦苦操作所得最寶貴的米，在不知不覺中卻被侵略[illegible]

的。

他們所處的環境是[illegible]獄的環境，即所謂終年[illegible]不得一伸[illegible]尚不足以形容他，在日本帝國主義者斥斥的榨取和嚴密束縛的鐵圈裏，現在翻身吐氣的機會來到了，他們正在奮臂呼號着，他們正在踮腳盼望着，惟一的需要，就是外來的援助；無疑議的說，真正能夠擔任援救朝鮮大衆痛苦的是誰？就是朝鮮的革命志士，再就歷史的事實和地理的環境，中國亦是援助朝鮮的惟一無二的友人，而朝鮮義勇隊亦就是促成這種使命的原動力。

中韓兩國原屬兄弟之邦，無論是地理或是歷史的都有其不可分的密切關係。諺云：「唇亡齒寒」朝鮮亡國了，中國亦感不斷的受日寇的欺凌，過去三十餘年中國所忍受的悲痛！和日寇加諸朝鮮大衆身上的無情鐵鎖，現在都應當振臂奮起，洗雪以前的奇恥大辱，我們相信每一個朝鮮革命的戰士，一定都會有這個遠大的抱負，一定都會有這個百折不撓的堅決心念。

革命戰爭，是一個最艱鉅的工作，必須經過最危險的階段，始能衝破最後難關，而達到最終的革命目的。比如，美國的獨立，當時美利堅人只有三百多萬，因不堪英國殖民地政府極端逼迫，起來反抗要求獨立，對強英抗戰八載，卒能脫離英國統治，樹立今日的富強基礎。

土耳其的復興，土耳其是歐戰失敗的國家，歐洲人諡之謂「近東病夫」，內有腐敗政府之墮落，外有希臘軍之蹂躪，國家將有滅亡的危險，處於最惡劣的環境中，而國民黨領袖凱末將軍乘時而起，領導革命，艱難奮鬥，卒得法國的援助，驅逐希臘軍隊於境外，安定本國建設新的土耳其。

蘇聯革命的成功，俄國是歐戰中主要角色之一，亦是歐戰失敗最慘的一個，當一九一七年歐戰末葉，國內群衆反抗情緒非常激烈，如是在革命領袖列甯領導之下，俄國革命，標榜共產，惹起各資本主義國家的嫉視，聯合出兵干涉蘇聯革命，當時蘇聯所處的環境，外有強烈武力的壓迫，內有白俄富農的反抗，遭遇的困苦艱難，危險萬分，革命形勢最危急的時候，革命政權僅及於莫斯科四郊，而他們的成功，全靠着爲[illegible]不拔的堅決意志、蓬蓬勃勃的奮鬥精神，卒能建築穩固的革命政權，而有今日強大的蘇聯。

中國革命的過程，中國的革命垂六十餘年，奮鬥的過程，可分爲三個階段，第一個階段，革命的目的是推翻滿清專制政府，建立民國，經過長時期前仆後繼努力奮鬥的結果，辛亥革命成功了，造成中華民國的基礎，第二個階段，革命進行的目標，則在打倒禍國殃民的割據軍閥，摧毀殘餘的封建勢力，完成中國統一的大業，經過無數次的戰爭，犧牲數十萬的革命將士，而在「七七」事變前中國統一的基礎穩固了，第三階段，就是今日的全面抗日戰爭，今日的抗戰是打倒日本帝國主義者的革命戰爭，亦就是三民主義和帝國主義的最後決鬥，在這個民族革命鬥爭當中，自信我們有勇往邁進的意志[illegible]一般的決心[illegible]獨[illegible]的鐵血精神[illegible]而對於最後勝利是有絕對把握的。

在這個偉大轉變的時代裏，朝鮮革命的同志們爲了爭取自己國家的獨立和自由，爲了解除朝鮮二千三百萬同胞的痛苦和生存，突然起來站在中華民族革命的最前線，和中國武裝同志們，手攜着手，肩並着肩，向着中韓共同敵人倭寇法西斯軍閥進攻！拿着我們的血和肉換取民族自由解放之花。

革命事業是偉大的！革命目的是遠遠的！革命工作是艱鉅的！

武裝的朝鮮革命同志們努力吧！光榮的勝利就在我們的前途。

南大門

朝鮮金麗水作
中國尹爲和譯

非常古老的「南大門」雖然雄立於漢城最繁榮的一角。不幸當朝鮮亡國之後，所有的城門都被拆毀了，此獨有僅存的「南大門」、却成了祖國的背影。然暴日寇的魔手是無孔不入，自亡國那日起，國人已失去言論的自由。志士們懷祖國，憤恨暴日，只有訴於無形的詩文。在此篇慈憤纏綿剴切動人的詩文中，可以看到朝鮮人民深埋不滅的民族意識，而此種高度民族意識，將成爲朝鮮堅固的復國基礎。

綿綿，慈祥，幸福的故都—漢城，
懷抱着非常古老的「南大門」。
正如青年抱着他的愛人，
衷心充溢了無名的歡欣。

× × ×

十年來極苦生涯，
我怎樣挨過了啊
夜霧中默默作守古城的「南大門」，
堅實地支持了我尚存一息的神經。
古城內的人們都同我一樣。
抱着憤鬱得要爆烈的胸，
病夫般徘徊街頭。
誰能安慰他們，
唯有非常古老的「南大門」。

我被幸福拋棄了！
緊起鉄拳咆哮最後怒吼。
茫然中彷彿聽到她的密語。
「忍耐吧！準備吧！
光明，幸福，就在不遠的黎明」。
同胞，若啓開你們的心扉，
亦將聽到、茫然中的密語；
「久待失望的人們呀！
準備吧！東方已將黎明」！
我閉着眼睛默望南大門，
千萬無辜的人們在那裏築起祭壇，
虔誠的祈禱着：
「巨人來吧！
自由，幸福，光明的日子來吧！」
我摟着心愛的女兒—福順。
很早的清晨又走過「南大門」。
她，作過我們的乳母，
並將作着我們的子孫。
她，有父母般的厚愛，
並有預言的威權。
我們佇立在她的面前，
誰忍心向她告別！

第一區隊全體同志致
朝鮮民族戰線聯盟理事會的信

有着深刻地意義，並且熱烈地鼓勵我們的那一封信已經接到。我們在這裏的全體同志，都覺得很感謝，並且在心底裏湧出了無限的感激，由於同志們正確的指示和不斷的勉勵，在這裏的同志們，雖在東奔西走不定的生活中，但在心身方面不但沒有絲毫退步，個個的身體都很强壯，精神也更爲旺盛。最近在這裏工作的各界同志們舉行體力健康比賽，由我們的同志，全副包辦得勝了。由此你們可以知道我們現在心身的一般。

同志們是負着領導關內朝鮮革命運動的重大任務，爲我們的民族，爲後輩的將來，比我們十倍百倍苦心勞力，想到這一點，我們更感到非加倍努力工作，報答你們不可。我們一定更注意工作，康健和學習，這裏雖然是戰線，但生活還好，沒有什麽不能忍受的痛苦。請你們不要担心。

在這裏目覩中國軍民偉大的奮鬥精神，和英勇的活動。很多的地方都要我們跟他們學習，同時應當它做我們的榜樣，這裏實在是我們的「活的學校」

在這裏感到深刻的印象，這就是中國民族各層的偉大的精誠團結。越想越是偉大而越有意義。我們痛感要學習抗日的中國民族的必要。

同志們和我們雖然在空間上隔着，但一聽見你們的消息，如果是好，我們大家便都歡樂，如果是不幸，我們大家也就覺得全體的不幸。這樣，在關內的朝鮮革命同志，是像一個大家庭一樣，生死與共的一羣。我們對於同志們的希望是很大而又是很多，特別渴望我們的「精誠團結」。爲促進關內朝鮮革命運動，爲着做後輩的模範，熱烈的期待着你們偉大的努力和奮鬥。由你們偉大的努力，增强我們民族的精誠團結！我們更會尊敬你們，信仰你們。因此，更會培養我們的革命性。我們要想做諸位先輩同志忠勇的門弟，做革命的繼承者，我們想要步步跟着你們邁進。

敬愛的諸位革命前輩，盼望由你們的精神團結表現一個大家在一塊的具體的集團，並把勝利的光明射在我們革命的前程吧！那末我們沐浴在你們射出的光明中，克服一切的黑暗困難，不惜一切的犧牲，跟着你們快活的前進。我們相信你們一定有悲壯的決心和劃時期的努力。同時遙祝你們向光榮的前途勇進！我們誓死以精誠團結，跟着你們踏上民族解放的大道。最後敬祝同志們的健康，並懇望同志們不斷的指導。

朝鮮義勇隊第一區隊
全體隊員一同謹呈
一九三九年一月十日
由第九戰區。

通訊

一個日本俘虜的告白

志成

這是在鄂北樊城的事情。那里有三個日本俘虜。朝鮮義勇隊同志到樊城之後，就從那里的憲兵司令部把俘虜接收過來。由二位我們義勇隊同志與之共同生活，負責教導他們。

俘虜伊藤進是二十一歲，名古屋人，第三師團機關槍手一等兵。原是做照相機材料商，荒木是三十一歲，三重縣人，屬於荒木師團的一等步兵，原是農民。他們是二十二歲的病弱的號兵。原是做瓦匠。他們都在大別山戰爭中被捕來的。當我們同志剛剛接受過來教導的時候，這些俘虜常要偷偷的去自殺或找機會逃走。但到了經過一個多月教導的今日，他們不但怕自殺，更怕得離開我們義勇隊的同志。

的確，日本俘虜是頑强的。看起來不會接受異族的任何教導。可是義勇隊同志，以革命的立場，誠懇的同情的態度，教給他們中國話，講給他們聽日本現在的政治經濟軍事情形，日本帝國主義爲什麽侵略中國？中國又爲什麽抗戰，朝鮮民族怎樣去奮鬥解放？帝國主義的黑暗的世界和未來的光明世界等事情。同志們的傳教師般的苦口婆心地解說，竟說服了他們那樣倔强的反動固執，而使之踏上革命的光明的大道。

俘虜們到現在實吐了一向藏在心裏認爲秘密的事情，就是荒木師團在大別山戰爭差不多全滅了。日本軍部早已經因爲人力物力的不足，大感恐慌，要對付國外之和平國家，又要對付國內革命民衆，手亂脚忙，簡直無法應付戰爭擴大後的新局面。拿俘虜荒木家鄉的情形來說，有三千人口的村子，壯丁共有八百餘名，去年四月間已經實施了第八次補充，壯丁被抽徵來到中國參戰的有四百餘名。這些都是三十餘歲的老兵，軍事技能與體力方面都很差。又是因爲他們家里留着沒有人扶養的父母妻子，又沒有人耕種的田地，故他們在前線的戰鬥意志是非常薄弱。敵士兵既然這樣厭戰，又爲什麽在戰場那麽樣頑强呢？據俘虜說，這是因爲敵長官常對士兵講，中國軍人是極殘暴無道，獲捕日兵就割耳挖眼，八分其身體致死。日兵是不怕死的，最怕的這樣被弄死，因爲他們全部信奉佛教，就相信這樣被弄死將不能到極樂淨土去。現在的日本軍人精神——武士道精神是不像日俄，日清戰爭當時那樣堅固，已經是對於天皇和其代替者軍部不做盲目的信仰和服從，日兵是不怕被捕當俘虜，就怕被捕後這樣的弄死。如果把中國革命軍人在革命的立場優待俘虜的情形宣傳到日軍裏面，使他們知道這種情形，同時中國方面也能注意到這一點，那末對敵宣傳是會收到較大的效果，瓦解敵軍也較容易做到。

還有練而要我們特別注意的是敵兵長官常對士兵說千萬不可以被中國軍人獲捕，如果不幸而被俘，可以說自己是朝鮮人，那末中國人不會弄死的。俘虜荒木當被捕時就說了自己是朝鮮人金春根，該地戰區司令部不會分別韓日籍人，就照俘虜的口供，認爲他就是朝鮮人。因此戰區司令部對朝鮮人引起了不少的惡感。但我們義勇隊同志去接收俘虜後這位俘虜再不騙下去朝鮮人了，當場被證實，而表示自己的懺悔。據說他的名字已在軍隊里起的。從這個事實是以看見日本法西斯軍閥的陰謀。這原來是軍部利用士兵怕死的心理，挑撥離間中韓兩民族之感情，企圖破壞中韓兩民族的團結的毒計。因爲日本法西斯軍閥，已到日暮途窮，最怕反日革命力量之團結和鞏固，要想破壞這個團結以苟延狗命，不惜一切無所不做。大家會記得自從抗戰以來日本帝國主義怎樣造謠揑造事實，企圖分化中國抗戰力量的行爲，還會記得敵機冒充中國飛機轟炸廣東情形。這些是敵人滅亡前最後掙扎的卑劣的手段。我們看見敵人這樣的陰謀詭計，更要團結起來。我們愈能團結，愈容易撲滅日本帝國主義的迷夢。

俘虜們現在明白了日本法西斯軍閥毒辣的陰謀後，對之表示特別的憎惡，誓死以參加革命的隊伍里，建立光明的日本，和平的遠東。他們現在熱烈的參加我們義勇隊工作，做壁報，寫標語，畫漫畫作日本傳單，還和我們同志一齊參加羣衆大會演講，下鄉訪問老百姓和軍隊，又和我們朝鮮義勇隊同志站在一個隊伍裏遊行。

在鄂北朝鮮義勇隊和日本俘虜參加中國的抗戰共同的消滅着中韓日民族的共敵——日本帝國主義。這樣活生生的事實已經給中國軍民深刻的印象。使他們更加堅固的感到中國的抗戰決不是孤單，並使他們深刻地認識到中、韓、日反日本帝國主義偉大的團結和革命力量之下，必能打倒日本帝國主義的。

日本俘虜是倔强，不容易感化，這是事實。但是由我們的經驗和日本俘虜的口供，可以知道，瓦解敵軍使敵兵走上革命的大道，並不是那末困難的事情。最後我們聽俘虜們說的話吧：「我們明白了自己的責任，革命任務的重大，我們決心從今天起，站在革命的立場，和中韓的兄弟們一齊奮鬥建立新的國家新的遠東。我們得到朝鮮同志的教導非常高興，表示十分的感謝………我們不願離開你們，」這雖然是三位日本俘虜的質吐，但他們的話抑代表着千百萬日本士兵和日本民衆的心坎里的話。

——一九三九，二，一。

★ ★ ★

陝北朝鮮青年們呼籲統一團結

（由朝鮮文譯成中文）

爲促進中國關內朝鮮革命同志的完全統一團結謹致：

金九、李東甯、宋秉祚、李始榮、趙琬九、車利錫、曹成煥、嚴恒燮、安恭根、趙素昂、梁起鐸、柳東悅、李青天、崔東皓、申榮三、金若山、金白淵、金奎植、尹琦燮、成周寔、崔錫淳、王海公、玄利竹、金奎光、柳子明、李健宇、

諸先生轉：各革命團體及中國關內全體同志們：

自從日本帝國主義强佔朝鮮後，

爲着祖國的獨立和自由解放而奮鬥到底的朝鮮民族的光榮的諸位革命領袖和同胞面前，謹致祖國獨立的最敬禮

敬愛的民族偉大領袖和諸位同志！

中華民族英勇的抗日戰爭，正在堅固地展開起來，已轉入勝利的反攻時期。在這裏祖國的獨立解放的一天已迫在眉睫了。

到此時，全中華民族，已經是清算這十年來慘酷的內戰，而只是爲着祖國的獨立和自由，促成了偉大的統一和堅固的團結。

在朝鮮國內和滿洲，我們的同胞也是早已不分黨派主義而在祖國獨立的旗幟之下，緊緊的團結起來進行着英勇的鬥爭。唯有在中國關內的朝鮮革命者，不幸而到現在還未能完全統一團結。雖然在過去是因爲外來的種種的困難而未能十分統一，但到了今日，沒有一個妨礙我們團結的不能克服的外在的困難。

朝鮮民族的諸位領袖和同志們！

在日本帝國主義殘酷的鐵蹄下忍痛呻吟着的二千三百萬同胞，含淚期待着我們的努力，熱烈地渴望着神聖的獨立戰爭和我們的鋼鐵般的團結。

爲對抗日本帝國主義的侵略而浴血抗戰的，我們的友軍中國戰士們，正在期待着我們有力的協同。更熱望着我們的統一團結。

全世界勞動者農民，被壓迫民族和反法西斯人民，也熱烈地盼望着我們的統一團結和英勇的反日鬥爭。

我們怎樣能夠違背祖國二千三百萬同胞的願望？怎樣能夠辜負友軍中華民族的熱望？又怎樣能夠違背全世界友軍和同情者的期待？我們決不能違背他們的期待。

我們要不分主義和黨派，祇要是願望祖國的解放和獨立的同胞，唯有在祖國獨立的旗幟之下團結起來。我們堅決的相信今日唯一的任務是爲着祖國的獨立而奮戰。朝鮮民族只有我們的統一和團結才能夠解放出來的。

因爲個人的利害和人事的不和，

或藉口主義的不同，妨害全民族的團結，而主張分裂，這是全民族不可容恕的罪人，是民族的公敵。我們的分裂和不團結，不過是造出幫助我們民族透骨的仇敵日本帝國主義的結果而已。在這裏，不能不向着爲全民族的團結，首先結成韓國光復運動團體聯合會與朝鮮民族戰線聯盟而刻苦奮鬥着的諸位同志，敬致無限的謝意，並表示眞誠的擁護，更熱烈的盼望由諸位同志的繼續奮鬥造成全民族的堅固的統一團結。

民族的領袖和諸位同志！

我們在熱望着諸位領袖和同志們的統一的指導，並亦誠擁護動員在中國朝鮮革命同志向祖國挺進的計劃，還希望能夠到西北直接指導我們。最後遙祝我們民族的偉大的諸位領袖和諸位同志英勇地奮鬥，並高呼口號：

一、擁護諸位領袖和諸位同志的統一團結運動。

二、全朝鮮民族在祖國獨立的旗幟之下團結起來！

三、打倒日本帝國主義！

四、祖國獨立解放萬歲！

一九三九・一・一。

在陝北朝鮮青年亭 偉、徐 輝、鄭律成、李國瀋、韓 璟、王 振、田農波、韓樂山、李 明、李信民、吳 遠等公啓

寄給在前方奮鬥着的隊員同志們

親愛的隊員同志們！

當我們看到你們寄來的工作報告後，使我們是如何的感到興奮，愉快，敬佩，和慚愧呢？你們的奮鬥是那麼積極，你們的精神是那麼倔强，爲了暴露敵人的陰謀激起民衆們的敵愾心，爲了覺醒民衆們一致動員，你們會忘掉了饑苦，不分了晝夜的工作着，風雨阻止不了你們去貼壁報，酷寒擋不住你們去講演，在物質條件極度缺乏之下，你們的雜誌，刊物還可以照常出版，經濟絕對困難下，民衆們仍可看到你們的宣傳劇，這種種事實都在說明了你們克服困難的毅力是怎樣堅强，「精神可勝物質」在你們的面前，獲得充分證明。

歷史的教訓告訴我們，中韓兩族只有堅固團結才不會給敵人以可乘之隙，敵人的各個擊破是毒辣的，沒有朝鮮的亡國「九一八」事變不至發生，朝鮮若能得到中國强有力的助力，也不至遭亡國之痛，現在敵人正在瘋狂的進行侵略戰爭，實際上是滅亡整個中國的戰爭，我們有着共同的敵人，共同的利害，事實不容許我們再事躊躇，我們應當加緊聯合，以精神勝物質，以犧牲衛和平，在人類正義上盡我們應有的使命，好了，現在我們已眞的拋棄了過去的「空喊主義」而走上了實際的行動，在偉大的中國抗戰洪流中朝鮮義勇隊誕生而且在生長着，還在兩民族是親密結合，以反帝運動來說，是弱小民族的具體聯合，尤其現在朝鮮義勇隊的本身有着互相幫助共同合作的中韓兩國同志，我們都詳知道中韓的關係是怎樣的密切的中國抗戰的勝利是關係着朝鮮的獨立，而朝鮮的革命也構成着中國抗戰勝利的因素，認識了這點，我們應當怎樣的進一步合作，使我們這個包括中韓同志的隊伍，擴大爲全中國全朝鮮民族的大聯合，形成了堅强的中韓民族抗日統一陣線。

同志們：你們在前面辛苦的工作，你們的血不是白流的你們的汗也不是白流，你們血汗的結晶，會變成赤灼的烈燄燃起革命的烽火，把倭軍閥活生生的燒死，我們知道你們是怎樣苦口婆心的在喚醒在日本軍閥驅逐壓迫下來中國送死的日本工農大衆，使他們明白日本軍閥侵華的眞像，要他們趕快掉轉槍口參加我們的反侵略陣線，努力吧，我們後方的中國同志在聽候你們的捷音！——多爭取日本士兵到我方來。

不久的將來我們也要和你們一樣的工作了在我們的隊長領導下我們準備編第三區隊，分派到×戰區開始對敵宣傳，努力吧！勝利的明天就在眼前了，敬祝

抗日勝利

留桂林的十位中國同志敬上 一二・八

編輯室言：

一、本刊從第三號起不僅在篇幅上擴大，而且在編排形式上，也有相當改進，但因印刷設備問題，仍然不能使我們十分滿意，祇能逐漸克服 困難 徐圖改進了。

二、本刊文字，歡迎轉載，惟請標明「轉載自本刊」。

本隊消息

一、本隊陳隊長前因公赴柳州，事畢昨已返桂。

二、本隊石正，康弘久二同志爲俘虜教導工作，昨赴湘西。

三、本隊政治組長金奎光同志，應廣西學生軍第二團及第三團之請，去演講「被壓迫的朝鮮和反抗的朝鮮」，受滿場熱烈的歡迎。

四、本隊留桂全體同志：於「一二八」晚，在本隊政治組辦公室舉行「一二八」紀念茶會，由本隊宣傳隊長金昌滿同志主席，席間由本隊指導委員周咸堂，金奎光二同志次第報告「一二八」紀念的意義及「一二八」抗戰給與朝鮮革命運動的影響等，最後唱朝鮮革命歌及各種朝鮮民謠，大家都想像着光明的前途，愉快地紀念「一二八」。

半月刊 第三十四期

本期已得審查證雜字第一八五四號

朝鮮義勇隊

加強中韓兩民族的團結

——向重慶各界進一言——

李達

我們朝鮮義勇隊總部自桂遷渝後，承蒙重慶各界熱烈的招待和親切的指示，對此，我們謹表示無限的感謝，並致崇高的民族革命敬禮！

朝鮮義勇隊成立已有一年半了，在這短短一年半的奮鬥當中，我們曾竭盡棉薄，做了點些微的工作，尤其是在南北各戰場上，配合中國英勇將士開展對敵宣傳及一般宣傳工作，以助長敵軍的厭戰及反戰浪潮，並建立起事實上的中韓聯合戰綫。但我們感覺到那還不够，

當此敵人積極進行對華政治進攻的時候，無論是前綫敵後和後方工作，更有積極開展的必要。此次我們總部遷渝，亦就是爲了前方工作部隊指揮上的便利和加緊國際宣傳，並加強中韓團結。

我們要爭取中韓兩民族的自由解放和建立東亞的永久和平，必須中韓兩民族堅固地團結起來，打倒共同的敵人——日本帝國主義。換句話說：中韓兩民族團結是使得中國抗戰爭取最後勝利的基本條件，同時由於中國抗戰勝利朝鮮民族才能求得獨立和解放。不但如此，而且在日本帝國主義以種種的陰謀毒計來挑撥離間我們的感情，想使我們互相仇恨互相殘殺，以使他們個別的宰割我們的時候，我們更須要以團結的事實來回答他。因此我們謹向重慶各界人士要求：（一）請不斷地給我們以工作上的指示與實際上的援助。（二）加強中韓兩民族團結來粉碎敵人離間中韓民族的陰謀。（三）建立和鞏固東方各被壓迫民族的聯合戰綫。

本期目次

編輯兼發行：朝鮮義勇隊
通訊處：重慶兩路口中三路六十三號附號
出版：一九四〇年五月十五日
定價：每份國幣一角
新新印刷股份有限公司代印

目前環境與朝鮮義勇隊今後工作方向

韓志成

朝鮮義勇隊的產生，負着兩個特殊的使命，一，直接參加中國抗戰，以促進中國抗戰的早日勝利，二，以戰鬥行為和革命的實踐來號召並發動朝鮮民族更積極的進行獨立解放運動，因此我們每個特殊階段的工作都依據着中國抗戰的戰略與中國關內朝鮮革命者的革命策略的。

目前的環境

1.敵人的戰略：戰略上說，自從中國退出武漢之後中日戰爭真正進入了最嚴重的階段，敵人沒有力量征服中國，軍事上表現無能，在中國方面全面的反攻還得要經過相當長期的準備階段。於是戰爭的重心在廣大的淪陷區域的面的爭取。在敵人方面，問題在怎樣將點線的佔領擴大到面的佔領，怎樣完全消化全部的佔領區來任意利用中國的人力物力做進一步的侵略，因此敵人為了面的佔領擬軍事上運用百分之八十以上兵力分配在淪陷區域進行着「掃蕩戰」，政治上積極樹立偽中央政權，設法鞏固各地的偽政權，用一切挑撥離間的方法，破壞中國民族的團結，分化抗戰的力量，企圖實現以華制華的陰謀。其次在經濟方面敵人財政涸竭，無法應付中國的長期抗戰，於是企圖開發中國天然的資源做滅亡中國民族的經濟的後盾，敵人現已設置「華北開發」「華中振興」兩「國策公司」，直接投資六萬萬元，而附屬於這兩個公司的尚有十餘公司，所運用的資金也達三十餘萬元，企圖以大規模的經濟侵略，達成以戰養戰的目的，今年三月卅日日寇正式組織汪逆傀儡漢奸政府，並派日本前內閣總理阿部為「統監」，這是日寇對華政治上進一步的滅亡中國民族的更陰險的毒計。總之，敵人現在以政治進攻為主，以軍事經濟為副，進行大規模的侵略。

2.敵人對於朝鮮人的政策

（1）實行大量的移民—敵人要想在廣大佔領區域內做面的爭取，要想完全消化佔領地，僅僅靠偽組織漢奸是不可能的，還要移殖大量的生人與朝鮮人做經濟政治文化侵略的工具，可以說目前施行的大量的移民政策是敵人完成面的佔領的主要策略。如日寇吞併朝鮮以後，就移殖大量的日人到朝鮮來，先佔領幾個重要都市的政治經濟文化支配權，再由都市做為根據逐漸佔領廣大的鄉村，日寇在朝鮮利用他們在政治經濟上法律上優越地位，很迅速的掠奪了朝鮮人的土地財產，三十年來已經強佔去了土地的百分之八十五，資本的百分之九十五以上。而把一半以上的朝鮮人驅逐在死亡的飢餓線上。又把他們用「戰時景氣」等口號驅逐到中國來做侵略的工具。日寇在朝鮮得到了這種經驗，目前在中國便進行大規模的移民於京滬平津，武漢等地及各大城市，日人與朝鮮人的數目平均達當地總人口的百分之五乃至十。日人在人數方面雖然佔少數，但操縱着經濟政治上的權利；而朝鮮人則為日人侵略的先驅工作。如在東北，日寇大量移朝鮮人至東北；等到朝鮮人相當開墾之後，就由日人強佔已開墾好的耕地。這裏很明顯的看到日本帝國主義的侵略政策中，殖民政策却是佔重要的部份。因此日寇自戰爭開始以來，便積極的進行移民工作，根據某方情報，東北現有的朝鮮人已達一百二十餘萬人，在平津一帶十餘萬人，石家莊三萬餘人，新鄉八千，太原七千餘人，青島濟南各有一萬餘人，僅僅在華北已有三十餘萬人，敵人計劃將移殖七十萬人。再從被移來的朝鮮人的成分來說大約可分三類，一，生活困苦被迫來華的農民勞動者，這是佔最多數，其中包括大批苦力，鐵路工人，隨軍苦力，二，流浪青年，被戰時景氣的號召出來的知識青年，多做冒險事業或無定職業而彷徨着。三，少數營不正當的生意的如軍妓，販賣毒品等等，從這個成份來看，很可能轉變這些移民成爲反日的先鋒。

(2)鞏固侵略陣營。日寇對淪陷區域內朝鮮人用兩種方法來管束，以求鞏固侵略陣營，(一)凡是朝鮮人所有的地方，普通的設置僑民會或居留民會，利用流氓或親日派主持會務，專事調查來往的人以鞏固他們的後方，(二)用祕密的方法，利用叛變的革命者，外表上使他們完全站在反日的立場，吸收當地的有革命性的青年，圖謀轉變思想，有時候發表似是而非的理論迷惑青年，或從中探知革命工作，暗中破壞革命，這種祕密組織已在平津上海等地成立起來，正在進行着反動的工作。

3.敵僑內部的對立與矛盾

(1)戰爭的延長必然使日本國內的矛盾更加尖銳化，人民與士兵的反戰運動日趨熾烈起來，今年在中國各戰區所表現的敵兵的厭戰情形，是比去年更覺得顯然，而且將隨着中國的長期抗戰與會高漲的。

(2)中日民族的對立：這種民族的對立在淪陷區域裏表現得很深刻，自侵略戰爭以來，敵人用最野蠻的慘無人道的手段，虐殺中國無辜民衆，掀起了全中國民族的敵愾心，就在僞組織工作的漢奸，也在內心抱着仇恨。因爲漢奸本來多是流氓土匪出身，沒有政治理想，祇爲的是保命發財的，敵人會想利用這批人對於民衆施以恐佈手段，使民衆屈服，但目前對華正進行政治進攻，收拾民心的時候，自然要限制漢奸土匪的行動，改編土匪軍爲正規僞軍，於是常發生漢奸與日軍之嚴重對立。

(3)日本統治者與朝鮮民族的對立。朝鮮是日寇任意徵用人力物力的殖民地，必然的隨着戰爭的繼續而增強殖民地民族的負担與犧牲，而終局造成不能挽救的革命戰爭。敵人對移民，雖然用直接的方法管理統制，可是這對立的基本因素是仍舊潛伏着的，同時這個因素在沒有革除之前，反日運動是不斷地進行的，在這反日的過程中，自然的又要和中國的遊擊隊攜手並進，如同在東北抗日聯軍這樣的隊伍。

4.我們一年來的工作經驗與效果

在戰地及敵後方施行對敵宣傳的經驗與教訓告訴我們，對敵宣傳是有效的，祇要我們的方法得當，便可以使得敵兵大規模的厭戰。我們在廣大的區域裏，最勇敢的參加抗日工作，便可鼓舞中國軍民的抗戰情緒，以朝鮮民族獨立的旗幟參加中國抗戰，這對於中國軍民以及敵後朝鮮人的號召發動作用是很大的。再就以上工作的效果來說，中國民衆，尤其是戰地的軍民熱烈地愛護着我們，在工作過的地方軍民要求我們千萬不要離開他們，未工作的地方，紛紛的要求我們和他們一齊工作。而最值得寶貴的效果是敵後方如武漢平津，京滬，平漢路及同蒲路一帶的朝鮮人都知道朝鮮義勇隊，知道朝鮮義勇隊是爲朝鮮的解放，由朝鮮革命者組織起來，參加中國抗戰的朝鮮民族獨立部隊，於是他們表示歡迎，擁護朝鮮義勇隊，據敵後某方來人說：常聽見朝鮮的青年說，啊！怎樣能和朝鮮義勇隊取得連絡？同時有的已經投到我們的陣營裏來了，在美國的朝鮮同胞在芝加哥，洛衫磯及紐約等地自動組織朝鮮義勇隊後援會，精神上物質上積極的援助我們，他們現在出版刊物，屢次舉行了大規模的反日示威運動，和領導抵制仇貨運動，又爲中國募捐協助抗戰。

總之，我們經過一年半的奮戰，已不像當時成立那樣的孤單的地位，相反的與廣大的中國軍隊及民衆堅固的聯結起來了。同時更給朝鮮羣衆以深刻的衝動，今後我們在這些羣衆的擁護和維持的基礎上，將要配合着中國抗戰戰略，更加英勇的開展今後工作。

五、今後工作方向

今後的工作方向是針對着敵人的戰略，粉碎敵人對我的政治進攻，積極的開展對敵人的政治進攻，抓着敵國內部的矛盾，瓦解敵軍爭取朝鮮羣衆，以瓦解日寇侵略陣營，這是中國目前戰略上的任務，也就是關內朝鮮革命者當前的主要工作。

那末將怎樣達成這戰略上的任務呢。

1.集中力量：過去的工作可以說是散佈在各戰區的，因此擴大了工作的影響，可是在另一方面，因為太分散，也未能收到集體工作應有的效果，要想給敵人以更大的打擊，更大規模的號召，朝鮮羣衆必須要選擇適當的地點（地點以(一)朝鮮羣衆(移民)多的地方，(二)朝鮮志願兵被徵來作戰的地方，(三)遊擊隊發展的地方，）集中力量，做進一步戰時的準備。

2.發展敵後方工作：粉碎敵人面的佔領政策，破壞「以韓制華」之毒計，急需發展到敵後方爭取朝鮮羣衆的工作，而淪陷區內朝鮮人已經有一部份擁護支持朝義隊，並希望我們能夠深入朝鮮羣衆裏。這從客觀的需要來說，又從中韓抗日的戰略上說，發展敵後方工作是刻不容緩了，所以朝義隊的發展與否，也要看這部工作的進展程度。可是這種工作必須要有幾個條件，第一要有自身的團結，在敵人統治之下，最艱難的環境中進行冒險的工作，非有政治上堅定明確的認識與鐵般的團結，才可以發展這個工作的。第二要與中國方面切實的聯絡。敵後方是比前線政治上軍事上都複雜。這種複雜的關係，往往阻礙我們工作的開展，甚至於使工作停留在不合於戰略所要求的階段。這便使得我們抗戰上少發揮一部份力量，不利於戰略的勝利的，我們至誠的盼望着，在一切為了抗戰勝利的原則之下給我們於工作上以最大的援助，同時我們本身也要隨時隨地，為着朝鮮民族的獨立隊伍的表現而努力，這樣才能克服這個困難。第三，需要政治警覺性與工作技術，發展敵後之工作，只有機會是不够的，本身要有做這工作的技術。

3.建立朝鮮革命軍：當中國抗戰逐漸轉入勝利的階段的時候，敵人正在最後掙扎的時候，朝鮮革命軍的出現於中國戰場，更可以鼓舞中國民族的抗敵情緒，也更可以大規模的號召敵後方的朝鮮羣衆，給與敵人以致命的打擊。因此建立革命軍是中國整個抗戰形勢上，和本隊更高度的發展上，目前最重要的工作。至於革命軍的建立是一個很艱難的工作，要集中力量，展開敵後方工作，奪取敵人的武器武裝自已，爭取朝鮮羣衆。要由自身的鬥爭來建立革命軍，要流更多的血，克服更多的困難，這樣才能成為光榮而鞏固的朝鮮革命軍。但這部工作的發展的限度和速度，還要看中國和朝鮮兩民族的聯合的程度而定。

今後的工作，不僅僅靠主觀的希望，也依據着客觀的需要，並基於工作的實現性，我們的面前擺着祇有一條路；就是集中力量，團結精神，在發展敵後方的工作，與敵人鬥爭，爭取朝鮮羣衆工作中，建立革命軍，爭取外界的援助。

敵人在台灣的奴化教育政策

台民

滅絕我台灣的歷史文化

台灣現在有五百餘萬人口，其中除生蕃和來自馬來羣島的土人共約十萬。日人二十萬餘，其他外國人約四萬以外，其餘四百餘萬皆是漢人，來自祖國的福建泉州漳州一帶。日人尚未佔據台灣以前，差不多完全是祖國的文化，文字。也完全是祖國的文字。幾乎每個村子都有私塾，所用的文字書籍全是漢文，所以那時台灣的教育文化，和祖國是沒有分別的。自敵人佔領台灣以後，每年至少要廢除五六所私塾，到了一九二四年，這些傳播祖國文化思想的教育場所．幾乎完全消滅了！一般熱心教漢文的老人家都爲之束手無策。近十餘年來，不僅難逢一個漢文教師，且難見一本漢文書籍。記者在默習漢文時，彷彿聽見人家說到祖國有幾本文學名著如三國誌紅樓夢等等，很想一讀爲快，設法詢問某老先生，他憤憤的搖手道：「休提起！休提起！三國紅樓，早被警察搬去焚燒光了！」記者始訝然失望。這是敵寇怕我們看了漢文書籍，知曉中國歷史，和中國再發生關係。

從前在台灣有些老年人穿長袍，被日本警察斥其爲帶有支那思想的壞人而加以歧視，現在再看不見穿長袍的老先生了。祭孔典禮亦爲日警所嚴禁，但有些偏僻地方，日警的政令不能達到，人民依然暗地在舉行。屆時一批老先生不顧一切的穿起長袍馬褂由老遠的地方趕到禮場去參加，青年人看了反覺奇怪，彷彿有隔世之感。

施行奴化教育

日人一面將台灣漢文私塾完全廢除，一面積極推行其奴化教育。廣設日文學校，強迫及誘騙台人入學，無年齡限制。後來在各村莊普遍建築校舍，專收小孩。日文學校分兩種，專爲奴化台胞子弟而設的叫「公學校」，爲日人子弟而設的叫「小學校」，這兩種學校的課程不同。每個學校校長盡爲日人，台人祗能作教員。課本一律由總督府規定，一般漢族小孩對日文常感不起興趣，往往受棍板責罰之痛苦。關於祖國的歷史及台島漢族的由來等，在課本上早已渺無蹤跡，課本上盡是日本的歷史與其「皇族」的由來這一套神話，此外虛構一些日本與台灣的歷史，想以此羈縻台人。它們命台人崇拜鄭成功，說鄭成功的母親是日本人，課本上常說到鄭成功與日本的關係是如何如何密切。四十四年前（光緒廿一年），當日人吞滅台島的時候，遇到我台胞頑強的抵抗．敵軍元帥白川宮能久在台灣中部彰化附近陣亡。敵人便在其課本大吹大擂的說他是台人的大恩人，「因台島爲野蠻地方，土蕃殺人和土匪搶劫，致人民無以爲生，能久親王始奉命征伐和肅清土蕃的匪禍，島人才有安居樂業的今天．後來親王因不服台島的水土，染疾而逝」。它們所訂的課本都是這樣記載，幷命令台胞去崇奉他。

中等以上學校全爲總督府所設立與支配，台人無設立中等學校之權利．教會學校亦被日人限制課程，稍有違慢，即加干涉。英人在台很能迎合台人心理，提倡羅馬字母拼音，使台人另求進步，且常鼓勵台灣的青年說：「你們青年須尋找機會學習漢文，勿要忘掉祖國。因此日人很嫉忌英人，近幾年總是想方設法去刁離他們，強迫教會學生崇拜天皇，幷強迫所有英美人所辦學校和醫院，一律要聘用日人爲校長與院長。

台灣的專門學校，日籍學生的人數，超過了台籍學生人數十倍。名爲台人的專門學校，實則爲日本造就人才。

農業學校的情形恰恰相反，那裏沒有一個日籍學生，全是台人子弟，日人盡量使台人學習與政治少關係的科學。

因日人所施奴化教育之際，一般受過高等教育的可憐的青年，對於祖國的歷史全部茫然，往往問起自己的父親：「我們的祖宗從何而來？」父母總是先長長地嘆一口氣，然後再慢慢地答一句：「是從唐朝來的」。再問便啞然了，他們也不知道唐朝是怎樣情形，在那裏……。

日政府絕不許台灣青年回祖國求學，常宣傳「支那」是一個腐化了的地方，到處刼殺，隨時都有生命危險等語。青年們毫不相信牠們的謊言，許多青年托詞經商或賄賂地方警察，偷偷地回到祖國來了。

回到祖國來求學的青年，如果給日政府知道了，最好不要再回台灣，若回去就有密探伺候大駕，拘留，毒打，直待你死了才罷。

日人沒收台胞的武器以後，便積極的訓練台灣的壯丁，以「協助警察維持地方秩序」爲名，每五六戶抽一名，訓練期間兩年，每月十五日征集一次，到了冬季則有一次數月長期的訓練，他們雖受訓練，名是軍人，實際上從來沒有持槍的機會。

「九一八」以後奴化教育日益加緊了，政教各機關均增加民訓，祖國統一完成，牠更十分着急，軍事訓練之外并選擇一些不肖份子施以間諜訓練。

奴化政策被蕃人粉碎了

十餘年來日人同樣拿這套「奴化」的手段去統治山裏的蕃人。台島的士人并不多，自鄭氏逐荷蘭人佔領台灣後，居住平原的士人多數避入山中，至日人佔據台灣時，一般士人更避入深山，同時有一部抗日軍民也逃入山裏與蕃人合作。十餘年來日人皆在想方設法引誘他們出山，初予蓋房屋居住，教其讀書耕稼，但結果是做了日人的牛馬，稱爲「熟蕃」。其始終未被誘出者稱爲「生蕃」。

原有一部份生蕃是習於殺人的，每年必須下山砍人頭去祭牠們所崇拜的神，據說，每個青年必須下山殺過人帶回來了腦袋，才有娶妻的資格。曾有一些漢族人士，因爲他們野蠻，不惜冒險深入去導化他們，頗收效果，故近年來已少有不幸事件發生了。

其中的霧社蕃族盤据山地，不肯出降日人。此山西面多峻嶺深坑，蹊徑狹隘，東邊太魯閣一帶，俯臨東海之濱，構成數百尺懸崖，船艦不能靠近，海陸天險，爲敵人統治力所不能達到。若干年前，曾有日軍一小隊冒險深入，終遭全軍覆滅，霧社蕃族於是以強悍著名。日人武力既不能達到，乃用老法誘其青年子弟出而受其麻醉教育之後，再遣其回去宣傳，勾引更多青年出山。如此輾轉誘導，霧蕃青年兒童被其誘引者不在少數。可是，日人待遇這些蕃族極其不公平。蕃族職員勤勞終日，薪水不及日人四分之一，而日人虐待蕃族勞工更是慘不忍聞，於是蕃族青年漸漸覺悟過來，相率武裝反日，殺戮日人。日政府雖調兵往剿，但因霧社一帶終年皆大霧籠罩，山路崎嶇，飛機大砲，全無效用，蕃人據險反抗，時時突然出現，以大刀砍殺日警，然後敏捷地回到山中去。故祇有蕃族同胞粉碎了敵人的奴化政策。

近來台灣常有工黨起而響應祖國抗日，皆因衆寡懸殊，武器有限，都退入阿里山從事游擊。阿里山現已變成台人的偉大游擊根據地了。

朝鮮「志願兵」問題

韓志成

向來關心朝鮮問題的人們，自然地更要注意中日戰爭後的朝鮮問題，然而朝鮮人當兵的問題，很少有人得到明確的瞭解。現在不到一千人的朝鮮兵，散佈在華北各戰區爲日軍作戰，那末這些朝鮮人是怎樣被迫來華參戰？今後的趨勢將是怎樣？關於這方面目前還沒有完備的研究材料，但只能把所有的材料略略地整理以供給大家參考。

日寇爲什麽實施「志願兵」制度？

日寇目前在朝鮮實施的不是像日本一樣的徵兵制度，也不是募兵制度，却是志願兵制度。日寇爲什麽到了中日戰爭開始時，在朝鮮實施志願兵制度？要瞭解這個不能不先從日本統治朝鮮的歷史上研究。

日寇統治朝鮮的第一步，就解除朝鮮民族武裝，朝鮮亡國前三年即在一九〇七年，日本特派朝鮮之統監伊藤博文等，已經企圖滅亡朝鮮與賣國賊李完用等密議，以建立新軍制爲藉口，強迫一律解散原有的軍隊，以完全解除武裝。嗣後不久又廢除韓國政府的陸軍部而存餘的一部皇室衛隊，則隸日軍司令部管理，於是韓國政府的正式軍隊是完全被解散了。

第二步解除朝鮮民間的武裝，向來在朝鮮民間的武器是很豐富的，因爲歷史上朝鮮着重民軍。各地方均保有自衛的武裝，而國家一旦有緊急時，不待命令而自動的起來捍衛國家的，這種風氣遠自三國時代已有，最著名的是在李朝宣祖時鄉紳儒林僧侶等的義兵暴動，至於一九一〇年當朝鮮被日寇吞併的時候，全朝鮮的義兵到處蓬蓬的蹶起，而進行英勇的反日復國戰鬥，曾繼續到八年之久，給了敵人嚴重的打擊。敵人從這些史實得到痛楚的經驗。所以一抓到統治權，就一方面徹底的進行消滅義兵，在另一方面強迫民衆登記所有的武器限期繳納，如有不繳納情形，就無情地被嚴重處罰了。如打獵者或需要自衛武器時，就要好幾個人連名具報得到許可之後，才可以攜帶的。

日本憲兵補助憲兵及警察中也有朝鮮人，但日寇對這批人也不發武器爲原則；就是在特殊情形之下，發給武器還得要嚴密的監視。

日寇對朝鮮人的政策是一朝鮮人不許有一兵一卒，不許有一槍一刀」，因爲這樣才可以放心進行任意屠殺搾取的工作。在這個原則之下，向來被日寇稱爲「一視同仁」「皇國臣民」之朝鮮民族，未曾提過實施志願兵，也更未提到實施徵兵制度。這和英國對印度，及法國對安南的政策完全是不同的。

「志願兵」制度實施之意義

敵總督南次郎於今年四月廿三日，在朝鮮首都京城召集全朝鮮十三道的道知事會議，講到：「半島（朝鮮）的使命：是完成帝國躍進大陸的兵站基地的任務，要到達這個任務，必須要培養人的資源，並發展廣義的國防產業」。從這句話中十足的看出，實施志願兵制度是日本帝國主義整個侵略戰爭中，補充侵略工具的一種特殊政策。日寇向來在朝鮮未曾提出志願兵制度，可以說未敢提出這個問題，而至於今日竟然實施志願兵制度，是否因爲朝鮮民族已經完全被同化成日本人的緣故嗎？這當然不是的。還是爲了應付中國的長期抗戰，藉此補充日本軍隊所缺乏的人力。擁有二千三百萬人口的殖民地朝鮮，自然不能在整個侵略戰爭的圈外了。從日寇各方面政策與言論看起來，志願兵制度是暫時的，將可能實施徵兵制度，而可以說目前的志願兵制度是實施徵兵制度的試探的準備工作。

「志願兵」制度實施情形

(一)志願兵數目：志願兵制度自從一九三八年實施後，第一批受訓完畢被派參戰的有四百名，第二批一九三九年畢業志願兵訓練所者共六百名，今年志願兵應募者八萬餘名，適格者三萬餘人，其中取錄爲志願兵者三千人，從這個數目上看志願兵前後批合計祇有四千人。今年採用的三千名志願兵，今年內實施訓練後明年派去參戰。常在報章雜誌或傳說有幾千幾萬的朝鮮兵參戰，或說日軍作戰部隊中三分之一或一半是朝鮮人，這都是一種謠傳。

(二)志願兵手續：當志願兵並不是按照每個人的志願，就可以做得到的，還要經過嚴格的審查考試及訓練的過程。每次募集志願兵的時候，朝鮮軍司令部命令各道各郡的警察廳署，發表募集志願兵之佈告，應募者便拿志願兵請願書及身份保證書去警察署登記後，考日文，檢查身體及思想，第一次考試審查由各郡警察署舉行，合格者報告龍山朝鮮軍司令部，由司令部再行第二次的審查選擇採用爲特別志願兵。在各郡審查的時候最爲重要的是看應募者的思想及家庭社會環境，如果思想方面有一點反日的或認爲不穩健的傾向就不採用，社會及家庭環境方面親戚或朋友中如有反日革命者時也就不採用的。經過這樣嚴格審查後，一旦被採用，就由各地送到龍山志願兵訓練所給予六個月的初步的軍事精神訓練，又從中考察志願兵之言行，訓練合格者才當着一個志願兵派出去參戰。

(三)被派出去參戰情形：第一批及第二批前期訓練者(第二批後期訓練者仍在訓練)參加到第廿師團的各部隊被派來山西中條山、絳縣，平陸、涿州一帶，多是步兵上等兵或一等兵。被派出去不是一小隊或分隊的單獨集中在一起而二三個分散到各大隊中隊小隊裏夾進去，並且不許志願兵間有互相橫的聯絡，日寇始終恐懼着朝鮮人互相聯絡互相團結，故用澈頭澈尾的分散政策。現據某方確報，第一批參加作戰的志願兵中有了很多的死亡，這將影響整個志願兵制度實施之將來，因此近來暫時不派第一線直接參戰之工作，便派留在後方佔領區域或朝鮮，使他們担任維持秩序治安及宣傳之工作，這當然不是永久地派留在後方，而企圖用這個方法一面鎮撫反對志願兵之空氣，另一方面收買民心及安撫志願兵。

(四)志願兵之成份及社會地位：這是值得研究的，尤其研究敵情從事於瓦解敵軍工作的格外有研究的必要。朝鮮人爲什麼有些人要做志願兵？是眞正爲了生活的困難嗎？還是受了欺騙爲了「日本帝國」的呢？要研究這個問題不能不先研究志願兵的成份及他們社會的階層，關於這方面目前沒有什麼完善的材料，不過可以做參考的，第一，從今年全朝鮮志願兵應募者八萬名中的知識程度來看，中等學校學力者祇有一百九十二名，慶尙北道志願兵應募者八千五百名中，中學學力者祇達十一名。又據今年一月間志願兵訓練所所長鹽原之報告，在中學生中志願兵應募者太少，這因爲各學校當局沒有澈底的宣傳志願兵制度所致之緣故，今後應該特別宣傳，並詳細調查具有志願兵合格條件者呈報，如果成績好的就給他們嘉奬，相反地成績壞還得要受處分，從這個事實推測，的確中學程度者充當志願兵者少。又從另一方面觀察，現在朝鮮中學生畢業之出路是很好的，今年春期畢業之職業中學校畢業生已在去年底都有工作的地方，同時待遇也比較戰前高一倍或加至百分之五十。這是因爲戰時工商業發展，需要大批的技術人材或中學程度人才之緣故。這樣看應募志願兵的絕對多數是小學畢業的或小學中途退學的人。而就這些人的社會階層來說，屬於正在沒落滅亡中的朝鮮農村佃農小規模工作農或城市的工人徒勇流浪青年。他們沒有經濟之能力讀中學，又沒有資本經營商工業。而從整個農村經濟破產中，都市小市民中被擠出來的。又從他們的心理情況來說，不滿於現狀但又不能把握得着現實社會，光充滿着一片的不平和冒險心及動搖不定的情緒，他們情緒上渴求着能洩漏這些不平的機會。

(五)應募志願兵之原因：(1)根據志願兵之成份社會環境及心理情形來說這些人是在鄉村都市爲經濟壓迫被驅逐出來而追求戰時景氣的人們，以爲當兵可以發財的。(2)由於朝鮮民族的特殊心理：朝鮮人向來富於冒險性，好奇心好動又富於英武之觀念，從歷史上觀察自從三國時代到現在無數次的義兵運動，轟轟烈烈的冒險暴動固然是由當時的社會條件造成的，但在另一方面這種歷史的傳統也已經成了一種民族心理。(3)由於當兵可以升官的幻想，今年初在京城會舉行了一次志願兵座談會，那裏提到很多問題，和這個問題有關係而值得我們注意的是，這些志願兵還認爲當志願兵將可以升爲官長，指揮很多人作戰，卽使不升官也從前線調回歸國以後，可以被任用爲比較重要的地方警察或訓練所青年訓練所模範村的指導員，也可以被任用爲志願兵募集之宣傳人員。(4)受到敵人的欺騙宣傳。敵人現在志願兵宣傳的重要理論根據是「內鮮一體」論，敵南總督在日本建國紀元二千六百年紀念日告朝鮮同胞說：「朝鮮是日本帝國進出大陸之兵站基地，爲完成這個任務，勿論如何要實現徹底的內鮮一體」，至於內鮮一體的內容，據敵南總督之說法「內鮮（日本及朝鮮）有着同祖同根之血統關係，而且朝鮮人的容貌也和大和民族完全一樣，所以今日歸附大和民族是應該的」。又據朝鮮總督府於一九三九年九月所發表之朝鮮國民精神總動員運動，朝鮮精動的特異性中提到「使半島人民成爲皇國臣民化」這就是說日本統治者根本不承認朝鮮民族，而把朝鮮民族認爲太和民族之一部份，而這種企圖的具體表現爲朝鮮不叫朝鮮而叫半島，又最近實施創氏制度，強迫朝鮮人改朝鮮姓爲日本人式之姓名。總之日寇「內鮮一體」論以日本和朝鮮同一民族爲根據，要求朝鮮人，在這太和民族遭到空前危期，「半島人」也應該不分彼此爲着日本之命運而共同負義務，故要朝鮮人參加戰爭。

(六)志願兵募集之宣傳及準備工作：(1)日寇統治朝鮮之目前政策是一切爲『人力的補充』『實現內鮮一體』，因此實現這個目標而所實施的一切組織如愛國班，勤勞報國隊，模範村，青年訓練所，這都是志願兵運動之具體的準備工作。只拿青年訓練所來說：去年全朝鮮設立了一百一十所，今年設立七百八十五所，而明年將在每個高級小學（六年制小學）所在的地方普通的設立一所青年訓練所（共九百三十五所），以訓練當地的青年灌注『內鮮一體』的精神及授與初步的軍事訓練。

(2)文化宣傳：現收買敗類之貴族或文化人到處宣傳演講志願兵運動，或派由參戰歸國回來的志願兵巡迴演講，或收買一批流氓自動的請願參加志願兵以造成一種空氣，又利用叛變之文化人如朴英熙，李光洙等製成志願兵電影片及詩歌等擴大宣傳。

(3)獎勵：被採用之志願兵都一一發表在各報章雜誌上宣揚，他們在受訓練期內經濟上給與特別的優待，在畢業時社會及日本當局特別優待，以第一二批情形來看，當畢業時帶他們到日本各處參觀，陸軍大臣特地設宴款待，一一接見志願兵，並給他們以獎金，出戰的時候，朝鮮總督，朝鮮軍司令及社會一流人物都去歡送，戰死時更以大規模的舉行葬禮，去年在山西作戰中戰死的李仁錫，日寇把他特地提出來表揚，各處爲紀念李仁錫起見，建立忠靈塔，敵南總督以下各文武重要人物都參加這李仁錫之葬禮，又募集大批的金錢及慰勞品給遺族，其熱烈的情形眞是轟動一時，比起日本內閣總理出葬還要熱鬧。敵人用這些辦法企圖收買人心，喚起應募志願兵之好奇心。

（七）社會一般之反應。關於這方面也沒有什麼具體的材料，只應募者的人數方面看：去年應募者一萬二千名，今年增加到八萬人，將近八倍的比率。但又從應募者的成分上看，一般有知識的青年和稍微有辦法的青年都不應募的。可見今日朝鮮社會的中堅青年是不參加志願兵的。再看志願兵座談會上的論調。一般社會對志願兵運動還抱着冷淡而表面上採取不歡迎的態度，而一般革命羣衆方面積極的反對這個運動，例如一九三八年平壤開城的三千餘革命羣衆發起反對志願兵運動，與敵軍警衝突，遭到不少的犧牲。

今後趨勢

依據中日戰爭的長期性，日寇人力的缺乏以及上述各般情形觀察，敵人將大規模的擴充志願兵訓練所，採用多量的志願兵，並將用強迫威脅之手段吸收優良青年，爲了完成這部工作，自然地要加强各地方的青年訓練所工作。據某方情報，敵人將在朝鮮抽出四十萬士兵，大規模的驅逐到中國戰場來。無疑的，這是日寇走上自滅之路。

日寇盡管統制，壓迫、欺騙、屠殺、掙扎，然而歷史是遵照一定的原則而發展的。凡是知道朝鮮歷史的也就可以知道未來的朝鮮。史實告訴我們，敵人武斷的恐怖統制政治之下，曾發動過二百萬大衆的三一大革命和光州學生運動以及無數次壯烈的鬥爭。今天敵人竟於實施志願兵制度，盡管用最嚴密的方法來管束，但這將必然歸於徒勞的。因爲志願兵是在飢餓的死線上彷徨的人們，不滿於現實的人們，所以他們一旦被知道誰是他們眞正的敵人，就會翻然站在革命陣營的，在這裏特別需要朝鮮革命者粉粹日寇之企圖，爭取這些志願兵的工作。今天朝鮮義勇隊已參加中國抗戰，正進行着瓦解敵軍喚起朝鮮羣衆並爭取志願兵的工作，將進一步可以把敵人驅逐來的朝鮮人民，用敵人的武裝去消滅這人類的惡魔日本強盜。

本隊發行刊物一覽表

朝鮮義勇隊	（中文刊）	總隊部發行
戰鼓	（朝鮮文刊）	同上
戰崗	（朝鮮文刊）	第一支隊部發行
內外消息	（中文刊）	第一支隊第三分隊發行
華中通訊	（朝鮮文刊）	同上
漢水版	（朝鮮文刊）	第二支隊第一分隊發行
黃河版	（朝鮮文刊）	第二支隊第二分隊發行
華北版	（朝鮮文刊）	第二支隊第三分隊發行
江南通訊	（朝鮮文刊）	第三支隊部發行
義勇報	（朝鮮文刊）	美洲朝鮮義勇隊後援會發行

開赴棗陽

——鄂北工作隊剪影之一——

尹爲和

前線園地

一、工作計劃

過去一年間堅苦奮鬥，曾獲得×戰區軍民一致愛護的第×支隊，爲了廣汎的開展工作，現在分成了四個分隊，散佈到華北華中各戰場上工作。鄂北工作隊便是其中一個分隊組成的。

敵人自從去年兩度在鄂北敗北後，士兵厭戰思鄉的情緒，日漸高漲。同時，過去的教訓告訴我們，要想粉碎敵人的繼續進犯，澈底保住這塊重要的戰略地帶，就必須動員起戰區內廣大的民衆和提高部隊的戰鬥情緒。這次鄂北工作隊出發前線，便是針對着現實的需要，而對症下藥的。他們的工作計劃是以對敵宣傳爲主，一般民衆與勞軍工作爲副。下面是他們出發至棗陽生活上工作上斷片的報導，至於在前方的對敵工作，準備下次另文介紹。

二、出發

一個初春的下午，和煦的陽光撫慰着每個人興奮的笑臉，清風微微玩弄着水波。在漢水岸畔一隻不小的白木船上，一幕熱烈的場面正在進行着。「共患難，同堅苦的戰友，朝鮮的同志們，各位不避勞苦重上前線，是爲了中韓兩民族共同的解放與自由，同時更證明我們已親切而誠懇的攜起手來了……」這是×戰區政治部主任韋永成氏的歡送詞。他是爲了鼓勵這羣異國的戰友，特地從百忙中跑到這船頭上來的。

出發了！船上的岸上的羣手在揮搖着。雄渾的歌聲在河面上飄揚着，在歌聲中，在呼聲中，白木船載着一羣正義的戰士，告別了老×口。

三、日本女郎的歌聲

船行兩日，漸漸靠近了樊城。這是一個「清風徐來，水波不興」「夕陽無限好」的薄暮，日本女同志井村興奮愉快地高放歌喉，在唱「風在吼，馬在叫黃河在咆哮……」她那不正確的發音，惹得全體哄船大笑。

原來在他們的隊伍裏，還有兩位日本同志。一位是井村孃，一位是大竹君。大竹是日本靜岡人，中學畢業後在東京營商，戰爭開始後被徵來華，充當二等輜重兵，於去年敵人進攻鄂北時被俘。井村是在平漢沿線營商的，本年初被游擊部隊俘獲。他們先在長官司令部，後來交與第×支隊教養，現在他們都已切實的覺悟了。他們宣誓：「願盡自己所的力量，追隨朝有鮮義勇隊同志爲打倒日本軍閥而鬥爭」。

他們工作很努力，僅就唱歌來說，他們會唱七個中國歌，和四個朝鮮歌，這是値得他們自己誇耀的！

四、樊棗路上

在東天剛吐出曙光的一個早晨，一小隊灰衣戰士，急急地走出樊城，踏上指向敵方的征程。從樊城到棗陽的公路，老早就被破壞了，行起軍來當然非常困難，但是他們却好像絲毫沒有感到。汗盡管在流，他們的心底總是那麼興奮，那樣愉快。

「喂！李同志！你的襪子是穿着呢？還是蓋着呢？」一位同志在喊。

「足被！」「足被」！大家喊我，接着是一陣哄笑。

「足被」是蓋足的被子的意思，因爲他們每月只有二十元的生活費，買不起新襪子，只好將破襪子蓋在脚上當門面。現在「足被」已成了他們取笑的流行語，同時亦有些革命者能忍受堅苦的榮耀的意思。

行軍沒有伙伕是最不方便的，他們的辦法是輪流值班。每當要吃飯的時候，值班同志連喘氣的工夫都沒有，忙着在切菜、洗米、燒火、他們該是多麼辛苦呀！但是奇怪的，在火灶的傍邊，聽不到叨絮的牢騷，亦聽不到迂長的嘆息，代替的却是愉快的歌聲，

然而，亦有使他們痛恨憤怒與仇恨的，那就是敵人所遺留下來的慘酷的痕跡，斷垣殘壁，在沿路每個村莊市鎮都可以看到，馬蹄獸跡，更深深刻在被蹂躪的稻田上，有一次，張家灣一個農民講起敵人奸淫燒殺的慘暴行爲，個個都咬牙切齒，髮指髮裂，尤其兩位日本同志，更憤不自禁的大聲喊起來：「天哪！日本民衆與軍閥絕不能兩立呀！」

第三天，他們到達了棗陽，少事休息後，他們照例的開一個行軍檢討會，這次的結論是：除了讀書的計劃，因爲過度疲勞沒有圓滿達成外，其餘如行軍紀律，沿途工作各方面都達到了預定的計劃，

五、歡迎會

到棗陽的第二日，他們首先訪問了××集團軍黃總司令，並呈上李長官的介紹信。在司令部他們又受到了××集團軍來日開歡迎大會歡迎他們的通知。

第三日下午三時，他們按時跑到總司令部附近的廣場上。在那裏，數千名雄糾糾氣昂昂的武裝戰士已在屹立靜候了。當他們踏進會場時，全場一致報以雷霆般的掌聲，會場頓時活躍起來了。

招待員一一與他們握手，將他們引到台前。萬隻眼睛一致地注視着他們的一舉一動，好像盡力想從這羣異國的戰友身上尋找什麼特徵似的，大會亦就在這時開始了。

「歡迎朝鮮的朋友，歡迎日本的弟兄，我們都是愛自由，我們更愛和平，在日本帝國主義壓迫下的你們我們，團結起來，爭取人類的和平，爭取世界的光明」。這是一枝雄壯熱烈愉快的歌，是爲這次大會特地編就的。

「朝鮮義勇隊是我們忠實的戰友，他們不僅給我們以實力的幫助，而且給我們精神上莫大的激勵。……他們的工作是對敵宣傳，這工作是最艱險最必要的，過去一年半的工作已經在我們抗戰史上開放了美麗的血花……」主席這一篇簡短的介紹詞，更增加了台下數千名官兵對他們的敬仰心。

接着是士兵代表致詞。一個黝黑面龐，魁巍身材，粗眉大眼的漢子，站在台上，吐出了雄壯的呼聲：「朝鮮義勇隊同志們幫助我們打鬼子，我們更應當和鬼子加勁拚，拚，拚啊！」「拚啊：拚啊」，台上台下喊成一片，士兵們把眼淚都流出來了，這是中朝兩民族精神的交流啊！

李隊長代表工作隊致答詞：他首先向抗戰以來造成多次光榮勝利的××集團軍表示敬仰？接着說明東亞眞正和平的曙光已露，最後勝利一天天迫近了。並舉出許多事實與數字證明。

節目一個一個挨過去，最後輪到了餘興。××集團軍與他們都表演了許多精采的節目，而最能獲大家稱許的還是金煒同志的朗誦詩，與兩位日本同志的日本小調。最惹大家歡笑的亦還是井村孃發音不正確的中國歌。

六、「汪精衛」

棗陽的民衆工作，非常貧乏，所以當地軍政及地方機關都要求他們來補這個漏洞，當然，他們會欣然受命。

因爲目前敵人着重於政治進攻，他們便決定以「反汪」做爲這次工作的主題。工作分三方面進行，即壁報，街頭演講，與反汪大會。這裏特別值得報告的，是他們在反汪大會上公演出一精采的獨幕劇「汪精衛」。

這個獨幕劇的主題，是在暴露汪逆漢奸的卑鄙無恥，慘暴，與末路。他自

從跑到上海去後，便置於影佐大佐的「保護」下，不僅意志，行動說話不能自由，甚至於吃飯都受限制，不僅要聽從影佐「大佐」的指揮，而且要聽受影佐女侍梅子的擺佈，但是汪精衛一一領受了，並為了取得其主子的歡心，不惜獻計轟炸重慶，捕殺上海青年學生，當敵機大轟炸重慶之後，不但不能消滅中國政府人民的抗戰意志，反使敵愾心加強了，影佐乃痛斥汪精衛，而汪逆竟說要把重慶炸平，一草一木都不留才行。汪逆這樣寡廉鮮耻，喪盡天良的一意孤行，終於臨到他的末路，我被四萬萬五千萬人民唾棄了，甚至數十年來的心腹家僕亦宣言與他不共天日。

這幕劇劇情非常緊張，描寫的筆法亦非常詳緻靈活，尤其是演員都很得力，所以成績十分圓滿；而在[illegible]尤為破天荒的事情了。當劇演到汪[illegible]的時候，台下觀衆一致鄙棄，「無耻」之呼聲不絕於耳，當演到汪逆教唆其主子轟炸重慶捕殺青年的階段，萬人又齊喊「打死汪精衛」，直至看到汪逆末路的最後一段，大家才喘了口氣，與奮的高呼「抗戰勝利萬歲」

自從他們這次工作結束後，在衡陽的男女老小，都對於出賣祖國的汪精衛，十二萬分的痛恨。同時他們還都知道只要抗戰到底，勝利一定會來到的。

◎　◎　◎

江南火綫上（第三支隊工作報道）

劉金鏞

一、自我介紹

我們第一區隊的同志們，去年在湘北工作時，曾把當時的經過情形，在我們通訊上以『血戰紀實』的新姿態與讀者見面，後來因為我們湘北的工作已告一段落，為了加強自身學習，訓練新同志準備將來的工作，我們在衡陽用去了三個月的時間；因此我們的工作也暫時陷於休眠狀態，所以有一個時期『血戰紀實』是與愛護我們的讀者遠別了！這是我們深為遺憾的！

現在我們第一區隊的同志，按照總隊部的命令，約半數以上的同志，改編為北進支隊，已於去年向華北方面移動，其餘與新同志合編為現在的第三支隊，由金××同志率領，於一九四〇勝利年初由衡陽東進，前後經過八百多里的徒步行軍，用去了十多天的時間，全部安全的到達了我們現在的工作地區——遍地錦繡的江南，現在我們第三支隊，正以江西戰場××一帶為中心，又與敵人展開了血戰！今後當更本着我第一區隊優良的傳統和血的經驗與教訓，與敵人作決死的鬥爭！並準備把我們工作的實際情形，中國軍民的英勇的鬥爭，以及敵人和漢奸的種種醜態，向讀者作忠實的報道。

因為我們工作的地區是在江南，所以打算以『江南火綫上』這樣一個題目，長期的與讀者相見！

二 工作片斷

陣前交談　三月十九日天氣特別晴朗，在這山明水媚的江南，真有無限的誘人魔力！千紫嫣紅的野花，嫩綠的山林，清澈的溪流，飛舞的羣鳥……，假如不是在戰時，該是青年男女多可嚮往的春光啊！躲在對面陣地裏的，尚未完全失掉人性的日本弟兄，際此良辰美景，也一定更會引起厭戰思鄉的情緒吧？不是麼！在三島也是櫻花發開的時節了！他們是被迫來華送死的！

我們想利用今天向敵人宣傳，真是再好沒有了！晚飯時（五時半）我們文

□□同志，就向□□副營長提出了今夜向敵人喊話的計劃，他非常高興，並說：「我今天也一齊跟你們去，看你們放大砲（指喊話），你們這個大砲若放好了，一定比敵人的大砲效力大！敵人放了幾個砲也嚇不了我們，可是你們放一次，也許就可以動搖了敵人！」

飯後文同志用電話招來了在第三連工作的同志，連同□副營長王指導員一齊向火綫——第八連陣地前進，到達連部時，連長滿面興奮，極表歡迎，並在掩蔽部裏準備了茶點，招待我們！

夜十時，我們全體在皎潔的月光下，攜同十幾名弟兄，離開了第一綫潛行向金家嶺敵人砲兵陣地牙口接近，在到達我們喊話地時（距敵陣不到百米中隔一河）為了準備萬一，機關槍就在附近佔領了陣地，作預備放的姿式，一切都準備妥當後，在靜靜的深夜裏，趁着徐徐而來的春風喊出了我們的第一句話「…………」（喂！日本弟兄！絕對安心，出來談談）！這樣喊了許久，才有二十多名日本弟兄出現，他們橫列在河岸的陣地上，很從容的和我們對談：「…………」（你們到底是什麼地方人）這時候，我們小聲的吩咐中國弟兄們無論如何也不要射擊！我們此時也無暇和他們分辨我們到底是什麼人，馬上繼續喊：「…………………………」（三年戰爭如何？再有兩年也不會結束！你們不留戀櫻花嗎」吾等河戰爭加嫌日本「…………」（我們也是討厭這個戰爭）（但是沒有辦法！）敵兵用悲哀的音調向我們還答。像這樣我們對談了十幾分鐘之久，結果因為他們的軍官前來，他們很快的就隱藏了！我們再喊時也得不到回答了！於是我們又靜靜的踏着月光轉回陣地。

在月光下的春的大地，猶如入睡的少女，她誘人的魔力絲毫不減白晝，只是那些在軍閥壓迫下的日本弟兄，不但有家歸不得！不能享受這明媚的春光！而且連聽話談話的自由也沒有！

昨是今非　我們在俞家渡陣地工作的同志，他們施行對敵喊話，敵人每次都有回答，或是鼓掌表示歡迎，在反應方面，十分令人滿意，所以同志們在工作時也都很安心，但有一天却發生了意外，三月二十七日晚，我們李□□同志，又按着慣例到他喊話的場所去工作，方才喊了數句，就有一顆無情的手榴彈從敵方投來，正爆發在李同志身旁，當時李同志就被震倒了！但事情也出乎意料之外，（敵人的子彈好像永不敢侵犯我們的同志），手榴彈的破片雖然炸破了李同志的棉襖，却絲毫未傷到他的皮膚，這種巧合，不能不令人驚嘆！敵人此次之所以出此毒辣手段，據說是前天中國軍隊，在其他地方曾大施襲擊，使他們吃了不少虧，所以才到處施行報復！

營長團長聽到了這個消息，馬上很關切的來慰問李同志！

敵後進出　第一工作隊長李××同志和韓、金、李、東、朴，於三月十一月二十一日，四月六日，前後三次自動參加出擊部隊，到敵人後方去工作，他們和中國弟兄在一齊荷槍作戰，同時並把對敵宣傳傳單散佈在敵人陣地內，或交通路口，有一次他們還割了三十多公斤敵人的電線和五十多個柚子回來。

李××同志在厚田街附近遇到八名難民，徬徨在途中，他把他們送到新建縣義民所，路上走了兩天的時間，並買飲食給他們吃。

在夏家渡一帶，許多民衆在敵寇嚴密封鎖下，竟斷絕了食鹽，李同志還請求軍部發下了八十多斤食鹽，分配給他們。

經同志們在這一帶工作的結果，一

般民衆都對我們有了深刻的印像！

敵寇暴行　敵人在這一帶淪陷區，所用種種手段可謂無奇不有，在他侵入之初，最先是籠絡一般流氓組織維持會，然後調查戶口，發給僅存的老百姓良民證，每張大洋兩角，平常每月更換一次，遇有部隊移動，也要更換，這些有良民證的可憐同胞，不但要爲敵人做挖工事築路等苦工，而且還要供給寇軍，落花生，雞，蛋『花姑娘』……等享受品，尤其令人可笑的，接近敵國內因爲經濟枯竭，妄圖施行『以戰養戰』的陰謀，竟在淪陷區大事搜括，好像中國老百姓的牛也有反抗『皇軍』的可能！須發給『良牛牌』加以證明方可保險！所以在淪陷區老百姓的牛也要用五角大洋購一塊『良牛牌』掛上！這眞是世界的奇聞！

其他到處強奸婦女，強迫子淫其母，孫姦其祖以取樂的暴行，更是層出不窮！所以現在這些地區，都是一片瓦礫，除少數的無辦法的老弱以外，差不多已成了無人煙的地帶！

三、挑撥離間

我們何××同志去南昌一帶工作，除施行對敵宣傳工作而外，隊長還給了他一個特殊任務——調查寇軍內有無朝鮮人，因爲在這一帶謠言非常多，有的說『日本軍隊裏朝鮮人很多』，有的說『有長鬍子的是朝鮮人』，爲非作歹較日寇殆有甚者……爲了明瞭事實的眞像，所以派何同志進行調查，經何同志用盡種種方法，多日調查的結果，證明華中一帶一個朝鮮兵也沒有，不過僅止在南昌九江兩地有少數的朝鮮商人，安義敵人憲兵隊有一個朝鮮通譯官而已！

在這一帶之所以有此項謠言，一面這固然是敵人一貫的挑撥中朝兩民族感情的陰謀；（此項謠傳不僅此一地）同時也是因爲我們在這一帶工作與一般老百姓的感情都很好，他們處處幫助我們工作，因此我們在此地已成了日閥的眼中釘，所以他們才用種種的卑劣手段來離間我們和民衆的感情，他們在每一次作了殘暴行爲以後，都有稱爲朝鮮人，而一般民衆對日語朝鮮語又不能分辨，於是即信以爲眞！

敵寇的此種用心不可謂不苦，但經我何同志，四十多天以來，到處予以揭破，這種爛言也就不值一文了！敵人的無恥也不過徒見其黔驢技窮而已！

□　□　□

轉戰鄂北的一支國際隊伍

東明

一、朝鮮人和日本人

××個朝鮮青年和×個日本反戰弟兄組成了朝鮮義勇隊第二支隊第×分隊。朝鮮青年多是中國抗戰以前從日寇壓迫統治的國土裏逃亡到中國來的，他們都是在平津上海等地讀書，或做反日工作的革命青年，年紀差不多都是廿七八歲，身體很健壯又活潑。他們沒有家又沒有親戚。所有的祇是他們的革命團體和親切的同志們。他們沒有什麼別的心頭，所有的祇是打日本，解放祖國的决心。抗戰前爲了躲避敵人的偵探和刺客，不能公開的活動却在頻繁的移動和不安的恐怖中過着地下生活，而於今隨着中國民族全面的反日抗戰的巨浪，堂堂地高擧起朝鮮民族革命的獨立旗幟，參加了中國的抗戰在火線上英勇與敵人鬥爭。他們在江南湘北贛北桂南豫北晉南等地的朝鮮義勇隊其他支隊的分隊一樣，也在鄂北漢水江邊大洪山嶺隨棗及京鐘一帶留下了歷史上光輝燦爛的戰跡。

昨天還是侵略中國，屠殺朝鮮人的日兵，今天却已成了反對侵略反對日本帝國主義的朝鮮和中國最有力的朋友。大竹松井及伊藤君是被中國軍隊捕獲來的日本青年，現在和朝鮮義勇隊隊員共同生活，共同工作，又和中國士兵手拉着手在陣地砲火之下，為着正義和平而向敵人吶喊。他們是很忠實的不怕一切困難和危險，高興在打日本軍閥的這一支國際隊伍裏，站在中國抗戰的最前哨崗位從事於喚起敵兵，反戰，瓦解敵軍的工作，在李司令長官領導之下，為東方永久和平幸福的新基礎而戰鬥。

二、生活片斷

朝鮮人，日本人和中國人，共同生活，開會起來，每次要講韓日中三種語言，遊戲起來，各民族穿起不同的服裝，但是他們都抱着一條心：打倒日本軍閥，建立新東方。日本弟兄現在已學會了些中國話，也高興講中國話，他們最為得意的是會唱三變朝鮮歌和四隻中國歌，不管發音怎樣不正確，却是很高興的唱這些歌曲，在這裏沒有什麼民族間的隔膜：大鬧，大笑，自然的融和在一起。

他們和司令長官，軍長師長一起談政治談軍事，又和士兵生活在一起，中國士兵說：他們是上下都能打通的人。

戰鬥化，集團化，集中化，學習化，計劃化，規律化，藝術化是他們生活七大規律，整個生活是遵照這七大規律的基本精神，沒有一個人肯違反全體的決議，也沒有一個為個人打算，在戰鬥中，行軍中，休息的時候都爭取學習，他們十二個人兩個月內在行軍戰鬥的餘假，讀過了四千二百餘頁書，還寫了二萬字的文章。

有一次雪中行軍百餘里，因為那裏是戰地的關係，老百姓完全撤退，沒有地方找食物，松井和高君因為太餓了，不能行走相繼倒地，但有什麼辦法呢！祇有繼續前進走到一家祇有一碗飯，十二個人便把它分吃了，後來又走到一家破爛不堪的民家時，太陽已下山，眞是千里曠野日暮途窮而一無人影之光景，老百姓連一扇門板一細稻草也不留散底的施行了空舍清野的政策。衣服又薄大氣又寒冷，但他們沒有一個覺得失望或痛苦，他們跑出去砍樹枝燒火徹夜開工作討論會議，又唱歌朗誦詩等拿集體戰鬥化的精神克服了這些困難。七大規律生活是他們的精神糧食，每星期舉行生活檢討會議的時候，每次開工作討論會議的時候，都拿這基本精神做批判自己批判他人的準繩。

他們的生活沒有憂愁，沒有沉滯，在工作中休息中便充滿着蓬蓬勃勃的朝氣，在這大時代中培養新時代的作風！

三、舌戰在烏龜山

他們在鄂北各地到處做日語，散佈對敵宣傳標語傳單，瓦解敵軍鼓動軍民抗戰情緒等的工作，更有意思的是烏龜山的舌戰。烏龜山距××西北三十華里，前一個月盤據在這裏的敵第十三師團山本旅團遭到中國英勇將士的猛烈的反攻而已經撤退了，喧鬧的槍聲也已不響了，祇有嘯嘯的北風，淩摟深的雪蓋着，砲彈毀滅了的彈痕。參加第某師第某團第某營的朝義隊胡君與日本反戰者是伊藤君，在部隊掩護之下挺進到距敵只有二百來突的唐家灣，向敵人進行反戰革命的演講，那時就是雪後的傍晚，冰冷的空氣刺骨的浸透着，他們不管一切，臥到雪地上開始講話「喂！日本弟兄！那裏有沒新瀉縣新發田人「十三師團山本旅因係新發田人之關係」你們的可憐的弟兄在上次長嶺激戰中犧牲了二千多人，你們的上官把你們的弟兄的屍體遺棄了一百五十餘具，這是怎樣悲慘的事情呀！我們把它好好埋葬在長嶺山窯，並樹立碑了，如果你們要來看也請你去看。可憐的士兵，可憐他們的父母妻子，如果你們回到故國，告訴他們的父母妻子，他們睡在中國的曠野上。日本弟兄們！想想看，你們為什麼，為了誰死在這淒涼的原野上。是眞的為了你的國家嗎？否，決不是的；你們想：看戰爭三年來的日本國內情形就會知道，這個戰爭會使日本亡國的，請你們把槍口對準欺騙你們犧牲你們掠奪你們幸福的軍閥財閥吧！「他們說着流利的日語：一句一句向敵人宣告了日本軍閥的罪惡，和中國抗戰的正義及光明的前途。敵人起初絲毫也沒有反應，講了差不多十分鐘的時候，敵方面有人喊：「慢，聽不清，請聲音放大些，……精講慢些！。」他們便興奮的直管要跳起來，向敵人繼續演講了一小時，最後敵人講了：「今天晚上風的關係聽不清，明天再會……」敵人在這幾句話裏充實表示着歡迎我方的講話，並且這樣客氣的態度是去年所未有的親愛的現象，也就是日寇日當死減內表現。中國政場上的這一支國際隊伍將是爆炸敵人心臟的一枚巨大的子彈。

歡迎!!!

中韓台共話手足情

(—自大公報轉載)

—金若山等報告義勇隊狀況

朝鮮義勇隊總隊部還渝辦公，隊長金若山等已來渝多日，台灣義勇隊隊長李友邦也因接洽該隊今後工作早抵渝市。昨天午後四點鐘，日本評論社在生生花園茶會歡迎他們，到賓主四十餘人。劉百閔主席致辭後，金若山隊長演講，報告朝鮮亡國後努力復興工作的經過，他接着談及日本統治者的陰謀，大舉侵華前總是挑撥中韓感情。為了侵華，日閥在朝鮮發展軍需工業：就是農業，也被限制着，非配合着日本軍閥的需要不可，多少人破產失業，為了執行日閥的「計劃生產」。去年大旱，這給予日鮮很大的災難。在日本許多離奇的非常時期法令中，一萬六千鮮民坐獄，六千四百人被捕。但是為了未來，鮮民不惜拚命奮鬥。如今一千志願兵正在訓練中，就要送到中國戰場來。一切敵的謊話欺不倒鮮民，如強迫改日姓，限制吃米，所定朝鮮人吃的米量只及日本的一半。這些事，都叫鮮民確信只有復國才能解決。現在中國把日寇快拚完了，朝鮮義勇隊一定有前途；在中國的援助下，建立武裝部隊，一個自由幸福的新朝鮮，一定會到來的。

韓志成氏接着報告朝鮮義勇隊×百人的工作情形。他們成立已兩年，在幾個戰區的火線上奔馳着，不只是對敵宣傳，而且還組織敢死隊衝蜂，在許多戰役中都有他們參加，爭取過不少敵軍過來。三月下旬還在浙江某地抓到過俘虜。去年底在平漢路新鄉一帶破壞鐵路五十華里，割斷敵人的電話線。今年三月，在美韓僑組織了朝鮮義勇隊的後援會，精神上物資上幫助我們。現在敵後許多地方的朝鮮人都關心並且部份的支持義勇隊。現在華北鮮民不下二十萬，日閥陸續要移七十萬鮮民到中國來，這些人的力量，都是可能爭取集中過來的。

李友邦氏因為各報多已披露過他抵渝的談話，所以只簡單的報告台灣義勇隊的三項工作：對敵宣傳，醫療，藥品生產。另外，台灣少年團也極努力的工作着。

中宣部潘副部長，朱司長，王芃生，龔德柏諸氏又陸續致辭，他們除了嘉勉朝鮮台灣的革命工作外，並說明日本目前的種種危機。七點鐘，會才散，賓主們全帶走一股親媛的手足之情。

中國的女兒

明哲

今天，
解放的火炬
燃燒在亞細亞的大地；
在祖國的樟樹鎮，
你們英勇的站在起來，
像一羣戰鬭的男兒。
呼喚着
你的兄弟姊妹，
爲解放，
爲自由，
來和東方的強盜搏鬭！
我們是兄妹的團體，
還遇着同樣的苦難，
遭遇着同一的敵人，
我們
也和你們的兄弟姊妹一樣地
敬愛你們。
光輝的太陽
已在暴風中顯現，
奴隸的枷鎖已經斷了，
強盜的末日就要來到，
中國的女兒啊，
在這勝利的黎明，
更勇敢的前進吧！

歡迎義勇隊總隊部來渝

此文是三一少年團團長崔東仙在五月五日朝鮮民族革命黨歡迎朝鮮義勇隊總隊部和指導委員會席上所發表的演講稿

——編者

崔東仙

主席，諸位先生，今天我代表朝鮮三一少年團，謹向朝鮮民族的先鋒隊伍，朝鮮義勇隊，致最高的革命敬禮，同時以革命的熱情，歡迎總隊本部和指導委員會，搬到重慶來。

我想，人類生活的基本理想，是在于和平與幸福。可是，有一部份人只知道榨取別人的血汗，對於財富有無止境的貪婪和壓迫，爲了要滿足自己權力的慾望，不斷的製造血腥的戰爭。有人說：「戰爭是罪惡」的確是的，戰爭，是驅使世界上絕對多數的人做流血的犧牲，而使他們可憐的兒女，過着最悲慘的生活！

我們要打倒，這光爲了自己的享樂，而不斷製造戰爭的人們。從這樁事情，必須人類的革命勢力，壯大團結起來，才有可能。我們曉得：朝鮮義勇隊，在這人類的革命勢力之環節中，是重要的一環，是一支生力軍。

我們東方各弱小民族，遭遇了空前厄運的今日，尤其在四萬萬五千萬偉大的中華民族，英勇抗戰的光榮的歷史事實當中，誕生出來的朝鮮義勇隊，肩負着重大的歷史使命與非常巨艱的當前任務。

他在過去兩年的時光中，在南北七千里的戰場上，已充分表現出偉大的戰鬥力和必勝的信念，我們少年團的全體團員，絕對擁護他，支持他，並且以純潔的心情，祝福他無量的發展和最後勝利，因爲我們渴望着祖國的獨立和解放，早一天實現。只有他的勝利，才可以把我們的祖國，從日本帝國主義的鐵蹄之下，解放出來。

今天，我們少年團熱烈的歡迎指導委員會和總隊本部，因爲你們切實指導整個義勇隊，而使他們，能本着這有力的指揮，實踐偉大的革命任務。我們相信，中國的勝利，是不久就可到來的！

我希望，諸位義勇隊的先生們，在今後，常常指導和督責我們少年團，使我們能正常地發展，我相信，你們是一定樂意這樣作的。

最後，我特別對於指導委員和韓文區隊諸位先生援助和努力朝鮮革命的熱情，表示敬意與感謝。從此，我們本着這偉大的合作精神幹下去的話，朝鮮和中國兩大民族的團結，是毫無困難的。我誠懇的祝福：

朝鮮義勇隊的光榮的最後勝利！

編者的話

這一期出得很遲了，因爲我們在遷移中，路上延擱了很長的時間，抵渝後忙着整理一切事務，一直延宕到今天才能與讀者見面，並且在內容方面，也未免貧弱。對此，特向愛護本刊的讀者表示深深的歉意！其次，我們因種種的困難，不得不由半月刊又改成了月刊，同時原來的刊名「朝鮮義勇隊通訊」，改爲「朝鮮義勇隊」，在這裏，特此聲明一下。

조선민족전선

인쇄일: 2025년 3월 15일
발행일: 2025년 3월 30일
지은이: 조선민족전선연맹
발행인: 윤영수
발행처: 한국학자료원
서울시 구로구 개봉본동 170-30
전화: 02-3159-8050 팩스: 02-3159-8051
문의: 010-4799-9729
등록번호: 제312-1999-074호

정가 300,000원